Die Versicherungs-Vertriebsrichtlinie (IDD) erfolgreich umsetzen

Teichler/Kuckertz/Perschke/Rottenbacher/Ziska

Die Versicherungs-Vertriebsrichtlinie (IDD) erfolgreich umsetzen

1. Auflage

Haufe Gruppe
Freiburg · München · Stuttgart

Bibliografische Information der Deutschen Nationalbibliothek

Die Deutsche Nationalbibliothek verzeichnet diese Publikation in der Deutschen Nationalbibliografie; detaillierte bibliografische Daten sind im Internet über http://dnb.dnb.de abrufbar.

Print: ISBN 978-3-648-09901-8 Bestell-Nr. 16606-0001
ePub: ISBN 978-3-648-09903-2 Bestell-Nr. 16606-0100
ePDF: ISBN 978-3-648-09904-9 Bestell-Nr. 16606-0150

Teichler
Die Versicherungs-Vertriebsrichtlinie (IDD) erfolgreich umsetzen
Kuckertz/Perschke/Rottenbacher/Ziska (Hrsg.)
1. Auflage 2018

www.haufe.de
info@haufe.de
Produktmanagement: Bettina Noé

Lektorat: Helmut Haunreiter
Satz: kühn & weyh Software GmbH, Satz und Medien, Freiburg
Umschlag: RED GmbH, Krailling

Inhaltsverzeichnis

Einleitung

Das Versicherungsvertriebsrecht ist in seiner geschriebenen Fassung relativ jung; erst mit der Umsetzung der Versicherungsvertriebsrichtlinie 2007 wurde das Vermittlerrecht in Gesetzesform gegossen. Seitdem haben wir im Versicherungsvertragsrecht (VVG) gesetzliche Definitionen, Beratungs- und Dokumentationspflichten sowie einen Erlaubnisvorbehalt in der Gewerbeordnung (GewO) – woran sich noch verschiedene Auskunftspflichten und Zulassungsvoraussetzungen knüpfen. Letztere sind überwiegend in der Versicherungsvermittlerverordnung (VersVermV) geregelt.

Dieses Recht, an das wir uns noch kaum richtig gewöhnt haben, wird nun einer – man kann wohl sagen: grundsätzlichen – Reform unterzogen. Die daraus resultierenden Neuerungen zu beschreiben, einzuordnen und zu kommentieren ist der Zweck dieses Buchs. Es ist in zwei Teile aufgeteilt: in einen stark juristisch geprägten Teil – das Kapitel 1 »Die IDD aus rechtlicher Perspektive betrachtet« – und in die daran anschließenden »Anwenderkapitel«, die sich den Strukturen eines Versicherungsvertriebsunternehmens anpassen.

Die EU hatte relativ bald nach der Umsetzung der Vermittlerrichtlinie von 2002 Änderungsbedarf ausgemacht. Dieser mündete Anfang 2016 in eine Neufassung der Richtlinie über den Versicherungsvertrieb, die »Insurance Distribution Directive« – abgekurzt »**IDD**«. Unter diesem Kürzel ist die neue Regelung bekannt. Mitte 2017 hat Deutschland die entsprechenden Umsetzungsgesetze beschlossen; ab dem 23. Februar 2018 gilt ausschließlich das neue Recht.

Die IDD ist die Nachfolge-Richtlinie zur IMD – Insurance Mediation Directive – und zugleich doch viel mehr. Das sagt schon der Name: Von »Mediation«, also der **Vermittlung**, zur »Distribution«, also zum **Vertrieb**. Und tatsächlich – vergleicht man die IDD mit der IMD, sind sowohl der sachliche Anwendungsbereich als auch der Kreis der betroffenen Personen erheblich erweitert worden.«

Darüber hinaus gibt es eine Vielzahl von weiteren Änderungen, die so »technische« Bereiche wie die »Marktangemessenheit« des individuellen Produkts, also des einzelnen Versicherungsvertrags (Produktfreigabeverfahren), oder die verpflichtende Weiterbildung betreffen. Es gibt die Kongruenz zu den Vorschriften aus dem Bereich der Finanzanlageinstrumente hinsichtlich derjenigen Versicherungsprodukte, deren Fälligkeits- oder Rückkaufswert von Marktschwankungen abhängig ist – und die Nicht-Kongruenz in anderen Bereichen, was den Bezug zu MIFID 2 oder PRIIPS nicht leichter macht. Die

IDD enthält eine »Wohlverhaltensregel« und strukturiert die Beratungs- und Dokumentationspflichten anders und weiter gehend als bisher.

Möglicherweise die bedeutendste Veränderung steht jedoch nicht ausdrücklich in der Richtlinie: der Schwenk von der materiellen oder regelbasierten Staatsaufsicht hin zu einer prinzipienbasierten Aufsicht. Das ist für Länder wie Deutschland von besonderer Bedeutung, da sich damit die Basis der bisherigen Aufsicht verändert.

Vielleicht kann man sagen, dass die EU-Beamten, welche die Neufassung der Richtlinie vorbereitet haben, die in der Anwendungspraxis auftauchenden »Schlupflöcher« der IMD haben schließen wollen. Sie sind recht erfolgreich gewesen. Deshalb verfolgt dieses Praxisbuch auch das Ziel, den Leser dazu anzuhalten, nicht erneut nach »Schlupflöchern« zu suchen, sondern die Veränderungen auf- und anzunehmen und die in jeder Veränderung liegenden Chancen zu ergreifen, statt Energie darauf zu verwenden, den bisherigen Status zu erhalten.

Die Umsetzung der IDD erfolgt in zwei oder besser in drei Stufen:

- Einerseits werden diejenigen Gesetze, die die Materie regeln, also das Versicherungsaufsichtsgesetz (VAG), das Versicherungsvertragsgesetz (VVG) und die Gewerbeordnung (GewO), angepasst. Diese Veränderungen sollten bis zum 23. Februar 2018 umgesetzt werden, die Umsetzung erfolgte aber, u.a. der Bundestagswahl wegen, bereits vor Ende der Legislaturperiode und damit vor den Sommerferien 2017 des Parlaments.
- Andererseits werden die entsprechenden Verordnungen wie die Versicherungsvermittlerverordnung (VersVermV) und die VVG-Informationspflichtenverordnung (VVG-InfoV) angepasst – und zwar erst Ende 2017/Anfang 2018. Möglicherweise werden weitere nationale Verordnungen entwickelt oder angepasst. Deshalb kann es Änderungen geben, die bei Drucklegung noch nicht bekannt waren. Als Beispiel mag die VersVermV dienen: Noch vor Redaktionsschluss wurde ein erster Vorentwurf bekannt, der noch nicht zwischen den Ministerien abgestimmt war. Nachdem diese Abstimmung erfolgt sein wird, muss die Verordnung vom Bundestag abgenommen werden und anschließend noch den Bundesrat passieren. In diesem Prozess gibt es eine Vielzahl von Änderungsmöglichkeiten. Diese können weder inhaltlich noch zeitlich vorhergesagt oder bestimmt werden.
- Die »dritte Umsetzungs-Stufe« sind die Empfehlungen, Stellungnahmen und delegierten Rechtsakte aus Europa. Die ersten beiden Alternativen werden überwiegend von der EIOPA genutzt, während die »delegierten Verordnungen« von der Kommission kommen werden.

Stellungnahmen der EIOPA liegen teilweise vor; sie sind umfangreich. Delegierte Verordnungen der Kommission liegen im Entwurf seit Ende August 2017 vor. EU-Parlament und -Rat haben drei, maximal sechs Monate Zeit, sie zu ändern oder ihnen durch Schweigen zuzustimmen. Das EU-Parlament hat Ende Oktober 2017 seine Möglichkeit zur Stellungnahme dazu benutzt, eine Verschiebung des Inkrafttretens der Richtlinie um 6 Monate anzuregen – auch ein solches Ansinnen hilft inhaltlich nicht weiter. Alle Aussagen in diesem Buch beruhen auf diesen Entwürfen.

Aber die meisten dieser Änderungen sind bereits zum heutigen Zeitpunkt jedenfalls in ihren Grundzügen absehbar. Deshalb haben wir uns dazu entschlossen, dieses Buch auf Basis der aktuell feststehenden Umsetzungsgesetze zu veröffentlichen.

Das vorliegende Werk ist damit eine erste Bewertung, ein Arbeitshandbuch. Es will eine Handreichung zur »richtigen« Reaktion auf die Veränderungen sein.

Hamburg/Berlin, Anfang November 2017

Dr. Maximilian Teichler, Frank Rottenbacher

1 Die IDD aus rechtlicher Perspektive betrachtet

1.1 Worum geht es – eine Einführung

Dieses Kapitel wird sich mit der Zielsetzung der IDD, ihrer rechtlichen Einbettung und Umsetzung in deutsches Recht sowie den Besonderheiten der aufsichtsrechtlichen Interpretation auseinandersetzen.

1.1.1 Was will die Richtlinie erreichen?

Die »Richtlinie (EU) 2016/97 des europäischen Parlamentes und des Rates vom 20. Januar 2016 über Versicherungsvertrieb« – so der offizielle Titel der IDD – wurde Anfang 2016 nach jahrelanger Beratung verabschiedet und im Amtsblatt der EU veröffentlicht.[1]

Die IDD will die »alte« Richtlinie von 2002 ersetzen[2]. Diese erste Richtlinie – IMD – wurde in Deutschland mit einiger Verzögerung umgesetzt. Sie war Grundlage u. a. für die Regeln über die Versicherungsvermittlung im VVG (siebter Abschnitt, §§59-73 VVG), die Beratungs- und Informationsverpflichtung der §§6 und 7 VVG sowie die Zulassungsregeln für Versicherungsvermittler in §§34d und e GewO. Wie üblich wurden die abstrakten Regelungen der Gesetze durch Verordnungen ergänzt; die wichtigsten sind die VVG-Info-Verordnung sowie die Versicherungs-Vermittlungs-Verordnung. Die neue Richtlinie ändert alle diese Gesetze und Verordnungen sowie das Versicherungsaufsichtsgesetz (VAG).

Die IDD stellt den Verbraucherschutz in den Vordergrund[3]; die IMD hatte noch mehr die Verwirklichung des Binnenmarktes im Fokus. Daneben will die IDD gleiche Wettbewerbsbedingungen zwischen den verschiedenen Akteuren des Versicherungsvertriebs[4] und nach wie vor eine Stärkung des Binnenmarktes[5] erreichen.

1 Vom 2.2.2016, L26/19–59.
2 Erwägungsgrund (EW) 1; RL 2002/92 EG vom 9.12.2002.
3 EW 3–10 u. ö.
4 EW 5, 6 und 8.
5 EW 9, 19–22.

Die Richtlinie legt fest, welche Informationen den Verbrauchern vor Vertragsunterzeichnung zu geben sind. Sie enthält bestimmte Wohlverhaltensregeln und Transparenzvorschriften für Versicherungsvertreiber. Außerdem regelt sie die Beaufsichtigung von Versicherungsvertreibern und deren Sanktionierung bei Verstößen gegen die Bestimmungen der Richtlinie. Daneben beinhaltet sie zusätzliche Anforderungen an den Vertrieb von Versicherungsprodukten mit Anlageelementen, um sicherzustellen, dass Versicherungsnehmer ein ähnliches Schutzniveau genießen wie die Käufer der im Rahmen von MIFID II geregelten Anlageprodukte.[6]

1.1.2 Wie ist die Richtlinie in das europäische Rechtsgefüge eingebettet? Wie ist sie zu interpretieren?

1.1.2.1 Einbettung der IDD in das europäische Recht

Die rechtliche Einbettung ist – aus europäischer Perspektive betrachtet – vor dem Hintergrund der Bestrebungen um einen wirksamen Verbraucherschutz im Finanzbereich zu sehen.[7] Dementsprechend sind die Regeln zu Finanzmarktinstrumenten (»Market in Financial Instruments Directive – MIFID 2«) und zu den Investment-Richtlinien (»Packaged Retail Insurance & Investments Products – PRIIPs«) zu berücksichtigen, wenn man die IDD im Kontext der europäischen Finanzmarktaufsicht beurteilen will. Nur dann werden Kongruenzen sichtbar, nur dann aber erkennt man auch, wo diese europäischen oder gar internationalen Richtlinien nicht einheitlich verlaufen und welche Abstimmungsthematiken sich hieraus ergeben können.

Die IDD ist damit Teil der europäischen Finanzaufsicht, European System of Financial Supervision – ESFS[8], der neben der europäischen Bank- und Wertpapieraufsicht[9] eben auch die Versicherungsaufsicht[10] angehört. Alle drei Aufsichtssysteme zusammen bilden die ESA – European Supervision Authorithies. Diese europäischen Finanzaufsichtssysteme sind nach der Finanzkrise 2008 gegründet worden. Die Regularien werden überwiegend auf europäischer Ebene beschlossen, umgesetzt werden sie aber durch die nationalen Auf-

6 Offizielle Verlautbarungen der EU http://ec.europa.eu/finance/insurance/consumer/mediation/index_de.htm.

7 EW 10.

8 Verordnung (EU) Nr. 1095/2010 vom 24. November 2010 zur Errichtung einer Europäischen Aufsichtsbehörde (Europäische Wertpapier- und Marktaufsichtsbehörde), zur Änderung des Beschlusses Nr. 716/2009/EG und zur Aufhebung des Beschlusses 2009/77/EG der Kommission.

9 European Banking Authority (EBA), derzeit (noch) mit Sitz in London sowie European Securities and Marekts Authority (ESMA) mit Sitz in Paris.

10 European Insurance and Occupational Pensions Authority (EIOPA).

sichtsbehörden. Zu erwähnen ist noch das European Systemic Risk Board – ESRB, das bei der europäischen Zentralbank angesiedelt ist und eine Art ständigen Kommunikationskanal zwischen den drei wesentlichen Aufsichtsbehörden darstellt. Die Banken sind durch die zentrale Bankenaufsicht[11] noch enger kontrolliert als die Versicherungswirtschaft.

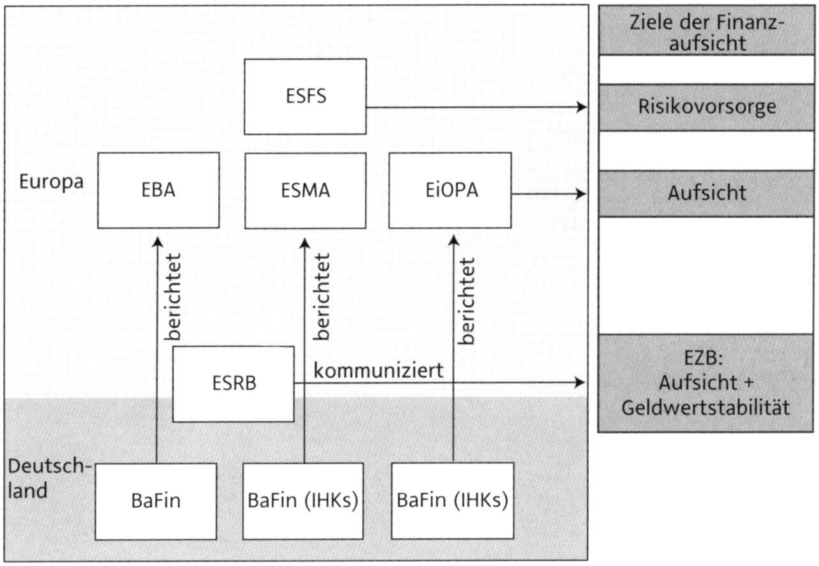

Abb. 1: Europäische Finanzaufsicht

1.1.2.2 Leitlinien für die Interpretation der IDD

Wie nahezu jede gesetzliche Norm, bedarf auch die IDD der Interpretation. Im Falle einer Richtlinie ist das besonders wichtig: Einerseits ist eine Richtlinie die »ranghöchste« Norm, an der sich alle anderen Interpretationen auszurichten haben; andererseits ist sie eine europäische Norm, deren Inhalt sich nicht unbedingt nahtlos in das deutsche Rechtsverständnis einfügt.

11 Single Supervisory Mechansim (SSM).

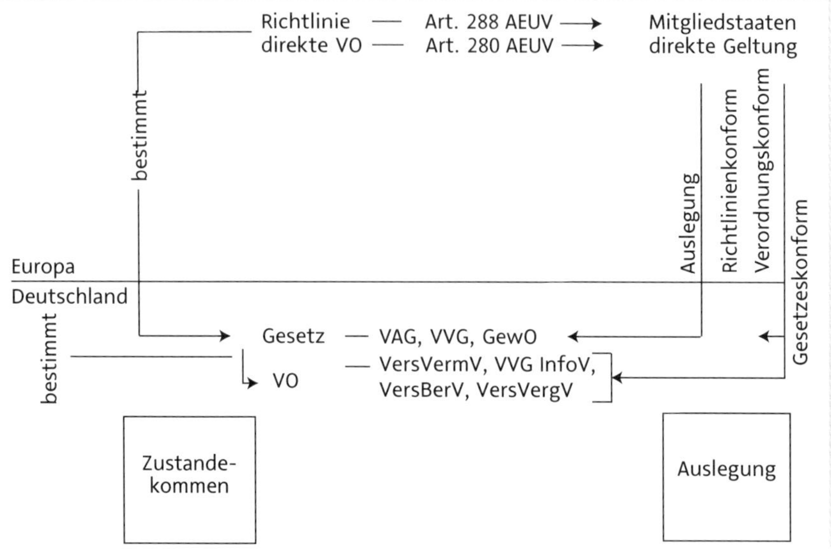

Abb. 2: Europäisches und deutsches Recht

Bei der Interpretation der IDD und ihrer Umsetzung muss man berücksichtigen, welchen »Rang« die jeweiligen Rechtsakte haben: Da ist zunächst die Richtlinie selbst, die auf Artikel 288 AEUV beruht[12]. Sie richtet sich an die Mitgliedstaaten. Diese übernehmen die Regeln einer Richtlinie in nationales Recht. Das entsprechende Gesetz ist dann vor dem Hintergrund der Richtlinie zu interpretieren. Eine Richtlinie kann eine Verordnungsermächtigung enthalten – in der IDD ist das geschehen[13] – und dementsprechend kann die Kommission sogenannte »delegierte Rechtsakte« erlassen. Diese werden entsprechend Artikel 290 AEUV unmittelbar bindendes Recht[14]. Das nationale Gesetz muss entsprechend solcher delegierter Rechtsakte ausgelegt werden; die europäischen Vorgaben stehen also im Rang über dem nationalen Gesetz. Das nationale Gesetz kann ebenfalls ermächtigen, Verordnungen zu erlassen[15], die dann im Lichte des Gesetzes, der europäischen Verordnungen und der Richtlinie selbst zu interpretieren sind.

12 Vertrag über die Arbeitsweise der Europäischen Union vom Dezember 2009 (»Lissabon-Vertrag«).
13 Art. 38, 39 der IDD.
14 In Verbindung mit Art. 289 Abs. 3 AEUV, vgl. FN 8.
15 Das ist z. B. in §34e GewO vorgesehen.

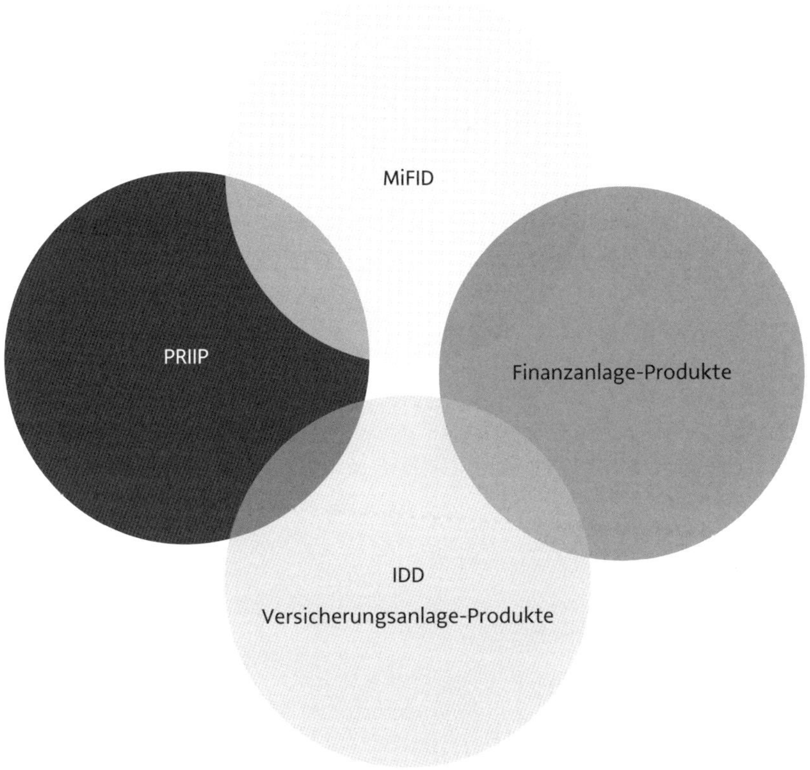

Abb. 3: Überlappungen EU-Recht und deutsches Recht

1.1.2.3 Das Gefüge der Aufsicht

Neben der Interpretation durch die Anwender – Versicherer, Versicherungsvertreiber und Versicherungsnehmer – gibt es noch eine gewichtige Instanz: die Aufsicht. Ihre Meinung ist wichtig. Einerseits kann sie bestimmte Sachverhalte selbst entscheiden, andererseits ist ihre Meinung bei einer Entscheidung durch Schiedsstellen und Gerichte von oft ausschlaggebender Bedeutung.

In Deutschland ist es besonders schwierig, die Meinung der Aufsicht zu berücksichtigen, und zwar deshalb, weil es zwei verschiedene Aufsichten gibt: Versicherer (und »ihre« gebundenen Vertreter) werden durch die BaFin beaufsichtigt, Makler, Berater (und freie Vertreter) aber durch die IHKs. Die BaFin ist ihrerseits in die »europäische Aufsicht« eingebunden, die IHKs aber nicht. Deutschland ist wohl auch das einzige Land der EU, das sich ein unterschiedliches Aufsichtssystem leistet.

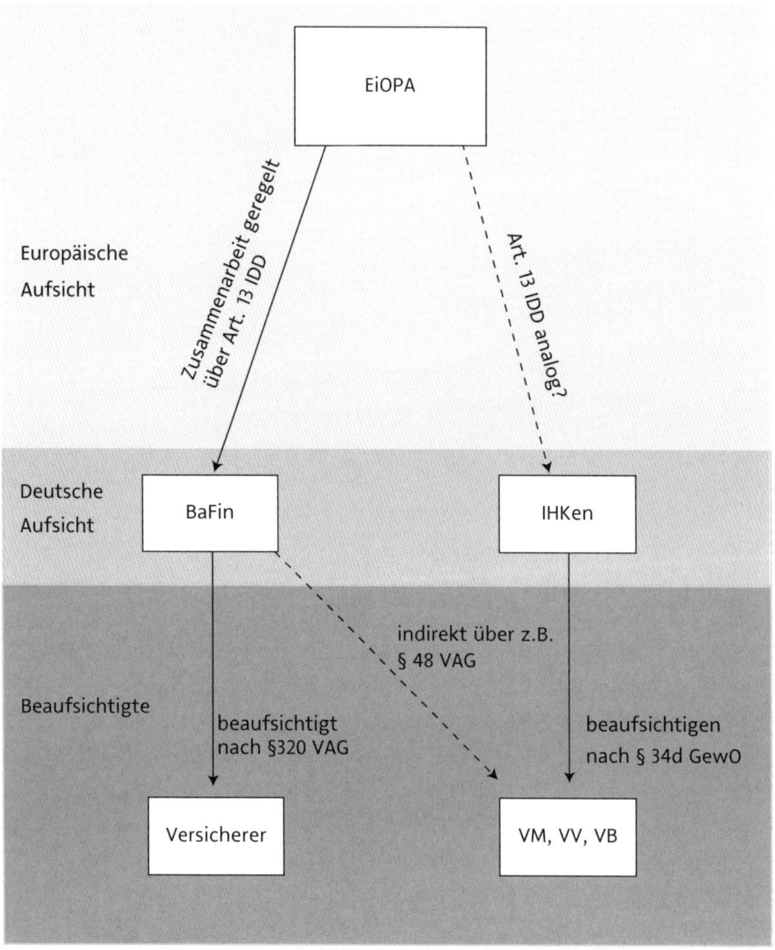

Abb. 4: Gefüge der Versicherungsaufsicht

Die »europäische Aufsicht« ist jedoch keine »Aufsicht« im klassischen Sinne: Die wesentliche Behörde ist die EIOPA[16], die aber »nur« eine unabhängige, beratende Institution der europäischen Kommission ist[17]. Gleichzeitig ist die EIOPA Teil des europäischen Systems der Finanzaufsicht (ESFS).

Jenseits dieser strukturellen Dinge muss die geänderte Basis der Aufsicht in alle Überlegungen einbezogen werden, die ein in Versicherungsdingen tätiges Unternehmen anstellt: Die Tage der materiellen Staatsaufsicht sind vorbei. Ge-

16 »European Insurance and Occupational Pensions Authority«.
17 Verordnung (EU) 1094/2010.

setze, Verordnungen und die Aufsicht selber machen keine starren Vorgaben mehr, die entweder vor dem Inverkehrbringen oder hinterher abgeprüft wurden. Es werden vielmehr allgemeine Prinzipien aufgestellt und den Unternehmen wird zur Pflicht gemacht, eine Geschäftsorganisation sowie Ablauf- und Strukturprozesse einzuführen, vorzuhalten und ständig auf ihre Wirksamkeit zu überprüfen, wodurch die Einhaltung der Prinzipien sichergestellt werden soll.

Im Rahmen der Prinzipien ist ein Unternehmen also darin frei, wie es seine Abläufe und seine Organisation gestaltet. Wahrscheinlich werden die Unternehmen sogar aufgefordert werden, mit der Aufsicht diejenigen Prozesse zu diskutieren, die am ehesten den Anforderungen des neuen Rechts genügen. Stellt sich das Ergebnis jedoch als unbefriedigend heraus, sind die geschäftsorganisatorischen Maßnahmen also nicht ausreichend gewesen, um den Zielen der Richtlinie zu genügen, wird die Aufsicht das Unternehmen wegen Verletzung dieser Prinzipien zur Rede stellen.

1.1.3 Die Umsetzung in deutsches Recht

Die Umsetzung der Vorgaben der IDD in deutsches Recht erfolgt vor dem Hintergrund der Systematik des deutschen Versicherungsrechts in drei unterschiedlichen Rechtsgebieten. Diese sind – zivilrechtlich – das Versicherungsvertragsgesetz (VVG), aufsichtsrechtlich das Versicherungsaufsichtsgesetz (VAG) und gewerberechtlich die Gewerbeordnung (GewO). Zu jedem dieser Gesetze gibt es Verordnungen, sofern und soweit das jeweilige Gesetz eine solche Verordnung zulässt. Auch diese Verordnungen sind dann »materielles Recht«.

Erhebliche Veränderungen erfährt das **VVG**. Dieses Gesetz regelt das Verhältnis zwischen den (Vertrags-)Partnern eines Versicherungsvertrags, ist also klassisches Zivilrecht. D. h., die Parteien begegnen sich – rechtlich gesehen – auf »Augenhöhe«. Vom Ausgangspunkt her hat keiner mehr oder weniger rechtlichen Einfluss. Das VVG erfüllt die Funktion eines Konsumentenschutzgesetzes; es ist »das BGB der Versicherungen«.

Im VVG wird zunächst ein § 1a eingeführt, der die »Wohlverhaltensregel« der IDD aufnimmt und zugleich den Umfang der Vertriebstätigkeit festlegt. Der »Beratungsparagraf«, der § 6, wird »nur« hinsichtlich seines sachlichen und personellen Anwendungsbereichs geändert; in einem neuen § 6a wird festgelegt, wie »Rat und Gründe« dem Versicherungsnehmer mitzuteilen sind. Der neue § 7a regelt die sogenannten »Querverkäufe« und die §§ 7b und c befassen sich mit den Versicherungsanlageprodukten. Die Regelungen zur Beratung und ihrer Dokumentation bleiben im Wesentlichen unverändert.

Das **VAG** ist klassisches Aufsichtsrecht[18]: Der Staat beaufsichtigt die Versicherungsunternehmen. Er begegnet hier seinen Schutzobjekten, dem Versicherungsnehmer oder dem Versicherungsunternehmen. Ferner hat der Staat die Macht, etwas anzuordnen; wie genau er das tun darf, bestimmt das Gesetz.

Das VAG erfährt fast noch weitreichendere Änderungen als das VVG: Zunächst werden in §7 Nr. 34a und b die »Vertriebstätigkeiten« als Teil der Geschäftstätigkeit eines Versicherungsunternehmens und Rück- Versicherungsunternehmens definiert[19], sodann wird das dem deutschen Recht bislang unbekannte »Produktfreigabeverfahren« eingeführt (§23 Abs. 2a VAG) und es werden die Anforderungen an den »richtigen« Versicherungsvertrieb in §48 definiert. Im Übrigen werden diverse Vorschriften des VAG, die sich ja »nur« an Versicherungsunternehmen wenden, für Makler und andere Versicherungsvertriebsformen in den diese regelnden Gesetzen und Verordnungen für anwendbar erklärt.

Schließlich wird noch die **GewO** geändert. Die GewO ist ebenfalls klassisch hoheitliches Recht. Sie legt fest, unter welchen Voraussetzungen jemand Versicherungsvermittler oder -berater werden darf. In diesem Gesetz wird bestimmt, dass und wann ein Versicherungsvermittler (Versicherungsmakler oder -vertreter) oder ein Honorarberater eine Erlaubnis erhält, tätig zu werden. Das, was im VAG für die Versicherungsunternehmen geregelt wird, erfährt für Makler, Vertreter und Berater seine Entsprechung in der GewO. Bezugnahmen und »Anwendbarkeitsregeln« stellen sicher, dass trotz der unterschiedlichen Gesetze und Aufsichtssysteme eine möglichst einheitliche Vorgehensweise gewährleistet wird.

Die GewO ist aus den eben genannten Gründen auch der Ausgangspunkt für eventuelle Sanktionen gegen Versicherungsvertreiber.

In §34e der GewO bekommt das Bundeswirtschaftsministerium eine Verordnungsermächtigung, die es zwar auch schon in der alten GewO gab, die aber sehr viel weitergehender ist. Folglich ist damit zu rechnen, dass die neue Versicherungsvermittlerverordnung – VersVermV – erheblich weitergehende Anforderungen an die Vermittler stellen wird. So werden Vorschriften zur Weiterbildung, zur Buchführung, zur Vermeidung von Interessenkonflikten und vor allem zur generellen Geschäftsorganisation eines Versicherungsmaklers, -vertreters und -beraters erlassen werden.

18 Auch wenn es üblicherweise von den zivilrechtlichen Lehrstühlen unterrichtet wird.

19 Mit wahrscheinlich erheblichen Auswirkungen auf den Vertrieb von Rückversicherungen, die bislang über §209 VVG komplett ausgenommen waren.

Veränderungen im VAG
Definitionen (§ 7 Nrn. 34a und 34b) ▪ „Versicherungsvertrieb" ▪ „Vertriebsvergütung"
Ausgestaltungen ▪ Produktfreigabe (§ 23) ▪ Anforderungen an „richtigen" Vertrieb (§ 48) ▪ Vergütung und Vermeidung von Interessenkonflikten (§ 48a) ▪ Provisionsabgabeverbot (§ 48b) ▪ Provisionsdurchleitungsgebot (§ 48c) ▪ Beschwerdemöglichkeiten für Verbände (§ 51, S. 2) ▪ Sanktionen (§ 332)

Veränderungen im VVG
Ausgestaltungen ▪ „Wohlverhaltensregel" (§ 1a) ▪ Form der Auskunfterteilung (§ 6a) ▪ Querverkäufe (§ 7a) ▪ Versicherungsanlageprodukte (§§ 7b und c)

Veränderungen in der GewO
Ausgestaltungen ▪ § 34d Abs. 1: Definition Versicherungsvermittler — Provisionsabgabeverbot (S. 6 und 7) — Beratungserlaubnis für Gewerbekunden (S. 8) ▪ § 34d Abs. 2: Definition Versicherungsberater — Bes.: Vergütung nur durch VN (S. 3) — Bes.: Provisionsannahme-Verbot (S. 4) — Bes.: Vorrang des „Netto-Produktes" (S. 5) ▪ § 34d Abs. 3-12 Ausgestaltungen & Erlaubnisvoraussetzungen

Abb. 5: Veränderungen in den deutschen Gesetzen durch die IDD

1.1.4 Besonderheiten der aufsichtsrechtlichen Interpretation

Die unterschiedlichen Aufsichtsbehörden[20] – BaFin, IHKs, EIOPA – interpretieren jeweils »ihre« Normen: Die BaFin ist für das VAG und seine Verordnungen zuständig, die IHKs sprechen für die GewO, die EIOPA für die europarechtlichen Vorschriften. Diese »Interpretationshoheit« ergibt sich aus dem jeweiligen gesetzlichen Auftrag.

Das Zivilrecht, in Deutschland betrifft das vor allem das VVG, wird ausschließlich durch die (Zivil-)Gerichte ausgelegt – es sei denn, das Zivilrecht wird durch eine Überleitung in das öffentliche Recht übernommen (inkorporiert). Dann dürfen und müssen die Aufsichtsbehörden diese Normen interpretieren und diese Interpretationen in ihr Verwaltungshandeln aufnehmen.

Deshalb wird die neue VersVermV so wichtig werden. Die Befugnis zum Erlass dieser Verordnung (»Ermächtigungsnorm«) in §34e GewO ist deshalb auch viel weitgehender und zugleich viel präziser als die frühere Ermächtigungsnorm in §34d Abs. 8 GewO a.F. Formal ist sie zudem in der Form einer Bundestagsverordnung zu erlassen; das Parlament muss also zustimmen und hat die Möglichkeit, Änderungen einzubringen[21]. Anschließend ist die neue Verordnung der Bundesregierung zuzuleiten; sie bedarf darüber hinaus der Zustimmung des Bundesrates. Diese formalen Anforderungen machen einerseits die Bedeutung klar, die der Gesetzgeber der neuen VersVermV beimisst; sie machen andererseits eine schnelle Umsetzung nahezu unmöglich.

Inhaltlich wird die neue VersVermV wie bisher folgende Regelungen umfassen:
- zum Erlaubnisverfahren selbst,
- zur Information gegenüber dem Versicherungsnehmer,
- zur Sicherheitsleistung, wenn Kundengelder bewegt werden,
- zur Sachkundeprüfung,
- zur Haftpflichtversicherung und
- zur Qualifikation.

Neu hinzugekommen werden Regelungen über
- Weiterbildung,
- allgemeine Anforderungen an die Geschäftsorganisation,
- Buchführung und Dokumentation,
- Beschwerdeverfahren,
- Regelung von Interessenkonflikten.

20 Das System der Aufsicht ist detailliert in Kapitel 1.13 beschrieben.
21 §34e Abs. 1 Satz 2 GewO.

Damit wird die neue VersVermV wahrscheinlich eine dem §23 VAG ähnliche Norm für Versicherungsmakler, -vertreter und -berater beinhalten, die eine prinzipienbasierte Aufsicht[22] möglich machen wird.

Zu erwarten ist zudem eine Überleitungsnorm, durch die sowohl die Prinzipien zur Vermeidung von Interessenkonflikten[23] als auch die Auslegung, die die EU-Kommission diesen Vorschriften gegeben hat, in das Aufsichtshandeln der IHKs einbezogen werden können.

Vorbild dürfte die seit 2012 geltende Finanzanlagen-Vermittler-Verordnung[24] werden. Diese Verordnung gilt für Finanzanlagenvermittler nach §34 f. GewO, betrifft also einen relativ ähnlichen Vermittlungsbereich wie den für Versicherungsanlageprodukte. Sie nimmt auch schon Bezug auf §11 VersVermV in der gegenwärtig gültigen Fassung.

Die FinVermV inkorporiert wesentliche Vorschriften des Kapitalanlage-Gesetzbuchs und des Vermögensanlagegesetzes und gibt den IHKs so die Möglichkeit, diese dem Zivilrecht zuzurechnenden Normen in ihrem Verwaltungshandeln zu berücksichtigen.

Da die Ermächtigungsnorm zum Erlass der FinVermV in §34g GewO der Verordnungsermächtigung in §34e GewO sehr ähnlich ist, ist der Schluss erlaubt, dass auch die VersVermV alle wichtigen Normen des Versicherungs-Zivilrechts inkorporieren wird und so nicht nur die Zivilgerichte, sondern vor allem die IHKs als Aufsichtsbehörde die Befolgung dieser Normen überwachen beziehungsweise deren Einhaltung einfordern können. Dafür spricht auch, dass der Deutsche Industrie- und Handelskammertag als sogenannter »Verwaltungshelfer« des Bundesministeriums für Wirtschaft und Energie fungiert und bei der Ausgestaltung der federführend vom Bundeswirtschaftsministerium zu entwerfenden VersVermV gestaltend tätig sein wird.

Ohne eine solche Inkorporierung würde der IHK die Eingriffsnorm fehlen, aufgrund derer sie die Gewerbetreibenden zu einer Änderung Ihres Verhaltens auffordern könnte.

Die praktischen Auswirkungen werden im Kapitel 6 »Verhältnis zur Aufsicht« im Detail diskutiert.

22 Siehe oben Kapitel 1.1.2.3.
23 Siehe sogleich Kapitel 1.10 dieses Überblicks.
24 Verordnung über die Finanzanlagenvermittlung – FinVermV – vom 2. Mai 2012, BGBL I 1006 (zuletzt geändert am 28.4.2016, BGBL I 1046).

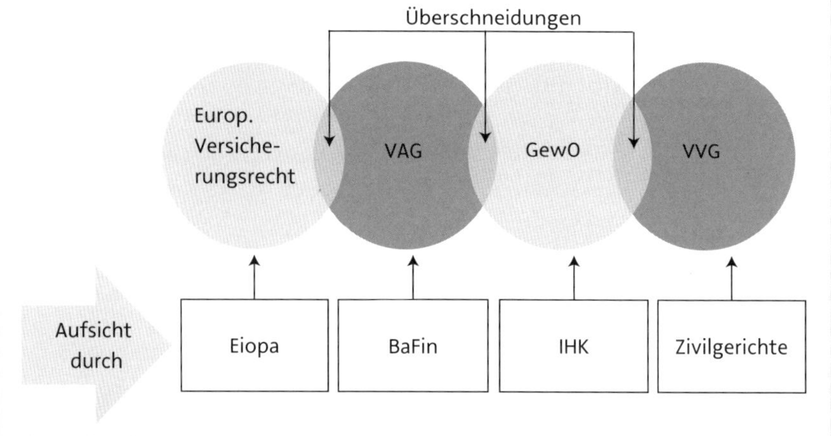

Abb. 6: Rechtsgebiete und dazugehörende Aufsicht

1.2 Anwendungsbereich

Der Anwendungsbereich der IDD ist in jeder Hinsicht weit und umfassend.

1.2.1 Betroffener Personenkreis und Umsetzung in deutsches Recht

Der »persönliche« Anwendungsbereich umfasst »jede natürliche oder juristische Person«[25].

Die Umsetzung erfolgt in Deutschland über die Gewerbeordnung: §34d definiert den Begriff des Versicherungsvermittlers (Abs. 1) bzw. den des Versicherungsberaters (Abs. 2), macht Vorgaben für die Beschäftigten (Abs. 9) und für die Leitenden (Abs. 10). Außerdem werden die Ausnahmen bestimmt (Abs. 7 & 8).

Diese Umsetzung ist umfassend: »Wer gewerbsmäßig den Abschluss von Versicherungs- oder Rückversicherungsverträgen vermitteln will (Versicherungsvermittler), ...« bzw. »wer gewerbsmäßig über Versicherungen oder Rückversicherungen beraten will (Versicherungsberater) ...«. Diese Definitionen sind eindeutig: Jeder, der im Versicherungsvertrieb arbeiten will, fällt hierunter. Auch die besonderen Bestimmungen für die Beschäftigung von Personen, die unmittelbar bei der Vermittlung oder Beratung mitwirken, sind eindeutig (in Abs. 9 sind dann auch gleich die Weiterbildungsverpflichtungen geregelt).

25 Art. 1 Abs. 1 Nr. 3 IDD.

Die Ausnahmen der Absätze 7 und 8 des §34d hingegen sind knapp gefasst. Zudem werden diese Ausnahmen zusätzlich wieder eingeschränkt, und zwar einerseits durch die Gewerbeordnung selbst[26] sowie andererseits durch das VAG[27]. Von beiden Bestimmungen wird den Gewerbetreibenden, also den Unternehmen, die den Versicherungsvertrieb durchführen, beziehungsweise den Risikoträgern auferlegt, nur mit solchen Vermittlern zusammenzuarbeiten, die über ausreichende Qualifikationen verfügen. Diese Verpflichtungen gelten auch für den eigenen, angestellten Außendienst.[28] Im Übrigen gelten auch für von einer Erlaubnis befreite Versicherungsvermittler und -berater die Wohlverhaltensregel des §1a VVG sowie die Informations- und Dokumentationspflichten der VersVermV.

Im Einzelnen sind folgende Befreiungen bzw. Ausnahmen vorgesehen:

- Der »gebundene Vertreter« bedarf keiner Erlaubnis (§34d Abs. 7 Nr. 1),
- der Versicherungsvermittler in Nebentätigkeit (§34d Abs. 8 Nr. 1) bedarf dann keiner Erlaubnis, wenn die vermittelte Versicherung
  - eine Zusatzleistung zur Lieferung einer Ware oder zur Erbringung einer Dienstleistung darstellt und
  - gerade das Risiko von Defekten, des Verlustes oder der Beschädigung der Ware bzw. der Nichtinanspruchnahme der Dienstleistung regelt (bei gebuchten Reisen kommen noch Gepäckverlust und andere spezielle Reiserisiken hinzu) und
  - die Jahresprämie nicht höher als 600 Euro ist.

  Diese Voraussetzungen müssen kumulativ erfüllt sein, d.h., sie müssen alle zugleich vorliegen.
- §34d Abs. 6 erlaubt eine Ausnahme für solche Vermittler, die unmittelbar im Auftrag eines zugelassenen Vermittlers tätig sind, qualifiziert sind und eine Haftpflichtversicherung haben. Faktisch haben diese Vermittler also alle Voraussetzungen zu erfüllen, die auch für eine Erlaubnis ausreichen würden.
- Der von einer Bausparkasse beauftragte Vermittler für bestimmte, bausparkassentypische und dementsprechend eingeschränkte Risiken (§34d Abs. 8 Nr. 2) bedarf keiner Zulassung.
- Der Vermittler von Restschuldversicherungen bedarf dann keiner Zulassung, wenn diese als Zusatzleistung zur Lieferung einer Ware oder Erbringung einer Dienstleistung vermittelt wird und eine Jahresprämie von 500,- Euro nicht übersteigt (§34d Abs. 8 Nr. 3).

26 §34d Abs. 9 und 10 GewO.
27 §48 Abs. 1, 2 und 2a VAG.
28 §48 Abs. 2 VAG.

- Schließlich sind diejenigen Vermittler von einer Zulassungspflicht in Deutschland ausgenommen, die bereits in ein Register in einem anderen europäischen Staat[29] eingetragen sind (§34d Abs. 7 Nr. 2).

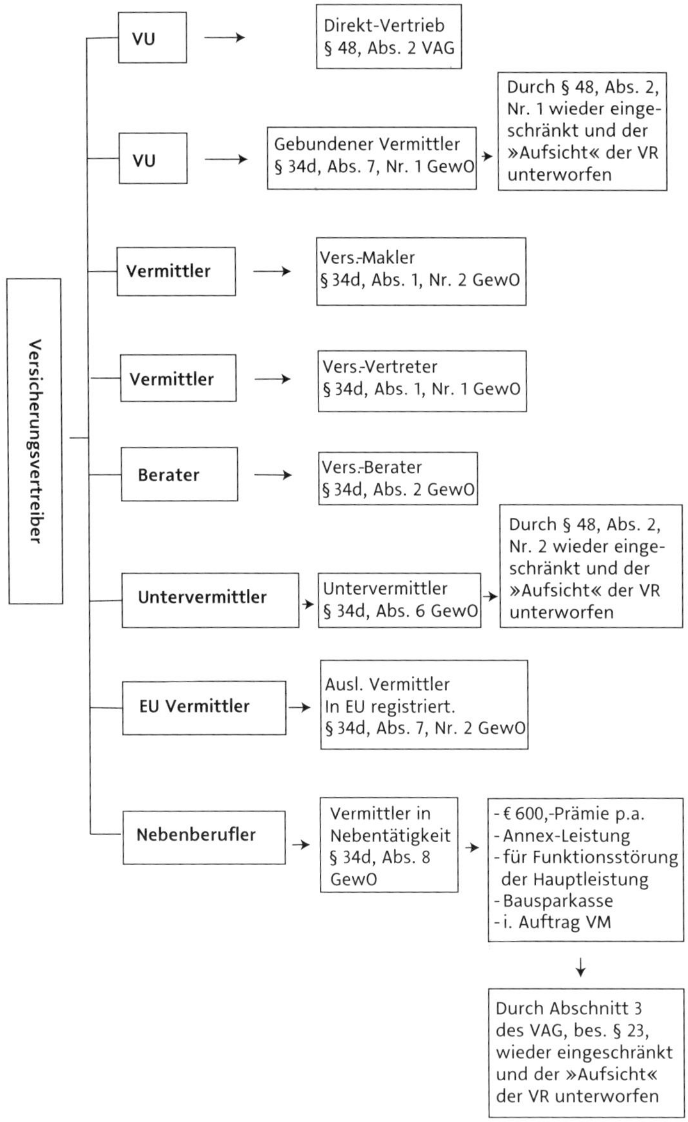

Abb. 7: Versicherungsvertreiber

29 Europäische Union oder EFTA (»Vertragsstaat des Abkommens über den europäischen Wirtschaftsraum«).

Bedeutsam, weil für den deutschen Rechtsanwender möglicherweise noch ungewohnt, ist die Verpflichtung für Versicherungsunternehmen, einen geeigneten Prozess (»Geschäftsorganisation«) einzuführen, der die Einhaltung ihrer Verpflichtungen bezüglich der Qualifikation ihrer im Vertrieb tätigen Angestellten und sonstigen für ihren Vertrieb tätigen Vermittler sicherstellt (»... erlassen sie interne Leitlinien, schaffen angemessene interne Verfahren und richten eine Funktion ein, die die ordnungsgemäße Umsetzung sicherstellt«, §48 Abs. 2a VAG).

Von Bedeutung im Hinblick auf die Ausnahmen ist damit im Wesentlichen (nur) der Vermittler in Nebentätigkeit, §34d Abs. 8 Nr.1. Die Schwierigkeiten, denen sich derartige Vermittler gegenübersehen, seien am Beispiel von Reisebüros verdeutlicht:

Einerseits dürfen Versicherungen nur im Zusammenhang mit der Buchung einer Reise angeboten und vermittelt werden. Das ist bei Deckungen, die sich nicht auf die einzelne, gebuchte Reise, sondern auf das ganze Jahr beziehen, schwierig: Von Reisegepäck-, über Reiserücktritts- oder Reiseabbruch-Versicherungen bis hin zum Auslandsreisekranken- und Rückholschutz sind viele Deckungen günstiger im Jahrespaket. Dann ist aber der Zusammenhang zum konkret vermittelten Hauptprodukt (der einzelnen Reise) schon infrage gestellt.

Zum anderen ist das Haftungspotenzial beträchtlich: Wird z.B. eine »rail & fly« Reise verkauft, ist diese mit dem Besteigen des Zuges angetreten. Passiert dann etwas auf dem Weg zum Flughafen, greift die Reiserücktrittsdeckung nicht mehr; es hilft nur noch die Reiseabbruch-Versicherung. Der oder die Reisebürokauffrau/-mann wird über den Unterschied nur selten beraten haben. Das gleiche Thema stellt sich übrigens bei einem Vorabend-Check-in.

Schließlich ist der Risikoträger nach §48 Abs. 2 und 2a VAG verpflichtet, bei bestimmten Vermittlern deren Zuverlässigkeit und Qualifikation zu prüfen. Dies gilt zwar nicht für die Vermittler nach §34d Abs. 8, also für die Vermittler in Nebentätigkeit. Andererseits muss der Versicherer die Versicherungsnehmer gem. §6 VVG beraten und ist von dieser Verpflichtung nur befreit, wenn der Vermittler des Geschäfts ein Versicherungsmakler ist, Abs. 6. Für eine unzureichende Beratung haftet der Versicherer, Absatz 5. Auch ist der Versicherer durch verschiedene Generalklauseln gehalten, eine ordnungsgemäße, wirksame Geschäftsorganisation vorzuhalten, die der Art, dem Umfang und der Komplexität ihrer Tätigkeit angemessen ist, unter anderem §23 VAG. Wenn sich Fälle unzureichender Beratung durch Vermittler in Nebentätigkeit häufen, entspricht die Geschäftsorganisation nicht mehr den Anforderungen, was zum Eingreifen der Aufsicht führen kann.

Im Übrigen gilt die Wohlverhaltensregel[30] für alle Versicherungsvertreiber, also auch für den nebenberuflich tätigen Reisebürokaufmann und für den Versicherer, der Geschäft von diesen annimmt. Die Verletzung der Wohlverhaltensregel, die bei einer unzureichenden Beratung wie am Bespiel dargestellt offenkundig sein dürfte, wird sanktionsbewehrt sein, unter anderem über das UWG[31].

Insgesamt kann man sagen, dass die IDD und ihre deutsche Umsetzung versuchen, den Qualifikationsstandard in der Versicherungsvermittlung anzuheben und dass es erhebliche Sanktionsmöglichkeiten gibt.

1.2.2 Sachlicher Anwendungsbereich und Umsetzung in deutsches Recht

Der sachliche Anwendungsbereich ist ebenfalls umfassend in der IDD geregelt möglicherweise aber nicht ganz so umfassend im deutschen Recht umgesetzt worden.

- Inhaltlich ist die Umsetzung »1 zu 1« erfolgt: Im neu geschaffenen § 1a VVG wird beschrieben, was die Versicherungsvertriebstätigkeit umfasst und wie sie umzusetzen ist. Zur Vertriebstätigkeit gehören danach:
  1. Beratung,
  2. Vorbereitung von Versicherungsverträgen einschließlich Vertragsvorschlag,
  3. Abschluss von Versicherungsverträgen,
  4. Mitwirken bei der Verwaltung und Erfüllung von Versicherungsverträgen, insbesondere im Schadensfall.

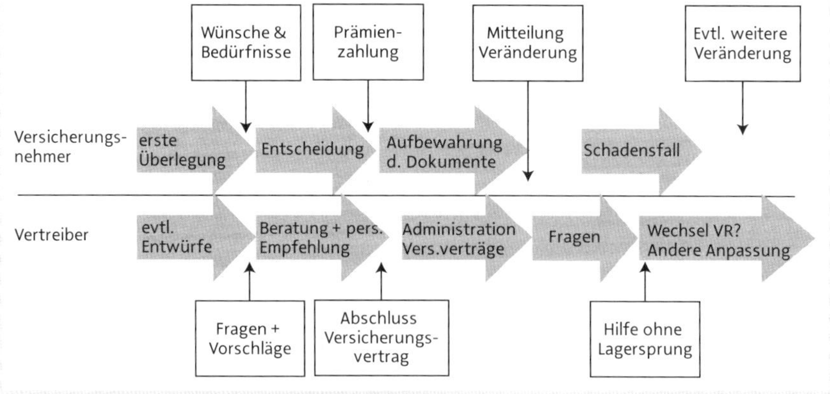

Abb. 8: Sachlicher Anwendungsbereich – Zeitstrahl der Vertriebstätigkeit

30 Siehe sogleich Kapitel 1.7, aber auch Kapitel 1.10.
31 Siehe sogleich Kapitel 1.7.

- Auch bezüglich der »Wohlverhaltensregel« ist die Umsetzung »1 zu 1« erfolgt: »Der Versicherungsvertreiber muss bei seiner Vertriebstätigkeit gegenüber Versicherungsnehmern stets ehrlich, redlich und professionell in deren bestmöglichem Interesse handeln«, §1a Abs. 1 S.1 VVG.
  Im sachlichen Anwendungsbereich — also der Antwort auf die Frage, was denn alles zum Versicherungsvertrieb gehört — ist damit zugleich eine Verhaltensnorm aufgenommen worden. Jede Ausgestaltung des Vertriebs wird sich also daran messen lassen müssen, ob sie (1) das ganze Spektrum des Vertriebs umfasst und dabei (2) »ehrlich, redlich, professionell im bestmöglichen Interesse der Kunden« ist. Diese, notwendige, Berücksichtigung ist deshalb nicht einfach, weil die Wohlverhaltensregel eine Vielzahl unbestimmter, d.h. auslegungsbedürftiger Rechtsbegriffe enthält, die dem deutschen Recht z.T. neu sind. Das kann es erforderlich machen, auf Interpretationshilfen der EU-Kommission und von EIOPA zurückzugreifen, auch wenn die Bereiche, für die diese Interpretationen geschrieben wurden, nicht unbedingt zum Spektrum des einzelnen Versicherungsvertreibers gehören[32].
- Es gibt noch eine zweite Umsetzung, nämlich im VAG: Dort wird in §7 Nr. 34a definiert, was Versicherungsvertrieb ist. Diese Vorschrift verweist direkt auf die Richtlinie, inkorporiert also die Definitionen der IDD sowohl für den Versicherungsvertrieb als auch für den Rückversicherungsvertrieb unmittelbar in deutsches Recht. Die Definition dessen, was Versicherungsvertrieb darstellt, ist also nicht nur in dem Gesetz erfolgt, das den Versicherungsvertrag, also die Beziehungen zwischen Versicherungsunternehmen und Versicherungsnehmer regelt, sondern zusätzlich noch im VAG, das hoheitlich regelt, wie sich ein Versicherungsunternehmen zu verhalten hat.
- Trotz dieser direkten Bezugnahme ist die Umsetzung des Rückversicherungsvertriebs möglicherweise lückenhaft geblieben: In §15 Abs. 3 VAG wird geregelt, dass der Versicherungsvertrieb zum Geschäftsbetrieb eines Versicherungsunternehmens gehöre. Eine gleichlautende Bestimmung für die Zugehörigkeit des Rückversicherungsbetriebs zum Rückversicherungsunternehmen fehlt. Ob damit allerdings gemeint ist, dass der Rückversicherungsvertrieb von der Anwendung der Regeln ausgenommen sein soll, erscheint fraglich.
- Ein Kuriosum zum Schluss: Ist die Aufnahme in eine bestehende Gruppenversicherung ein Vermittlungsakt oder nicht? Das ist die Antwort (!) der Bundesregierung auf eine komplexe Anfrage des Bundesrats im Gesetzgebungsverfahren gewesen, in welcher der Bundesrat die Schutzbedürftigkeit eines Versicherungsnehmers bei Restschuld-Gruppenversicherungen angesprochen hat[33].

32 Vgl. Kapitel 1.10 zu den »Interessenkonflikten«.
33 BT-Drs 18/11627, S.50 (BR) und 58 (BReg).

1.2.3 Sind Verbraucherschutzorganisationen erfasst?

Die Kumulation von weitem persönlichen und weitem sachlichen Anwendungsbereich hätte nahegelegt, auch Verbraucherschutzorganisationen in die Umsetzung einzubeziehen. Das ist – jedenfalls auf gesetzgeberischer Ebene – nicht geschehen, wenngleich der Gesetzgeber durchaus gesehen hat, dass hier Regelungsbedarf besteht[34]. Vor dem Hintergrund der erheblichen Tätigkeiten, die diese Organisationen in der Versicherungsvermittlung ausüben, sollte der vom Gesetzgeber in seiner Begründung angesprochene »Vollzug« auf das vollständige Einbeziehen der Verbraucherzentralen besonderen Wert legen.

Rechtlich gesehen kann kaum ein Zweifel daran bestehen, dass die Beratungen vor allem der Verbraucherschutzzentralen, aber auch von Organisationen wie der des Bundes der Versicherten, den Begriff der »Versicherungsvermittlung« erfüllen. Dieser Begriff umfasst die Beratung, vorbereitende Handlungen sowie die Hilfe bei der Erfüllung der Versicherungsverträge. Eben diese Tätigkeiten gehören zum Berufsbild der Verbraucherschutzorganisationen[35]. Fraglich könnte allenfalls sein, ob die Verbraucherschutzorganisationen auch das Merkmal der »Gewerbsmäßigkeit« erfüllen. Ob dieses Erfordernis jedoch eine sinnvolle Begrenzung darstellt, ist an sich schon zweifelhaft[36]. Im Übrigen handelt es sich auch nur um eine ins deutsche Recht aufgenommene Beschränkung des Anwendungsbereichs; die Richtlinie selbst kennt das Merkmal der Gewerbsmäßigkeit nicht. Also würde wohl auch schon eine richtlinienkonforme Auslegung des deutschen Rechts die Einbeziehung beratender Verbraucherschutzorganisationen in den Regelungsbereich notwendig machen.

Jedenfalls sind Verbraucherzentralen und andere Verbraucherschutzorganisationen nicht von der Anwendung des materiellen Rechts befreit[37]. Es wäre widersinnig, wenn für Verbraucherzentralen das relativ deutliche und jetzt noch einmal verschärfte materielle Recht gelte, nicht jedoch die berufsrechtlichen Voraussetzungen zu erfüllen wären.

Wenn von einer Verbraucherzentrale beratene Verbraucher einen Beratungsschein vorlegen, wird dieser nur mit Schwierigkeiten vom Versicherer akzeptiert werden können, wenn keine Zulassung vorliegt. §48 VAG verpflichtet den Versicherer, die Qualifikation seiner Vermittler sicherzustellen.

---

34 BT-Drs. 18/11627, S. 35.

35 Vgl. pointiert und detailliert Reiff/Köhne VersR 2017, 649 (651).

36 Reiff, Versicherungsvermittlerrecht im Umbruch, Band 32 der Veröffentlichungen der Hamburger Gesellschaft zur Förderung des Versicherungswesens, S. 28.

37 So schon der Abschlussbericht der VVG-Kommission, S. 335f.

1.3 Beratungspflichten

Die »Beratungspflichten« gehören zu den wichtigsten Themen im Kontext der Versicherungsvermittlung, zumal sie ein sehr praxisrelevanter und häufig haftungsträchtiger Bereich sind. Das reine »Studium der Paragrafen« hilft bei der eigentlich immer nötigen Interpretation von Gesetzestexten nur wenig, weshalb dieses Kapitel zum besseren Verständnis mit einem historischen Überblick beginnt.

Ganz wichtig ist es gerade im Bereich der Beratung, die »Prinzipien« des neuen Vertriebsrechts im Auge zu behalten[38], zu denen u. a. die Wohlverhaltensregel und die Anforderung an geeignete ablauforganisatorische Prozesse gehören.

1.3.1 Historie der Beratung im Versicherungsvertrieb

Spätestens seit dem 22. Mai 2007 sind Grundlagen und Inhalte der Beratungspflicht eines Versicherungsvermittlers Gegenstand gesetzlicher Regelung[39]. Die Beratungspflicht bestand aber auch schon vor ihrer Kodifizierung: Der BGH hat in seinem »Sachwalter-Urteil« die umfangreiche Beratungsverpflichtung und die Haftung des Versicherungsmaklers für die Nichtbeachtung statuiert[40] und dies seitdem immer wiederholt[41].

Die IMD[42], die eigentlich bis Januar 2005 umzusetzen gewesen wäre, hatte erstmals das Recht der Versicherungsvermittler kodifiziert. Bis dahin gab es schriftliche Vorgaben in Deutschland nur für den Umfang der Vollmacht der damals »Agenten« genannten Vertreter.

Die IMD statuierte eine Befragungspflicht. Das aber war der damaligen Bundesregierung zu wenig[43], weshalb das deutsche VVG in §42c, jetzt §61, eine Beratungspflicht enthält:

> *Der Versicherungsvermittler hat den Versicherungsnehmer, soweit nach der Schwierigkeit, die angebotene Versicherung zu beurteilen, oder der Person des Versicherungsnehmers und dessen Situation hierfür Anlass*

38 Die Formfragen werden in Kapitel 1.4 behandelt.
39 §§42 b&c VVG-alt.
40 BGHZ 94, 356 vom 22.5.1986.
41 Zuletzt im Urteil zur Schadenbearbeitung durch Versicherungsmakler I ZR 107/14 vom 14.1.2016.
42 Richtlinie 2002/92/EG über Versicherungsvermittlung.
43 BT-Drs 16/1935.

besteht, nach seinen Wünschen und Bedürfnissen zu befragen und, auch unter Berücksichtigung eines angemessenen Verhältnisses zwischen Beratungsaufwand und der vom Versicherungsnehmer zu zahlenden Prämien, zu beraten sowie die Gründe für jeden zu einer bestimmten Versicherung erteilten Rat anzugeben. (§ 61 Abs.1 Satz 1 VVG)

Zusammengefasst kann man also sagen, dass der Vertreiber
1. die Wünsche und Bedürfnisse des Kunden erfragen muss,
2. sofern hierfür ein Anlass besteht,
3. und ein entsprechendes Preis-Leistungs-Verhältnis ersichtlich ist.
4. Dann muss der Vermittler den Kunden auch beraten.

In der Rechtslage bis Februar 2018 sind Frage- und Beratungspflicht also vermischt. Beide sind anlassbezogen und prämienabhängig und zudem von Ausnahmen betroffen.

1.3.2 Beratung in der IDD

Die IDD beschreibt die Anforderungen an die Beratung im Einzelnen in Art. 20, ihren Umfang, der sich aus der Definition der Tätigkeiten eines Versicherungsvertreibers ergibt (Art. 2), und die Prinzipien, nach denen die Anforderungen an die Beratung auszulegen sind, in Art. 17.

Die Anforderungen an die Beratung im engeren Sinne

Nach Art. 20 IDD muss der Versicherungsvertreiber:
1. die Wünsche und Bedürfnisse seines (potenziellen) Kunden erfragen,
2. dem Kunden objektive Informationen über das Versicherungsprodukt mitteilen,
3. sicherstellen, dass jeder angebotene Vertrag den Wünschen und Bedürfnissen des Kunden entspricht,
4. falls eine Beratung über die Abfrage der Wünsche und Bedürfnisse hinaus erfolgt, dem Kunden eine persönliche Empfehlung geben.

Ganz ausdrücklich (das steht in der Überschrift der Vorschrift in der IDD!) darf der Vermittler einen Vertrieb auch ohne Beratung anbieten. Auch in einem solchen »beratungsfreien« Vertrieb bleibt die Fragepflicht bestehen sowie das Gebot, nur solche Versicherungsverträge zu vermitteln, die den Wünschen und Bedürfnissen der Kunden entsprechen.

Sofern der Vermittler (zusätzlich) berät, muss er allerdings auch eine persönliche Empfehlung abgeben.

Der Umfang der Beratung
Der Umfang der Beratung ergibt sich aus der Definition dessen, was »Versicherungsvertrieb« ist[44], Art 2 Abs. 1 Nr. 1 IDD:

Zur Vertriebstätigkeit gehören danach:
1. Beratung,
2. Vorbereitung von Versicherungsverträgen einschließlich Vertragsvorschlag,
3. Abschluss von Versicherungsverträgen,
4. Mitwirken bei der Verwaltung und Erfüllung von Versicherungsverträgen, insbesondere im Schadensfall.

Die (wichtigsten) Prinzipien der Beratung
Der Versicherungsvertreiber muss ...

> *... bei seiner Versicherungsvertriebstätigkeit gegenüber seinem Kunden stets ehrlich, redlich und professionell in dessen bestmöglichem Interesse handeln, Art 17 Abs. 1 IDD.*

Alle Aktivitäten eines Versicherungsvertreibers müssen »dem Interesse des Verbraucherschutzes dienen«[45]

Es ist zu fragen, ob die Umsetzung der beschriebenen Beratungsanforderungen in deutsches Recht den in der IDD formulierten Vorgaben entspricht oder wie die entsprechenden Vorschriften ggf. auszulegen sind, um den europäischen Vorgaben zu entsprechen, s. o. Kapitel 1.2.

1.3.3 Umsetzung der Beratungsanforderungen in deutsches Recht

Unverändert bleibt §61 VVG. Die grundsätzliche Rechtslage bleibt also so, wie wir sie heute kennen. Damit bleibt auch die Rechtsprechung zur Beratungsverpflichtung und zur Haftung des Maklers in vollem Umfange anwendbar.

Ebenfalls unverändert bleibt der Ausnahmetatbestand für Großrisiken (§65 VVG). Der Ausnahmetatbestand für Vermittler in Nebentätigkeit[46] (§66 VVG) wird geringfügig angepasst. Insbesondere muss der Vermittler in Nebentätigkeit nunmehr – und zusätzlich zur bisherigen Rechtslage – vor Abschluss des Versicherungsvertrags Informationen über seine Identität (vgl. sogleich Kapi-

44 Zum sachlichen Anwendungsbereich der IDD s. Kapitel 1.2.2.
45 Erwägungsgrund 7 (u. ö.) der IDD.
46 §34d Abs. 8 Nr. 1 GewO.

tel 1.4) abgeben und dem Versicherungsnehmer das Produktinformationsblatt aushändigen.

Neu geschaffen wird § 1a VVG:

> *Der (Versicherungsvertreiber) muss bei seiner Vertriebstätigkeit gegenüber Versicherungsnehmern stets ehrlich, redlich und professionell in deren bestmöglichem Interesse handeln.*

Die »Kardinalpflicht« des Art. 17 IDD ist also wörtlich übernommen worden, sie gilt für jede Form des Versicherungsvertriebs: Der § 1a VVG gilt seinem Wortlaut nach für Versicherer, die gesamte Vorschrift wird aber in § 59 VVG für Vermittler (Makler und Vertreter) und für Versicherungsberater für anwendbar erklärt.

In den § 1a VVG ist auch der »sachliche Anwendungsbereich« übernommen worden, der definiert, dass »Vertriebstätigkeit« alles umfasst, von der Vorbereitung der Beratung über den Abschluss und die Betreuung des Versicherungsvertrags bis zu dessen Abwicklung und der Hilfe im Schadenfall.

Nicht übernommen wurde die Verpflichtung, eine »persönliche Empfehlung« immer dann abzugeben, wenn eine Beratung stattgefunden hat.

Ebenfalls nicht übernommen wurde die Zweiteilung in einen Frage- und einen Beratungsprozess.

1.3.4 Bewertung der Umsetzung der Beratungsanforderungen

Allenfalls »geringfügige Änderung«?

Der Gesetzgeber hält in seiner Begründung zur Einführung des § 1a VVG die neue Regelung für eine »allenfalls geringfügige Änderung des deutschen Rechts«[47], weil ja sowohl § 242 BGB als auch und vor allem die Frage- und Beratungspflicht des § 61 eine »ehrliche, professionelle und redliche« Beratung ohnehin schon notwendig machten.

Grundsätzlich ist das sicher richtig, zumal die Rechtsprechung sehr klare Leitlinien für die Beratung und die Haftung des Vermittlers bei Nichtbeachtung seiner Verpflichtungen geschaffen hat. Aber praktisch macht es doch einen

47 BT-Drs. 18/11627 S. 42.

erheblichen Unterschied, wenn im Gesetz selbst – und nicht erst über den Umweg einer allgemeingültigen Auslegungsregel – die Grundsätze der Ehrlichkeit, Redlichkeit und Professionalität statuiert werden. Es ist davon auszugehen, dass Versicherungsnehmer diesen Maßstäben größere Bedeutung zumessen, wenn sie im Gesetzestext stehen, und sich dementsprechend häufiger auf diese Grundsätze berufen werden.

Auch gilt die Auslegungsregel des § 157 BGB immer für beide Parteien, während sich die Kardinalpflicht des § 1a VVG direkt und ausschließlich an den Versicherungsvertreiber richtet, also einseitig wirkt.

Bestmögliches Interesse

Weiter erscheint fraglich, was genau gemeint ist mit »im bestmöglichen Interesse«: Die englische Fassung der Richtlinie spricht vom »best interest«. Das legt nahe, dass jedenfalls nicht nur dasjenige Interesse gemeint ist, welches der jeweilige Versicherungsvertreiber in seiner subjektiven Wahrnehmung dem Kunden zugestehen kann oder will; es wird ein objektiver Maßstab zu finden sein, der alle Versicherungsvertreiber umfasst und diese vor allem gleichbehandelt.

Der alte Streit zwischen suitable advice oder best advice ist vom Gesetzgeber jedenfalls nicht gelöst worden. Ein Versicherungsunternehmen – und seine Vertreter – werden ohnehin immer nur aus denjenigen Produkten auswählen können, die ihnen zur Verfügung stehen. In Art. 17 Abs. 3 spricht die IDD davon, welches andere Produkt der Versicherungsvertreiber »anbieten könnte« – das ist eine Konkretisierung.

Ob auch freie Vermittler und Berater einen Ansatz wählen dürfen, der »eine den Bedürfnissen angemessene Beratung«[48] darstellt – also suitable ist – ist durchaus vorstellbar, möglicherweise jedoch vom Einzelfall abhängig.

Keine Trennung zwischen Frage- und Beratungspflicht

Unschön ist, dass die Fragepflicht nach den »Wünschen und Bedürfnissen« nicht von der Beratungspflicht getrennt wurde: Dass die Trennung dieser beiden Bereiche unterlassen wurde, macht es einerseits für den Versicherungsvertreiber schwierig, dem Kunden auch »ohne Beratung« einen Versicherungsvertrag zu vermitteln. Andererseits führen die Ausnahmen von der Beratungsverpflichtung dazu, dass zu diesen Ausnahmen dann eben auch nicht befragt wird – und das ist richtlinienwidrig.

48 So Reiff/Köhne, VersR 2017, 649 (653).

In diesem Zusammenhang sind drei mögliche Beratungsbereiche von Relevanz:

1. Die »anlassbezogene« Beratung: Es wird versucht, zu argumentieren, dass ein Kunde durch die Nutzung einer Internetseite »zu erkennen gibt«, er wolle nicht beraten werden. Das erscheint als eine etwas gewagte Interpretation, die das OLG München im Fall »Check 24« auch zurückgewiesen hat[49].
2. Die »von der Prämienhöhe abhängige« Beratung: Diese Überlegung ist schon an sich wenig hilfreich, da bei der initialen Befragung und Bedarfsklärung eine Prämie noch gar nicht feststehen kann. Im Übrigen steht der Schwierigkeitsgrad einer Police auch nicht notwendigerweise in einer unverrückbaren Relation zu deren Preis.
3. Die Ausnahme von der Beratungspflicht für Großrisiken, §65 VVG: Anders als das Wort »**Groß**risiken« suggeriert, sind nicht nur industrielle Versicherungsnehmer mit eigenen Versicherungsabteilungen und entsprechendem eigenen Sachverstand unter dem Begriff »Großrisiko« zu verstehen. Vielmehr sind u.a. auch alle entsprechend den Flussschiffskasko-Bedingungen versicherten Risiken, alle Transportgüterversicherungen und ihre jeweiligen Entsprechungen in der Haftpflichtdeckung nach der Gesetzesdefinition ein »Großrisiko«. Das ergibt sich daraus, dass sich der Begriff »Großrisiko« nach VVG und VAG nicht in erster Linie aus der Größe des versicherten Risikos ableitet, sondern zunächst auf eine manchmal etwas willkürlich anmutende Weise spartenbezogen definiert ist[50]. Diese Legaldefinition des »Großrisikos« kann durchaus auch Privatpersonen sowie kleinere Gewerbetriebe betreffen, die, anders als die Versicherungsabteilungen der Industrie, der Ausnahme von der Beratungspflicht nicht widersprechen, möglicherweise aus Unkenntnis.

In diesen drei Beratungsbereichen braucht also nach deutscher Gesetzeslage nicht beraten zu werden, nach dem europäischen Recht der IDD aber schon.

Die zwangsläufigen Ergebnisse dieser Interpretationen sind also richtlinienwidrig. Es ist deshalb für Versicherungsvertreiber empfehlenswert, einen reinen Frageprozess zu etablieren, von dem es keine Ausnahmen geben darf. Daneben sollte ein Beratungsprozess stehen, der mit einer persönlichen Empfehlung enden muss.

49 OLG München vom 6.4.2017, 29 U 3139/16; vgl. insgesamt zu diesem Komplex auch Armbrüster, r&s 2017, 57.

50 §210 VVG, Anl. 1 zum VAG; vgl. auch Kapitel 1.13.

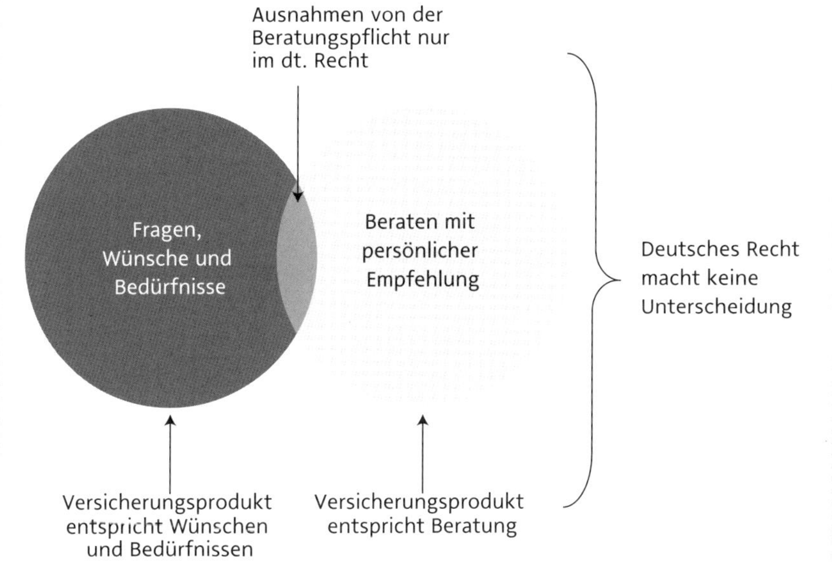

Abb. 9: Beratung nach europäischem und deutschem Recht

Erstaunlicherweise hat der deutsche Gesetzgeber für den Bereich der Versicherungsanlageprodukte, für deren Vertrieb weit schärfere Vorschriften zugunsten des Kunden gelten, den Unterschied zwischen einem Vertrieb mit und einem Vertrieb ohne Beratung sehr deutlich getroffen, siehe auch Kapitel 1.9.2.

»Beratungsverzicht« beim Vertrieb ohne Beratung?
Sollte der Versicherungsvertreiber von seinem Recht Gebrauch machen wollen, seinem Kunden einen Versicherungsvertrag »ohne Beratung« anbieten zu wollen, stellt sich die Frage, ob dieser Versicherungsvertreiber dann einen Beratungs- und Dokumentationsverzicht mit dem Kunden vereinbaren muss, §61 Abs. 2 VVG. Das wäre eine erhebliche Erschwernis für deutsche Versicherungsvertreiber. Man kann jetzt argumentieren, dass dies deshalb richtlinienkonform sei, weil Artikel 22 Abs. 2 der IDD den Mitgliedstaaten freistellt, strengere Vorschriften zu erlassen. Man kann andererseits aber auch argumentieren, dass das europäische Recht eine »Vermittlung ohne Beratung« ermöglichen wollte, die der deutsche Umsetzungsgesetzgeber nicht unnötig erschweren darf. Es scheint so, dass die zweite Alternative stichhaltiger ist.

Allerdings schränkt allein die Möglichkeit, dass der Versicherungsvertreiber einen Beratungs- und Dokumentationsverzicht mit denjenigen Kunden abschließen müsste, mit denen er lediglich auf der Basis der von ihnen erfragten Wünsche und Bedürfnisse zusammenarbeiten möchte, diese Handlungsvariante wieder erheblich ein.

1.3.5 Die prinzipienbasierte Aufsicht und ihre Auswirkung auf den Beratungsprozess

Eine »prinzipienbasierte Aufsicht« [51] lernen wir in Deutschland erst allmählich kennen. Wir waren bislang gewohnt, dass die staatliche Aufsicht materiellrechtlich urteilte, prüfte und entschied; das konnte vorgelagert (bis Anfang der 1990iger Jahre) oder nachgelagert (bis jetzt) geschehen. Notwendigerweise hatte eine solche materiell rechtliche Aufsicht den Einzelfall im Blick und schloss von ihm auf die Gesamtheit.

Zukünftig wird die Geschäftsorganisation als Ganzes, also der Ablaufprozess im Vordergrund des Interesses der Aufsicht stehen. Einzelfälle werden danach beurteilt werden, ob die Prinzipien der Richtlinie – wie z.B. die Wohlverhaltensregel, die Bestimmungen zur Vermeidung von Interessenkonflikten u.a. – eingehalten wurde. Werden die Prinzipien der Richtlinie nicht eingehalten, wird es zu Sanktionen kommen, die zudem erheblich schwerwiegender ausfallen werden, als wir das nach dem Ordnungswidrigkeitengesetz gewohnt waren.

Das entscheidende Prinzip ist die »Kardinalpflicht« des Art. 17 IDD bzw. des §1a VVG »ehrlich, redlich und professionell im besten Interesse des Kunden«.

Jede Beratung eines (potenziellen) Kunden wird sich an diesem Prinzip messen lassen müssen. Unabhängig vom Wortlaut einer Vorschrift und von möglichen, die Beratungspflicht einschränkenden Interpretationen muss jeder Beratungsprozess ebenso wie jede Einzelberatung diesem Kardinalprinzip entsprechen. Die Aufsicht wird zu prüfen haben, ob die »Geschäftsorganisation«[52] eines Versicherers oder eines sonstigen Versicherungsvertreibers dergestalt beschaffen ist, dass der Beratungsprozess von den Prinzipien der Ehrlichkeit, Redlichkeit und Professionalität weder abweichen kann noch das bestmögliche Interesse des Kunden jemals aus den Augen verloren wird.

Ein weiteres Prinzip ist das des Verbraucherschutzes. Diese Motivation des Richtliniengebers muss ebenfalls in allen Geschäftsprozessen wiederzufinden sein. Auch dieses Prinzip ist Auslegungsmaxime für jeden unklaren Wortlaut einer einzelnen Vorschrift und muss seinen Niederschlag in der Geschäftsorganisation finden.

---

51 Es wird auch gern der Begriff »regelbasierte Aufsicht« als Gegensatz zur »prinzipienbasierten« Aufsicht genutzt; die hier beschriebene »materielle Staatsaufsicht« soll als Synonym zur »regelbasierten Aufsicht« verstanden werden.

52 §§23 ff. VAG.

Wettbewerbsrecht als Prinzip der IDD?

Ein wenig schwieriger ist die Einordnung des Prinzips der Chancen- oder Wettbewerbsgleichheit[53]. Eine diesen Grundsatz verletzende Vorschrift könnte sich als richtlinienwidrig herausstellen und dürfte dann nur so angewandt werden, dass das Prinzip nicht verletzt wird.

Fazit !

Die Leitlinien der Rechtsprechung zur Haftung des Versicherungsmaklers für Beratungsverschulden waren auch vor der Einführung der IDD und ihrer Umsetzung in deutsches Recht eindeutig und scharf. Man kann also sagen, dass sich insoweit wenig geändert habe, und läge mit einer solchen Einschätzung nicht ganz falsch: Deutsche Versicherungsvermittler, besonders Versicherungsmakler, unterliegen einem scharfen Haftungsregime.

Verändert aber haben sich die Grundlagen. Hinzugekommen sind nun entscheidende Prinzipien, wie etwa die in Gesetzesform gegossene Kardinalpflicht der Ehrlichkeit, Redlichkeit und Professionalität im bestmöglichen Kundeninteresse. Und hinzugekommen ist die Notwendigkeit, eine diese Prinzipien sicherstellende Geschäftsorganisation aufzubauen und zu unterhalten. Das ist eine nicht zu unterschätzende Aufgabe für die deutsche Versicherungswirtschaft.

Absehbar ist, dass eine Verletzung der Prinzipien genauso haftungsrelevant wie die Verletzung einer Einzelpflicht sein wird. Und ganz unabhängig vom Haftungsregime wird eine vertrauensvolle Kundenbeziehung ohne die Einhaltung der Prinzipien, vor allem der Wohlverhaltensregel, kaum mehr aufzubauen sein.

1.4 Formfragen, Auskünfte und Informationspflichten

Das vorherige Kapitel hatte sich mit dem Begriff »Beratung« beschäftigt. In diesem Abschnitt geht es um »Information«. Es handelt sich dabei um die meist formalen Auskünfte, die der Versicherungsvertreiber seinem (potenziellen) Kunden – üblicherweise zu Beginn des geschäftlichen Kontaktes – zu übergeben hat, wobei die Begriffe »Informationen« und »Auskünfte« prinzipiell dasselbe bedeuten: Die IDD verwendet häufig den Ausdruck »Auskünfte«, während die entsprechenden deutschen Verordnungen eher von »Informationen« sprechen.

Die Vorschriften zu den Informationen sind – soweit sie den Versicherungsvertreiber betreffen – in der »Verordnung über die Versicherungsvermittlung und -Beratung« (VersVermV) geregelt. Betreffen sie hingegen das Versicherungsprodukt, ist die »Verordnung über die Informationspflichten bei Ver-

53 EW 5, 6 und 8 IDD.

sicherungsverträgen« (VVG-InfoV) zuständig. Beide Regelungsbereiche sind dem Rechtsanwender seit langem bekannt54. Sie beinhalten auch nicht wirklich wesentliche Neuerungen, jedenfalls nicht nach dem Text der Richtlinie. Die entsprechenden europäischen und deutschen Verordnungen lagen bei Drucklegung des Buches noch nicht vor; es ist jedoch nicht ersichtlich, dass der Verordnungsgeber von den Vorgaben der Richtlinie oder des ermächtigenden Gesetzes (§34e GewO bzw. §7 VAG) abweichen wird.

Weiter werden in diesem Kapitel diejenigen Formfragen behandelt, die sich damit beschäftigen, wie, wann und eben in welcher Form die Informationen aber auch die Ergebnisse der Beratung dem Kunden zu übermitteln sind.

1.4.1 Formfragen

Formfragen regelt das Gesetz immer dann, wenn ein gewisser Schutz bzw. eine gewisse Warnfunktion für den Empfänger der Mitteilung sinnvoll erscheint (besonders deutlich bei Grundstückgeschäften, die notariell beglaubigt werden müssen, §311b BGB).

Im bürgerlichen Recht kennen wir die Formen der »Schriftlichkeit« und der »Textform«. Beide Formen sind im BGB definiert, §§126 & 126b BGB.

Ebenfalls im BGB definiert ist die »elektronische Form« sowie die »elektronische Signatur« – §126a BGB.

Im Versicherungsrecht gibt es zusätzlich die Kommunikation »auf Papier« sowie »über eine Website«, wobei der Begriff »auf Papier« möglicherweise nur eine unsaubere, weil wörtliche Übersetzung des während der Entstehungsphase nur auf Englisch verfügbaren Textes der IDD darstellt.

In Textform, also z.B. auch als E-Mail sind mitzuteilen[54]

- die Angaben zum Produkt nach der VVG-InfoV, §7, Abs. 1 VVG
- die Informationen zum Status des Versicherungsvermittlers nach der VersVermV, §11 VersVermV.

»Auf Papier« sind die Ergebnisse der Beratung mitzuteilen, §6a Abs. 1 VVG.

54 Es ist davon auszugehen, dass insoweit eine abgestufte Form entsprechend §6a VVG für diese Informationen zukünftig greifen wird. Art 23 IDD schreibt auch für die Auskünfte (Art. 18) und für das Informationsblatt (Art. 20) eine Form vor, die derjenigen gleicht, wie sie in §6a VVG für die Ergebnisse der Beratung schon umgesetzt ist.

Diese dürfen auch auf einem dauerhaften Datenträger übermittelt werden (§6a Abs. 2 Nr. 1 VVG), wenn

- dies angemessen ist
- der Versicherungsnehmer die Wahl hatte und sich für den Datenträger entschieden hat

Schließlich dürfen die Ergebnisse der Beratung auch über eine personalisierte Website zur Verfügung gestellt werden (§6a Abs. 2 Nr. 2 VVG), und zwar wiederum, wenn

- dies angemessen ist,
- der Versicherungsnehmer zugestimmt hat,
- gewährleistet ist, dass die Auskünfte auf der Website so lange zur Verfügung stehen, als man dies »vernünftigerweise erwarten kann«.

In jedem Fall müssen »Rat und Gründe hierfür«

- in klarer, genauer und für den Versicherungsnehmer verständlicher Weise,
- in einer Amtssprache des Mitgliedstaats, in dem das Risiko belegen ist (oder in einer von den Parteien vereinbarten Sprache),
- unentgeltlich

erteilt werden.

Die Website-Form ist unzulässig, wenn der Abschluss telefonisch getätigt wurde, §6a, Abs. 4 VVG.

Der Grundsatz ist also »auf Papier«. Wenn man das mit der in §126 BGB definierten »Schriftform« gleichsetzt, muss es sich also um eine unterschriebene Urkunde handeln. Die in Absatz 3 gewährte und der Schriftform häufig gleichgestellte »elektronische Form« darf dabei nicht mit der Textform verwechselt werden: Elektronisch ist nur die in §126a BGB beschriebene besondere Form der qualifizierten Signatur.

»Textform« bedeutet nach §126b BGB dass

> *... eine lesbare Erklärung, ... auf einem dauerhaften Datenträger abgegeben wird.*

Der häufigste Anwendungsfall wird die E-Mail sein; auch CDs und andere Speichermedien sind üblicherweise »dauerhafte Datenträger«. Das Medium des dauerhaften Datenträgers darf dann genutzt werden, wenn es »angemessen« ist.

Die Angemessenheit wird angenommen, wenn der Versicherungsnehmer nachweislich einen Internetzugang hat, und dieser wird wiederum angenommen, wenn der Versicherungsnehmer in seiner Korrespondenz eine E-Mail-Adresse angibt, §6a Abs. 3 VVG.

Sehr wahrscheinlich wird damit viel Papier aus dem Versicherungsvertrieb verschwinden: man wird viele Dokumente elektronisch zeigen und ausfüllen, sogar unterschreiben können, um diese sodann dem Versicherungsnehmer per Mail zu schicken – womit die Textform gewahrt ist.

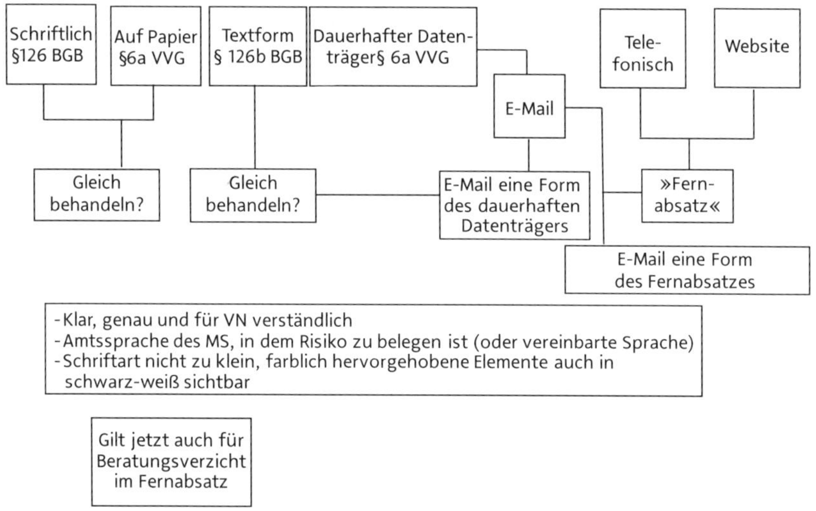

Abb. 10: Formerfordernisse

Für den Verzicht auf Beratung und Dokumentation, §61 Abs. 2 VVG, ist im Fernabsatz zukünftig die Textform ausreichend. Das war ein Wunsch der Branche; der Medienbruch zur Schriftlichkeit hatte diesen Beratungs- und Dokumentationsverzicht schwierig gemacht. Allerdings muss betont werden, dass der vom Gesetz vorgeschriebene Hinweis, dass dieser Beratungs- und Dokumentationsverzicht sich nachteilig auf die Geltendmachung von Schadenersatzansprüchen gegen den Versicherungsvertreiber auswirken könne, deutlich, ausdrücklich und wohl in der gleichen Urkunde (Mail) enthalten sein muss. Sehr fraglich erscheint auch, ob ein Versicherungsvertreiber einen solchen Beratungs- und Dokumentationsverzicht systematisch vereinbaren darf. Vor dem Hintergrund, dass auch der im Fernabsatz tätige Versicherungsvertreiber seine Tätigkeit ehrlich, redlich, professionell und im bestmöglichen Kundeninteresse erbringen muss (§1a VVG), erscheint sehr zweifelhaft, ob die Vereinbarung eines grundsätzlichen Beratungs- und Dokumentationsverzichts diesen Anforderungen genügt. Ganz sicher reicht ein elektronisch auszufüllendes Häkchen nicht, weil dann der Warnhinweis fehlen oder erst in der Bestätigungsmail gegeben würde.

1.4.2 Bewertung der Neuregelung der Formfragen

Offensichtlich ist, dass die Vielfalt der verschiedenen Formen verwirrend ist. Die Verwirrung wird auch nicht geringer werden, wenn die IDD vollständig, d.h. auch in den entsprechenden Verordnungen, umgesetzt sein wird. Die zu erwartende, weil durch die IDD vorgegebene, Detailtiefe der Regelungen ist enorm; so werden wir auch Vorschriften dazu finden, dass eine Schwarz-Weiß-Kopie ebenso gut lesbar sein muss wie ihr farbiges Original[55].

Die Versicherungsvertreiber, vor allem die Versicherungsunternehmen, werden genau zu prüfen haben, welcher Aufwand für eine (vermeintlich) einfachere Form der Übermittlung notwendiger Daten an den Versicherungsnehmer sinnvoll und wie kostenaufwendig ist. Vor allem bezüglich der Möglichkeit, mit dem Kunden auch über Datenträger und Websites zu kommunizieren, sollten die Versicherungsunternehmen sicherstellen, dass die zum Zeitpunkt des Abschlusses verfügbaren Daten bis zum Eintritt eines möglichen Schadens aufbewahrt werden.

1.4.3 Auskünfte und Informationen

Auskünfte oder Informationen über seinen Status, seine Kommunikationsdaten sowie die Angaben nach dem »Verbraucherstreitbeilegungsgesetz« (VSBG)[56] muss der Versicherungsvertreiber entsprechend den Vorschriften des §11 VersVermV dem Versicherungsnehmer beim ersten Kontakt mitteilen.

Inhaltlich wird sich hier nur insoweit etwas ändern, als der Versicherungsvertreiber mitteilen müssen wird, wie er entlohnt wird[57]. Der Vertreiber muss nicht zur Höhe der von ihm verdienten Provision Stellung nehmen. Er muss aber auf Sonderzahlungen hinweisen.

Die »Feinheiten« werden in der neuen VersVermV stehen, die bei Drucklegung dieses Buches noch nicht zur Verfügung stand.

55 Art. 20 Abs. 7 lit. c IDD; hierzu erfrischend aufrichtig Reiff, r&s, 2016, 593 (bes. 596).
56 Gesetz über die alternative Streitbeilegung in Verbrauchersachen vom 16.2.2016.
57 Art. 19 Abs. 1 lit. e IDD.

Informationen über das vermittelte Produkt werden wie bisher in der VVG-InfoV geregelt werden, §7 Abs. 1 VVG (unverändert). Die neuen Regeln werden die Vorgaben von Art. 20 IDD, bes. Abs. 7, aufnehmen, wonach das Informationsblatt folgende Kriterien erfüllen soll:

- Es soll ein kurz gehaltenes, eigenständiges Dokument sein,
- klar und leicht lesbar aufgemacht und präsentiert werden, wobei die verwendeten Buchstaben gut leserlich sein sollen,
- auch als Schwarz-Weiß-Kopie seines farbigen Originals gut lesbar sein,
- präzise und nicht irreführend sein,
- in der Amtssprache des Mitgliedstaats, in dem das Risiko belegen ist (oder in einer zwischen den Parteien vereinbarten anderen Sprache), sein und
- zudem eine Erklärung darüber enthalten, dass vertiefte Informationen in anderen Dokumenten erteilt werden.

1.4.4 Bewertung der Neuregelungen der Informationen

Auch hinsichtlich der Menge der zu erteilenden Auskünfte und Informationen kann man die Frage stellen, ob diese dazu dienen, dass »der Kunde eine wohlinformierte Entscheidung treffen kann« (Art. 20 Abs. 1 S. 1 IDD), oder ob deren Fülle und Detailtiefe nicht eher zu seiner Verwirrung beitragen.

Jeder Versicherungsvertreiber wird darauf zu achten haben, dass allen Vorschriften Genüge getan wird; sie zu missachten, würde den abgeschlossenen Versicherungsvertrag mit einem Formalfehler belasten. Einen solchen muss eine prinzipienbasierte Aufsicht zum Anlass für einen Hinweis an das beaufsichtigte Unternehmen nehmen und jeder Haftungsprozess wird für den Geschädigten leichter, wenn er einen Formalfehler nachweist. Schließlich können sogar wettbewerbsrechtliche Konkurrentenklagen drohen.

Und schließlich: Aufgrund der schieren Fülle an Informationspflichten und Formvorschriften ist es sehr anspruchsvoll, alle Anforderungen zu erfüllen. Von daher liegt es nahe, für die Einhaltung der Vorgaben klare Prozesse festzulegen, die direkt an das Produkt/die Dienstleistung anknüpfen. Für Einzelfalllösungen sind die Anforderungen schlichtweg zu komplex.

1.5 »POG« – Produktfreigabeverfahren

In der englischen Fassung der IDD heißt der entsprechende Abschnitt »product oversight and governance« – daher die Abkürzung »POG«. In der deutschen Fassung der Richtlinie ist das übersetzt worden mit »Aufsichts- und Lenkungsanforderungen«. Umgesetzt wird dieser Teil der Richtlinie zunächst im VAG, dort heißt dieser Prozess »Produktfreigabeverfahren«. Eine weitere Umsetzung wird später durch die neue VersVermV erwartet. Mit dieser letzten Änderung werden dann alle Regelungen zur »POG« auch gewerberechtlich erfasst sein.

Insgesamt ist dies eine gänzlich neue Regelungsmaterie: Erwartet wird ein Prozess, mit dem der »Produkterfinder« sicherstellt, dass der richtige Markt bedient und der angemessene Vertriebsweg genutzt wird. Die Vertriebsstrategie soll dem Zielmarkt entsprechen und auch nur für diesen Anwendung finden. Hierfür muss der Konzipient den geeigneten Zielmarkt definieren und gleichzeitig den ungeeigneten Zielmarkt identifizieren (!). Der hierfür aufgestellte Prozess ist regelmäßig zu überprüfen. Die einschlägigen Risiken des Zielmarktes inklusive ihrer Veränderungen sind in die Bewertung, d.h. in den Produktfreigabeprozess einzubeziehen.

1.5.1 Umsetzung in deutsches Recht

Formalien der Umsetzung
Die Umsetzung erfolgt über §23 VAG, dort in den neuen Absätzen (1a) – (1d).

Damit stellt der Gesetzgeber zunächst einmal klar, dass die Geschäftsorganisation desjenigen, der Versicherungsprodukte konzipiert, im Vordergrund der Überlegungen steht – man hätte diesen Teil ja auch im fünften Abschnitt regeln und damit dem Versicherungsvertrieb zuordnen können[58].

Der Gesetzgeber macht mit dieser Einordnung im Gesetz weiterhin klar, dass es sich um eine der jeweiligen Aufsicht gegenüber zu erfüllende Aufgabe handelt; »die Vorgabe zum Zielmarkt (entfaltet) keine Bindungswirkung im Außenverhältnis«[59].

Möglicherweise hat dieser Gedanke dazu geführt, die Vorschrift (zunächst?) ausschließlich im Versicherungsaufsichtsrecht anzusiedeln, wo sie direkte Wirkung nur gegenüber den Versicherungsunternehmen entfaltet (§1 VAG »Geltungsbereich«), wenngleich die Vorschrift selbst davon ausgeht, dass auch

58 Vgl. auch die entspr. Stellungnahme des GDV vom 12.12.2016, S.7. Im Übrigen korrespondiert die jetzige Stellung der Vorschrift mit der Überschrift, welche die deutsche Übersetzung der IDD gefunden hat: »Aufsichts- und Lenkungsanforderungen«.
59 BT-Drs. 18/11627, S.39 (zu Nummer 4).

andere Beteiligte im Versicherungsvertriebsprozess solche Versicherungsprodukte konzipiert haben könnten, §23, Abs. 1c S. 2 VAG. Dennoch besteht kein Zweifel, dass auch solche Vermittlerunternehmen, die Versicherungsprodukte konzipieren, ein Produktfreigabeverfahren vorhalten werden müssen:

Im Entwurf einer delegierten Verordnung[60] sagt die Kommission sehr klar, dass auch Versicherungsvermittler in den Anwendungsbereich zu zählen sind (Art. 2) und dass Versicherungsvermittler als Konzipienten zu werten sind, wenn sie eine entscheidende Rolle in Design und Entwicklung des Versicherungsproduktes hatten (Art. 3, No. 1).

Diese wahrscheinlich ebenfalls am 23. Februar 2018 in Kraft tretende delegierte Verordnung wird dann unmittelbar geltendes Recht sein und als europäische Verordnung im Rang über dem deutschen Recht stehen[61].

§34e GewO gibt dem Bundeswirtschaftsministerium die Erlaubnis, eine deutsche Verordnung zu erlassen, welche die IDD umsetzt und dem Schutz der Allgemeinheit und der Versicherungsnehmer dient. Das wird die neue VersVermV sein. Im Abs. 1 Nr. 2 Buchstabe d dieser sogenannten »Ermächtigungsnorm« (Ermächtigung zum Erlass der VersVermV) wird über den Umfang der Verpflichtungen des Gewerbetreibenden gesprochen und es wird eine Anordnung über »allgemeine Anforderungen an die Geschäftsorganisation« in der VersVermV ermöglicht. Die Begründung[62] sagt, dass durch diesen Buchstaben Artikel 25 der IDD – eben das Produktfreigabeverfahren – umgesetzt werden soll[63]. Damit wäre das Produktfreigabeverfahren auch für Versicherungsmakler, -vertreter und -berater durch eine deutsche Verordnung geregelt.

Andererseits muss darauf verwiesen werden, dass nur wenige Vermittlerunternehmen eigene Produkte konzipieren werden; dies ist in der Regel eher bei Großmaklern und dort üblicherweise eher im Bereich von Industrierisiken anzutreffen. Solche Industrie- oder Großrisiken sind von der Anwendung des Produktfreigabeverfahrens jedoch ausgeschlossen, §23 Abs. 1d VAG.

---

60 Draft Commission Delegated Regulation supplementing Directivs (EU 2016/97) «... with redard to product oversight and governance requirnements...« (https://ec.europa.eu/info/law/better-regulation/initiatives/ares-2017-3675955); während des Abstimmungsprozesses liegen diese Dokumente nur in englischer Sprache vor.

61 Zur Bedeutung dieser delegierten Verordnungen vgl. oben Kapitel 1.1.2.2.

62 BT-Drs 18/11627, S. 36 a. E.

63 Das zuständige BMWi ging bei Drucklegung noch davon aus, dass es in Deutschland keine Vermittler gibt, die Versicherungsprodukte selbst konzipieren. Sollte dementsprechend keine Regelung für konzipierende Vermittler in die neue VersVermV aufgenommen werden, bleibt es bei der unmittelbaren Wirkung der delegierten Verordnung der EU-Kommission.

Wie gesagt, die entsprechenden Verpflichtungen für konzipierende Vermittler werden hoffentlich über die neue VersVermV umgesetzt; diese könnte dann auch gleich die Überlegungen der EIOPA und der Kommission aufnehmen[64]. Die IHKs können ihr Verwaltungshandeln dann entsprechend auf Versicherungsmakler, -vertreter und -berater anwenden.

Aber selbst, wenn die neue VersVermV keine komplette Übernahme der entsprechenden Absätze des §23 VAG bringen sollte, sind Vermittlerunternehmen, die eigene Versicherungsbedingungen erstellen, über die delegierte Verordnung der Kommission an das Verfahren zur POG gebunden. Und da diese unmittelbar in Deutschland geltendes Recht sind, werden sie von den IHKs zu berücksichtigen sein.

Inhalte der Umsetzung

Inhaltlich ist ein Verfahren, also ein Geschäftsprozess vorzuhalten. Es ist wichtig, den Satz erst einmal so stehen zu lassen – mehr, als einer bestimmten organisatorische Maßnahme zu folgen bzw. diese einzuhalten, wird nicht verlangt. Insbesondere wird nicht verlangt, dass das Versicherungsprodukt, nachdem es einen solchen Prozess durchlaufen hat, ein anderes oder besseres Produkt sein würde – auch wenn diese Erwartung aus den Auslegungen, die die EIOPA diesen Vorschriften gegeben hat, natürlich zu erkennen ist und auch im folgenden Abschnitt besprochen werden soll.

Inhalt des Prozesses ist

- die Bestimmung eines für das Produkt geeigneten Zielmarktes,
- die Festlegung des »Nicht-Zielmarktes«,
- die Bewertung der einschlägigen Risiken des Zielmarktes,
- die regelmäßige Überprüfung des Verfahrens,
- die Sicherstellung der insoweit richtigen Vertriebsstrategie,
- die regelmäßige Überprüfung des Versicherungsproduktes, sowie
- eine sachgerechte Information zu Produkt und Produktfreigabeverfahren[65].

Bewertung der Umsetzung

Die Umsetzung ist damit nicht sehr gelungen; der Rechtsanwender muss sich aus zu vielen verschiedenen Quellen informieren, bevor ihm klar wird, was von ihm erwartet wird. Allerdings mag sich diese Klarheit noch einstellen, wenn die neue VersVermV veröffentlicht wird.

64 Begründung (zu §34e GewO) BT-DRS 18/11627, S.36; vgl. auch Reiff/Köhne, VersR 2017, 649 (654).
65 Soweit sich dies nicht aus dem Text des VAG ergibt, entsprechen die Anforderungen den Auslegungen, die die EIOPA den entsprechenden Vorschriften der IDD gibt, vgl. Kapitel 1.13 über die Rechtsgrundlagen des Verwaltungshandelns der IHK. Vgl zur Bedeutung der Überlegungen der EIOPA Kapitel 1.1.2.

1.5.2 Delegierte Rechtsakte der Kommission

Das Produktfreigabeverfahren ist einer der Bereiche, zu denen die Kommission sogenannte »delegierte Rechtsakte« erlassen kann, Art. 25 Abs. 2 IDD. Was ein delegierter Rechtsakt ist, bestimmt sich nach Art. 38 und 39 der IDD und nach Art. 290 AEUV[66]. Entsprechend der europäischen Aufgabenverteilung hat die EIOPA gewisse Vorarbeiten übernommen, die auch veröffentlicht sind[67]. Die Kommission hat Ende August 2017 den Entwurf einer »delegierten Verordnung« eingebracht. EU-Parlament und -Rat haben drei, maximal sechs Monate Zeit, sie zu ändern oder ihr durch Schweigen zuzustimmen[68].

Danach kann mit Folgendem gerechnet werden:

- Anwendung des Produktfreigabeprozesses auf alle Versicherungsvertreiber, Artikel 2.
- Für die Einordnung als »Konzipient« muss eine »entscheidende Rolle« vorliegen; hierzu sollen weder Anpassungen eines bestehenden Produkts noch die Schaffung eines besonderen, einmalig zu nutzenden Vertrages (»tailormade«) zählen, Artikel 3 Nrn. 1-3.
- Notwendigkeit einer schriftlichen Vereinbarung zwischen Produktgeber und Konzipient[69] bei voller Verantwortung des Konzipienten, Artikel 4 Nr. 2.
- Schriftliche Dokumentation des eingerichteten, genutzten und einer ständigen Überprüfung unterworfenen Produktfreigabeprozesses. Die ständige Überprüfung schließt die Überprüfung des Nutzens des Produkts während seiner gesamten Nutzungsdauer ein.
- Klare Verantwortungszuweisung an ein Mitglied des Geschäftsleitungsorgans, Artikel 4 Nr. 4.
- Wiederholung der Kardinalpflicht (in Deutschland: § 1a VVG).
- Erwartung eines Konfliktmanagements für möglicherweise auftretende Interessenkonflikte, Artikel 4.
- Darstellung des Prozesses zur richtigen Vertriebsstrategie und dem richtigen Vertriebspartner, einschließlich der laufenden Überprüfung dieses Vertriebspartners, Artikel 10.
- Spiegelbildliche Verantwortung des Vertriebspartners für den Vertriebsprozess im Hinblick auf Geeignetheit des Produkts für den Zielmarkt, Artikel 10.

66 Vgl. auch die Überlegungen zur Einordnung der IDD und ihrer Umsetzung in Kapitel 1.1.2.
67 Vgl. oben Kapitel 1.1.2.
68 Art. 39 Abs. 5 IDD.
69 Im Falle einer Zusammenarbeit; dann sind jedoch die Regeln zum Outsourcing zu beachten, § 32 VAG.

Zu betonen ist an dieser Stelle nochmals[70], dass die delegierte Verordnung der Kommission im Rang über dem nationalen Recht steht. Eine richtlinienkonforme Auslegung des Produktfreigabeprozesses muss also diese delegierten Rechtsakte einbeziehen.

1.5.3 Bedeutung des Produktfreigabeverfahrens

Die Auswirkungen dieser gänzlich neuen Regelungsmaterie sind erheblich: Erfüllt ein (neues[71]) Versicherungsprodukt die Vorgaben des Produktfreigabeverfahrens nicht, wird man wohl von einem formalen Mangel sprechen können. Für einen Haftungsprozess wäre das kein guter Ausgangspunkt und für das Verwaltungsverfahren gegenüber der Aufsicht ein Mängelpunkt. Dies dürfte umso schwerwiegender sein, als Mängelpunkte im Verhältnis zur Aufsicht bei einer prinzipienbasierten Aufsicht Fragen aufkommen lassen, die ähnlich gravierend wie die nach der »gewerberechtlichen Zuverlässigkeit« sind. Der europäische Richtliniengeber hat erkennbar versucht dafür zu sorgen, dass systemische oder systematische Fehlentwicklungen im Versicherungsvertrieb ausbleiben:

- mit der Einführung der Wohlverhaltensregel[72] – Ehrlichkeit, Redlichkeit und Professionalität im bestmöglichen Interesse des Kunden –,
- mit den Regelungen zum Vergütungsprozess,
- mit der Einführung des Produktfreigabeverfahrens sowie
- mit der Betonung der Bedeutung von Geschäftsorganisationen.

Die EIOPA wird die nationalen Aufsichtsbehörden dazu anhalten, gerade auf die Einhaltung dieser Prinzipien besonders zu dringen – dafür sprechen allein schon die umfänglichen Materialien, welche die EIOPA zu diesem Punkt veröffentlicht hat.

Die Ressourcen des Vertriebs, vor allem seine Innovationsfähigkeit, sollten deshalb darauf gerichtet werden, ob und wie den Vorgaben (auch) des Produktfreigabeverfahrens im Sinne des bestmöglichen Kundeninteresses Genüge getan werden kann. Wird dies verbunden mit Ansätzen moderner »Fertigung« und einer entsprechenden Ergebnisorientierung, kann ein solcher Ansatz die eher traditionell zu nennenden Strukturen in der deutschen Versicherungswirtschaft auflockern und zu deutlich optimierten Geschäftsmodellen führen[73].

---

70 Vgl. Kapitel 1.1.2.

71 Das heißt nach Inkrafttreten des VAG in den Markt gebrachtes Versicherungsprodukt: BT-Drs. 18/11627, S. 39 (letzter Satz zu Nr. 4).

72 Sogleich Kapitel 1.7.

73 Vgl. die etwas pessimistischen Ausführungen von Reiff/Köhne, VersR 2017, 649 (654).

1.6 Qualifikation, Aus- und Weiterbildung

Qualifikation ist die Grundvoraussetzung, die derjenige erfüllen muss, der als Versicherungsmakler, -vertreter oder -berater zugelassen werden oder bei einem Versicherer mit Vertriebskontakt arbeiten möchte. Diese Qualifikation erwirbt man in der Regel durch eine Ausbildung, an die sich üblicherweise eine Prüfung, in der VersVermV Sachkundeprüfung genannt, anschließt. An diesem Prozedere hat sich wenig geändert.

Weiterbildung findet im Anschluss an die abgeschlossene Ausbildung statt. Sie geschah im Versicherungsvertrieb bislang auf freiwilliger Basis – immerhin seit einiger Zeit branchenweit vereinheitlicht[74] und mit gewissen Standards versehen. Hinter dieser Vereinheitlichung stand der Gedanke, dass sich der Gesetzgeber genau diesem Standard annähern würde und so die Branche auf ihre eigenen Aus- und Weiterbildungsvorgaben erheblichen Einfluss nehmen würde können. Das ist so nicht eingetreten; der europäische Richtliniengeber hat ein anderes Konzept vorgegeben:

In Zukunft wird Weiterbildung für Versicherungsvertreiber verpflichtend sein, §48 Abs. 2 VAG regelt das für Versicherungsunternehmen und ihre Angestellten; §34d Abs. 9 S.2 GewO bestimmt das für Versicherungsmakler, -vertreter und -berater. Die neue VersVermV wird den Teil aus der Gewerbeordnung ausführen (wahrscheinlich in §7).

Doch zunächst sollen die Fragen zur Qualifikation geklärt werden.

1.6.1 Die Qualifikation

An den Anforderungen für die Sachkundeprüfung hat sich gegenüber den alten Regelungen wenig geändert. Die Ausbildungsinhalte werden wie bisher in der Anlage 1 zur VersVermV geregelt werden. Inhaltlich werden sich voraussichtlich keine wesentlichen Unterschiede zur bisherigen Fassung zeigen. Allerdings stellen die Umsetzungsgesetze klar, dass die Anforderungen an die Erfordernisse der tatsächlich vertriebenen Produkte anzupassen sind (§48 Abs. 2 S.3 VAG gilt hierbei für Versicherungsangestellte und §34d Abs. 9 S.1 GewO für Versicherungsmakler, -vertreter und -berater). Diese Anpassung ist sachgerecht und zu begrüßen – und eigentlich hätte die Ausbildung immer

74 Die Initiative »Gut Beraten« wurde 2013 ins Leben gerufen und ermöglicht seitdem (seit 2014 flächendeckend) den Erwerb sogenannter »Weiterbildungspunkte«.

schon so erfolgen sollen. Allerdings ist der Begriff der »Angemessenheit der Qualifikation« (§48 Abs. 2 S.3 VAG) noch näher zu bestimmen.

Es ist nicht abzusehen, dass die zu erwartende Verordnung von der bisherigen Fassung oder den gesetzlichen Vorgaben signifikant abweichen wird. Es wird also dabei bleiben, dass der Ausbildungsabschluss »geprüfte(r) Versicherungsfachmann/Fachfrau« die Grundvoraussetzung für die Zulassung darstellen wird. Höherrangige Abschlüsse, wie bestimmte Hochschulstudien, werden anerkannt werden, sofern der Absolvent zusätzlich praktische Kenntnisse im Versicherungsvertrieb nachweist.

Ganz neu hingegen ist die Verpflichtung, sich weiter zu bilden.

1.6.2 Die Weiterbildung

Die Teilnahme an Weiterbildungen erfolgte im Versicherungsvertrieb bislang freiwillig. Zukünftig müssen 15 (Zeit-)Stunden Weiterbildung pro Jahr nachgewiesen werden. Für Vermittler und Berater ergibt sich das zweifelsfrei aus §34d Abs. 9 S.2 GewO. Für Versicherungsunternehmen und ihre Angestellten gibt §48 Abs. 2 VAG lediglich eine »regelmäßige Fortbildung« vor. Es ist jedoch eindeutig, dass die Versicherungsunternehmen bezüglich ihrer vertrieblich tätigen Angestellten nicht vom Weiterbildungsniveau der Vermittler abweichen sollen[75]; etwas anderes wäre dem Versicherungsnehmer auch gar nicht vermittelbar und weder mit der Wohlverhaltensregel noch den Grundsätzen einer prinzipienbasierten Aufsicht vereinbar.

Der Richtliniengeber und ihm folgend der nationale Gesetzgeber haben sich gegen das bislang in der deutschen Versicherungswirtschaft und für die freiwillige Weiterbildung geltende »Mehr-Jahres-Modell« entschieden und legen stattdessen fest, dass **in jedem Jahr** 15 Zeitstunden an Weiterbildung erfolgen und nachgewiesen werden müssen.

Folgende, zumeist recht praktischen Fragen, sind in der VersVermV möglichst sinnvoll zu regeln:

- Was ist eine »angemessene« Qualifikation und Weiterbildung?
- Sollen die Versicherungsunternehmen »in Eigenregie« weiterbilden dürfen?

75 BT-Drs. 18/11627, S.39 (zu Nr. 6).

Diese Fragen zu klären, ist deshalb bedeutsam, weil das Fehlen/Unterbleiben der »richtigen« Weiterbildung (und natürlich auch der richtigen Ausgangsqualifikation) einen Formalfehler darstellen dürfte, der ein Einfallstor für Haftungsprozesse ist, aber auch Maßnahmen der Aufsicht nach sich ziehen kann.[76]

Nach dem ganz unmittelbar vor der Drucklegung dieses Buchs bekannt gewordenen Vorentwurf einer neuen VersVermV wird der Verordnungsgeber keine Ausnahmen zulassen. Lediglich derjenige, der nach dem 30.9. eines jeweiligen Jahres eine der Weiterbildung unterliegende Tätigkeit beginnt, soll von der Weiterbildungsverpflichtung für **dieses** Jahr ausgenommen sein.

Die neue VersVermV wird hingegen explizite Vorgaben dazu machen, dass die Unternehmen eine Planung und systematische Organisation der Weiterbildung aufbauen und einsetzen werden müssen. Im Sinne der prinzipienorientierten Aufsicht ist verständlich, dass »nur« die Vorgaben zur Organisation dieses Teilprozesses eines Versicherungsvertriebsunternehmens geregelt werden – die Ausgestaltung sollen und müssen die Unternehmen dann auf der Basis dieser Planung und systematischen Organisation selbst vornehmen.

Insoweit »passt« die Überlegung des deutschen Verordnungsgebers, jede Form der Weiterbildung zuzulassen, offenbar bis hin zum Selbststudium. Das ist konsequent, wenn man die Vorgabe »Planung und systematische Organisation« bedenkt. Zugleich soll wohl eine »Lernerfolgskontrolle« eingeführt werden. Diese macht die Vergabe von Weiterbildungsnachweisen für öffentliche Frontalvorträge nicht einfach, hat aber ihre logische Begründung in der Freiheit der Art der Weiterbildung.

Inhaltlich wird sich die Weiterbildungsverpflichtung an den Kriterien ausrichten, die auch für die Sachkundeprüfung gelten (wohl §2 sowie Anlage 1 der neuen VersVermV). Der Kunde und Versicherungsnehmer wird eine für seinen Vertragsabschluss adäquate Aus- und Weiterbildung seines Beraters, des Versicherungsvertreibers, erwarten. Die Vertriebssteuerung wird darauf zu achten haben, dass neben der formal richtigen und ausreichenden Aus- und Weiterbildung auch inhaltlich die – bezogen auf den jeweiligen Kunden – »richtige« Aus- und Weiterbildung vorhanden ist.

Die Vorgaben der VersVermV richten sich zunächst an diejenigen Unternehmen, die der Gewerbeordnung unterliegen, also an die Versicherungsmakler, -vertre-

76 Siehe sogleich Kapitel 1.12 dieses Überblicks.

ter und -berater. Wie mehrfach ausgeführt, wird die Weiterbildung der nach dem VAG verpflichteten Personen nach einem ähnlichen Schema verlaufen.

Der bisherige Teil dieses Kapitels hat sich mit dem Inhalt und der Form der Aus- und Weiterbildung befasst. Heftig umstritten ist die Frage, wer sich weiterbilden muss oder – anders ausgedrückt – die Frage nach dem persönlichen Anwendungsbereich.

1.6.3 Der Persönliche Anwendungsbereich

Vermittler und Berater
In der GewO ist klar geregelt, dass der sich Versicherungsmakler, -vertreter oder -berater, also üblicherweise der Gewerbetreibende selbst, weiterbilden muss[77]. Das Vermittlerunternehmen muss (nur) für eine angemessene Anzahl des Aufsichtspersonals die Qualifikation nachweisen. Jedoch fallen alle Personen, die in der Leitung des Gewerbebetriebs für die Versicherungsvermittlung verantwortlich sind, unter die Weiterbildungspflicht. Bezüglich der direkt bei der Vermittlung oder Beratung tätigen Mitarbeiter bleibt es bei deren eigenverantwortlicher Weiterbildungsverpflichtung. Insofern stellen die neuen Regelungen keine wesentliche Abweichung von den bisher – allerdings nur für die Qualifikation geltenden – Regeln dar.

Damit ist klar, dass sich **jeder**, der dem Bereich des Versicherungsvertriebs angehört, weiterbilden muss – und zusätzlich gilt das für diejenigen, die diese (direkten) Vertriebler beaufsichtigen. Die Definition des Versicherungsvertriebs ist weit gefasst – von den Vorbereitungshandlungen zur Vermittlung über die Beratung, den Vermittlungsakt selbst, die Mitwirkung bei der Erfüllung der Versicherungsverträge bis zur Hilfe im Schadenfall[78].

Umgekehrt ausgedrückt: Nur wer keine dieser Tätigkeiten ausführt, ist von der Weiterbildungsverpflichtung befreit.

Versicherungsunternehmen
Durch die Ausweitung des Anwendungsbereiches der Richtlinie auf Versicherungsunternehmen ergibt sich die Ausweitung der Anwendung der Aus- und Weiterbildungsregeln auf die Versicherer automatisch. Diese Ausweitung ist auch sinnvoll; sie wird in den noch zu erwartenden Verordnungen wohl auf

77 §34d Abs. 9 Satz 2 GewO.
78 §1a Abs. 1 VVG.

die noch nicht explizit geregelten Verbraucherschutzorganisationen ausgedehnt werden. Den Versicherungsunternehmen wird in §48, Abs. 2 VAG zur Pflicht gemacht, dass sich ihre »unmittelbar oder maßgeblich am Versicherungsbetrieb beteiligten Angestellten« regelmäßig fortbilden.

Die Vorgabe der »regelmäßigen Weiterbildung« wird so auszulegen sein, dass ein ähnliches Weiterbildungsniveau erreicht wird, wie es für die in der GewO geregelten Versicherungsvermittlerunternehmen gilt, also die 15 Zeitstunden pro Kalenderjahr, die in der Gewerbeordnung vorgegeben sind. Ebenso muss für das Aufsichtspersonal eine »angemessene Anzahl« an sich Weiterbildenden ausreichend sein und es sollte für die direkt bei der Vermittlung und Beratung beschäftigten Mitarbeiter eine eigenverantwortliche Weiterbildungsverpflichtung gelten.

Auch hier bestimmt die weite Definition des §1a VVG, wer betroffen ist. Vereinfacht ausgedrückt: Nur wer nicht mit Vorbereitungshandlungen, Beratung, Vermittlung, Mitwirkung bei der Erfüllung der Versicherungsverträge und Hilfe im Schadenfall zu tun hat, ist von der Weiterbildungsverpflichtung ausgenommen.

Es hat andere Interpretationsversuche gegeben, insbesondere zur Ausnahme von Schadensachbearbeitern von der Weiterbildungsverpflichtung. Begründet wurden diese Versuche mit Art. 2 Abs. 2 Ziffer b der IDD. Jener Abschnitt der Richtlinie beschäftigt sich mit Rückversicherungstätigkeiten bzw. mit Schadenbearbeitungstätigkeiten **für ein Versicherungsunternehmen**. Aus der englischen Fassung der Richtlinie wird das auch deutlich. Soweit ersichtlich, sind die Versuche einer Ausnahme der Schadensachbearbeiter von der Weiterbildungsverpflichtung auch nicht ernsthaft weiter betrieben worden.

Im Ergebnis sind also alle mit der Vorbereitungshandlung, der Beratung, der Vermittlung oder der Erfüllung des Versicherungsvertrags beschäftigten Mitarbeiter der Weiterbildungsverpflichtung unterworfen.

Zusätzlich zu den inhaltlichen Fragen und den Formfragen sowie zum Anwendungsbereich gibt es für die Weiterbildungsverpflichtung noch eine besondere zeitliche Komponente zu beachte.:

1.6.4 Der zeitliche Anwendungsbereich

Die von der Weiterbildungsverpflichtung betroffenen Unternehmen und natürlichen Personen müssen erstmals im Januar 2019 nachweisen, dass sie ihrer Verpflichtung nachgekommen sind[79].

Die Versicherungsunternehmen und die Versicherungsmakler, -vertreter und -berater, aber wohl auch die Verbraucherschutzorganisationen werden also möglicherweise wenig mehr als ein Jahr Zeit haben, um ihre Verpflichtungen so zu implementieren, dass sie Wirkung entfalten.

Der während der Drucklegung bekannt gewordene Vorentwurf der neuen VersVermV sieht vor, dass grundsätzlich jeweils zum 31. Januar eines jeden Jahres der Aufsicht eine »Erklärung über die Erfüllung der Weiterbildungsverpflichtung« zu übersenden ist. Die Unternehmen müssen also selbst erklären, sowohl ihrer eigenen Verpflichtung zur Weiterbildung nachgekommen zu sein als auch, dass sich die direkt an der Vermittlung beteiligten Beschäftigten weitergebildet haben.

Erstmals muss das zum 31. Januar 2019 geschehen. Da die Richtlinie und die sie umsetzenden deutschen Rechtsnormen am 23.2.2018 in Kraft treten, ist 2018 für die Weiterbildung ein »Rumpfjahr«. Deshalb müssen in 2018 »nur« 12,5 Weiterbildungsstunden nachgewiesen werden.

1.6.5 Bewertung

Der Aus- und Weiterbildungsbereich wird für die entsprechenden Stellen bei Versicherungs- und Vermittlerunternehmen herausfordernd. Das gilt für die Vielzahl der zu schulenden Mitarbeiter, für die Überwachung dieser Schulungen und des Lernerfolges, das gilt für die Inhalte und das Sicherstellen dessen, dass nur entsprechend ausgebildete Mitarbeiter zur Beratung und für den Abschluss im Einzelfall eingesetzt werden. Und das gilt für den zeitlichen Aspekt sowie den Nachweis, entsprechende Aus- und Weiterbildungsprozesse geplant, systematisiert, eingeführt und sichergestellt zu haben. So wünschenswert und richtig es ist, dass dem Kunden nur gut aus- und weitergebildete Berater gegenüberstehen sollen, so schwierig ist es, einen ausgewogenen, sinnvollen Prozess für die Weiterbildung aufzustellen. Aber – es ist nicht nur die gesetzliche Verpflichtung, die es nötig macht, diese Herausforderung anzugehen. Es ist

79 Art. 40 IDD.

auch die Erwartungshaltung des Kunden, der einen kenntnisreichen, gut ausgebildeten und mit den Neuerungen des Marktes vertrauten Berater erwartet.

Das gilt umso mehr, als die Weiterbildungsverpflichtung im ganzen Gewerberecht neu ist: Weder die Finanzanlageberater, §34f GewO, noch die Immobiliardarlehnsvermittler, §34i GewO, sind zur Weiterbildung verpflichtet. Die gemeinhin als mögliches Vorbild für die Neufassung der VersVermV angesehene FinVermV kann im Hinblick auf die Weiterbildungsthematik also keine Hilfestellung bieten.

Dem Verordnungsgeber ist ein gutes Augenmaß zu wünschen.

1.7 Die »Wohlverhaltensregel« – und das Verbot, Fehlanreize zu setzen

Die Wohlverhaltensregel ist eines der Kernelemente der IDD. Art 17, Abs. 1 IDD gibt vor, dass

> *Versicherungsvertreiber bei ihrer Versicherungsvertriebstätigkeit gegenüber ihren Kunden stets ehrlich, redlich und professionell in deren bestmöglichem Interesse handeln.*

Jede organisatorische Maßnahme, also jeder Ablauf- und Organisationsprozess im Sinne des §23 VAG, muss sich ebenso wie jede Einzelmaßnahme, zumeist also eine Einzelentscheidung gegenüber einem Kunden, daran messen lassen, ob sie dieser »Kardinalpflicht« entsprechen.

Redlichkeit, Ehrlichkeit und Interessewahrung für die Kunden können möglicherweise durch finanzielle (Fehl-)Anreize negativ beeinflusst werden. Deshalb ist in Absatz 3 des Artikels 17 der IDD bestimmt, dass die Mitgliedsstaaten sicherzustellen haben, dass

> *Versicherungsvertreiber nicht in einer Weise vergütet werden oder die Leistung ihrer Angestellten nicht in einer Weise vergüten oder bewerten, die mit ihrer Pflicht, im bestmöglichen Interesse ihrer Kunden zu handeln, kollidiert. Insbesondere trifft ein Versicherungsvertreiber keine Vorkehrungen durch Vergütung, Verkaufsziele oder in anderer Weise, durch die Anreize für ihn selbst oder seine Angestellten geschaffen werden könnten, einem Kunden ein bestimmtes Versicherungsprodukt zu empfehlen, obwohl der Versicherungsvertreiber ein anderes, den Bedürfnissen des Kunden besser entsprechendes Versicherungsprodukt anbieten könnte.*

1.7.1 Einordnung und Bedeutung

Es wird zwar argumentiert, dass die »Wohlverhaltensregel« über das Gebot von »Treu und Glauben« schon immer Teil des deutschen Zivilrechts[80] gewesen sei und besonders im Versicherungsvertragsrecht allein deshalb schon immer gegolten habe, weil eine Falschberatung zu Schadenersatzansprüchen des dadurch geschädigten Versicherungsnehmers geführt habe[81]. Natürlich ist diese Argumentation richtig. Aber sie geht nicht weit genug:

- Zum einen verändert sich das Anspruchsverhalten, wenn die Anspruchsnorm im Gesetz selbst steht und nicht erst über eine dogmatisch richtige Auslegung allgemeiner Grundsätze interpretiert werden muss.
- Zum anderen sind die Maßstäbe für die Interpretation (mindestens) des »bestmöglichen Interesses« nicht ganz klar. Die Begrifflichkeiten der Wohlverhaltensregel werden im Gesetzestext und vor allem in den delegierten Rechtsakten erläutert – dann allerdings im Kontext des Vertriebs von Versicherungsanlageprodukten.

Anders ausgedrückt: Die Wohlverhaltensregel wird im Kapitel über Versicherungsanlageprodukte ausführlich interpretiert. Sie gilt jedoch für den Vertrieb aller Versicherungsprodukte, auch solcher, die nicht das Kriterium des Versicherungsanlageproduktes erfüllen. Führt das dazu, dass die Interpretationsgrundlage aus dem Bereich des noch schärferen Bedingungen unterliegenden Vertriebs von Versicherungsanlageprodukten in den Bereich des allgemeinen Versicherungsvertriebs übernommen wird? Unter anderem um diese Frage zu beantworten, enthält dieses Kapitel einen eigenen Abschnitt über die Vorschriften zur Vermeidung und Offenlegung von Interessenkonflikten.

Schließlich stellt die Nichtbeachtung der Wohlverhaltensregel einen Ein- oder Aufgriffspunkt für die Aufsicht dar: Die Nichtbeachtung einer solchen Kardinalpflicht ist für eine auf Prinzipien basierende Aufsicht jedenfalls dann ein (notwendiger) Ansatzpunkt, wenn sie systematisch erfolgt. Anders ausgedrückt: Jede geschäftsorganisatorische Maßnahme muss der Wohlverhaltensregel entsprechen, und dies muss für die Aufsicht erkenn- und nachprüfbar sein.

Die enge Verbindung, welche die Richtlinie zwischen Wohlverhalten und Vergütung herstellt, sollte nicht zu einer Verkürzung des Blickfeldes auf nur den finanziellen Aspekt führen:

---

80 Ein gutes und eindrückliches Beispiel lieferte jüngst der BGH mit Beschluss vom 15.2.2017 – IV ZR 280/15, r+s 2017, 368.

81 Siehe auch Kapitel 1.3.4.

Nicht-finanzielle Aspekte der Wohlverhaltensregel
Redlichkeit, Ehrlichkeit, Professionalität werden ebenso wenig wie das bestmögliche Interesse des Kunden ausschließlich durch finanzielle Überlegungen bestimmt. Klassische Tugenden wie Schnelligkeit in der Antwort und Genauigkeit in der Dienstleistung sind ebenso Teil dieser Kardinalpflicht wie das Verständnis der Risikosituation des Kunden, aber auch der Begleitumstände dieser Situation, also einer Gesamtschau der Wünsche und Bedürfnisse des Kunden. Die verschiedenen Codices, die sich die (Versicherungs-)Wirtschaft gegeben hat, sind sicher eine gute erste Leitlinie, um sich im nicht-finanziellen Bereich »richtig« zu verhalten. Daneben sollte jedes Unternehmen, das sich dem Versicherungsvertrieb widmet, eigene Leitlinien aufstellen, die das Verhalten des »ehrbaren Kaufmanns« fördern[82].

Finanzielle Aspekte der Wohlverhaltensregel:
Die finanziellen Aspekte, vor allem die Vertriebsvergütung – zu der auch nicht finanzielle Vorteile und Anreize gehören, §7 Nr. 34b VAG – haben natürlich eine besondere Bedeutung; es ist eben vorstellbar, dass ein Versicherungsvertreiber um des eigenen finanziellen Vorteils willen das beste Interesse seines Kunden zurückstellt[83].

1.7.2 Umsetzung in deutsches Recht

Die Umsetzung in deutsches Recht erfolgt gemäß seiner Systematik[84] einmal zivilrechtlich im VVG und zum anderen hoheitlich im VAG. Die gewerberechtliche Zulassung ist nur indirekt berührt.

VVG
Das Versicherungsvertragsrecht muss die Kardinalpflicht inkorporieren, damit sie ihre Wirkung als Generalklausel entfalten kann. Dies ist in §1a Abs. 1 S.1 VVG durch wörtliche Übernahme des Richtlinientextes geschehen:

> *Der [Versicherungsvertreiber] muss bei seiner Vertriebstätigkeit gegenüber Versicherungsnehmern stets ehrlich, redlich und professionell in deren bestmöglichem Interesse handeln.*

82 Dies ist schon eine Aufgabe der IHK: §1 IHK-Gesetz i.d.F. vom 29.3.2017: »... durch Vorschläge, Gutachten und Berichte ... für Wahrung von Anstand und Sitte des ehrbaren Kaufmanns zu wirken.«
83 EW 46.
84 Siehe Kapitel 1.1.3.

In Abs. 2 wird diese Kardinalpflicht auch hinsichtlich der Nutzung elektronischer Kommunikation für anwendbar erklärt:

> *... die Bereitstellung von Informationen ... aufgrund von Kriterien, die ein Versicherungsnehmer über eine Website oder andere Medien wählt, ferner für die Erstellung einer Rangliste ...*

Im § 1a VVG wird zunächst nur der Versicherer angesprochen; in § 59 VVG werden diese Grundsätze dann auf den Versicherungsvermittler – also den Versicherungsmakler und -vertreter (Abs. 1) und den Versicherungsberater (Abs. 4) entsprechend ausgedehnt.

Im zivilrechtlichen Miteinander – auf der Ebene gleichberechtigter Partner – gelten damit nicht mehr nur die Generalklauseln der §§ 157 und 242 BGB, sondern eine sehr dezidiert auf den Versicherungsvertrieb zugeschnittene Sondervorschrift.

VAG

Das Versicherungsaufsichtsrecht muss das Verbot, finanzielle Fehlanreize zu setzen, aufnehmen und ihm so im deutschen Recht Geltung verschaffen. Das ist im § 48a VAG geschehen; ebenfalls im Wesentlichen durch eine wörtliche Übernahme des Richtlinientextes. Die Wohlverhaltensregel des § 1a VVG wird so im VAG im Hinblick auf finanzielle Anreize abgesichert und damit in gewisser Weise auch konkretisiert. Dies geschieht einmal bezogen auf die eigene Organisation eines Versicherungsunternehmens (Abs. 1) und zum anderen im Hinblick auf externe Vertriebsorganisationen (Abs. 6):

- *Abs. 1: Die Vertriebsvergütung von Versicherungsunternehmen und deren Angestellten darf nicht mit ihrer Pflicht, im bestmöglichen Interesse der Kunden zu handeln, kollidieren. Versicherungsunternehmen dürfen keine Vorkehrungen durch die Vertriebsvergütung, Verkaufsziele oder in anderer Weise treffen, durch die Anreize für sie selbst oder Versicherungsvermittler geschaffen werden könnten, einem Kunden ein bestimmtes Versicherungsprodukt zu empfehlen, obwohl sie ein anderes, den Bedürfnissen des Kunden besser entsprechendes Versicherungsprodukt anbieten könnten.*
- *Abs. 6: Versicherungsunternehmen, die eine Gebühr oder Provision zahlen oder eine Gebühr oder Provision erhalten oder einer Partei einen nichtmonetären Vorteil im Zusammenhang mit dem Vertrieb eines Versicherungsanlageprodukts oder einer Nebendienstleistung gewähren oder einen solchen von einer Partei erhalten ... müssen dafür Sorge tragen, dass die Gebühr oder Provision oder der Vorteil sich nicht nachteilig auf die Qualität der entsprechenden Dienstleistung für den Kunden auswirkt und nicht die*

> *Verpflichtung des Versicherungsunternehmens beeinträchtigt, im besten Interesse seiner Kunden ehrlich, redlich und professionell zu handeln.*

GewO

Die Wohlverhaltensregel ist nicht direkt in das gewerberechtliche Zulassungsverfahren aufgenommen worden. Das ist systematisch auch gar nicht nötig gewesen, weil die Gewerbeordnung mit dem Begriff der »Zuverlässigkeit« arbeitet, §34d Abs. 5 Nr. 1 GewO:

> *Eine Erlaubnis ... ist zu versagen, wenn*
> *1. Tatsachen die Annahme rechtfertigen, dass der Antragsteller die für den Gewerbebetrieb erforderliche Zuverlässigkeit nicht besitzt, ...*

Nachdem *Ehrlichkeit, Redlichkeit und Professionalität sowie das Handeln im bestmöglichen Interesse der Kunden* in §1a VVG zur Kardinalpflicht erklärt wurden, dürfte die Befolgung dieser Wohlverhaltensregel auch die Frage nach der Zuverlässigkeit bestimmen. Die Nichtbefolgung dieser Kardinalpflicht kann also unter Umständen eine Untersagungsverfügung nach sich ziehen, §35 GewO[85]. §34e GewO – die Erlaubnisnorm zum Erlass der neuen VersVermV – lässt vermuten, dass die Regeln zum Wohlverhalten, zu Interessenkonflikten, aber auch Überlegungen zur allgemeinen Geschäftsorganisation in die Neufassung der VersVermV übernommen werden. Mit dieser »Inkorporierung« können dann die IHKs ihr Verwaltungshandeln entsprechend ausrichten. Der während der Drucklegung bekannt gewordene Vorentwurf einer neuen VersVermV bestätigt diese Vermutung.

1.7.3 Bewertung der Wohlverhaltensregel

Die Wohlverhaltensregel und die sie flankierenden Bestimmungen zur Vergütung durchdringen alle drei Rechtsgebiete, die für Versicherungsvertreiber relevant sind. Damit macht der Gesetzgeber deutlich, dass die Kardinalpflicht der »Ehrlichkeit, Redlichkeit und Professionalität im bestmöglichen Kundeninteresse« weder auf einen Rechtsbereich reduziert noch unterschiedlich ausgelegt werden kann.

Das ist eine starke, eine klare Nachricht an alle Versicherungsvertreiber, die von allen Beteiligten gehört werden sollte. Das gilt unabhängig davon, ob und wie die unterschiedlichen Aufsichtsbehörden sie umsetzen; die EIOPA wird die

85 Vgl. Tettinger/Wank/Ennuschat, Kommentar zur GewO, Rdnr. 27 ff. zu §35.

nationalen Aufsichtsbehörden dazu anhalten, für die Beachtung der Wohlverhaltensregel zu sorgen.

Jede organisatorische Maßnahme, also jeder Ablauf- und Organisationsprozess im Sinne des §23 VAG, muss sich ebenso wie jede Einzelmaßnahme, zumeist also die Einzelentscheidung gegenüber einem Kunden, daran messen lassen, ob sie der »Kardinalpflicht« Genüge tut.

VVG

Zivilrechtlich sind Versicherungsverträge nicht mehr »nur« so auszulegen, »wie Treu und Glauben mit Rücksicht auf die Verkehrssitte es erfordern« (§157 BGB) – das war die bisher übliche, quasi indirekte Interpretation. In Zukunft werden Versicherungsverträge direkt danach zu beurteilen sein, ob sich die Vertreiber (Makler, Vertreter, Berater, Direktversicherer oder auch eine Verbraucherzentrale) entsprechend den Kardinalpflichten verhalten haben und dabei das bestmögliche Interesse des Kunden im Blick hatten[86].

Diese Systematik, also eine direktere Interpretationsmöglichkeit, wird voraussichtlich zu einem stärkeren Bewusstsein ihrer Bedeutung bei denjenigen führen, für die diese Normen einen Schutzzweck-Charakter haben, also bei den Versicherungsnehmern. Versicherungsvertreiber werden belegen müssen, wie sie der Wohlverhaltensregel nachkommen, also wie sie sie in ihren Unternehmen umgesetzt haben.

Die Begriffe »ehrlich, redlich und professionell« werden wahrscheinlich so ausgelegt werden können, dass sie der bisherigen Auslegung von »Treu und Glauben« entsprechen. Das »bestmögliche Interesse« könnte aber darüber hinausgehen[87] und sich möglicherweise erst wirklich erklären lassen, indem man die delegierte Verordnung zur Interpretation von Interessenkonflikten heranzieht, auch wenn diese eigentlich zum Bereich des Vertriebs von Versicherungsanlageprodukten gehört[88].

Im Gegensatz zu den bisher und weiterhin gültigen Generalklauseln des BGB sind die Verpflichtungen einseitig den Versicherungsvertreibern auferlegt; die

86 Auf einer Veranstaltung des versicherungswissenschaftlichen Vereins der Universität Hamburg wurde Anfang November das Phänomen der Restschuldversicherungen behandelt: Das sind Deckungen, die der VN eigentlich nicht braucht (weil die darlehensgebenden Banken sie nicht zur Bedingung machen [dürfen]) und die dabei teilweise absurd hohe Provisionsbelastungen haben (über 50%). Die BaFin hat am 21.6.2017 eine Marktuntersuchung dazu veröffentlicht. Die Veranstaltungsteilnehmer waren sich weitgehend einig, dass solche Konstellationen vor dem Hintergrund der Wohlverhaltensregel keinen Bestand mehr haben und aufsichtsrechtlich beanstandet würden.

87 Vgl. die Diskussion in Kapitel 1.3.4 zu »suitable or best advice«.

88 Vgl. unten Kapitel 1.10 zu »Interessenskonflikten«.

Verpflichtungen des Versicherungsnehmers bewegen sich weiterhin im Rahmen des (bisherigen) VVG[89].

VAG

Aufsichtsrechtlich wird zunächst das Offensichtliche geregelt werden:

- Eine Vertriebssteuerung über Boni für bestimmte Produkte bzw. über besonders hohe Abschlusszahlen wird schwierig zu begründen sein,
- das System der finanziellen Vertriebssteuerung wird ganzheitlich aufgebaut und die gesetzten Anreize werden über alle Vertriebswege einheitlich sein müssen – es sei denn, der Anreizgeber könnte nachweisen, dass eine »Ungleichbehandlung« im bestmöglichen Kundeninteresse ist,
- ein umfassender Überblick über die verschiedenen aufsichtsrechtlichen Vorgaben wird nötig sein, der nicht »nur« die Vorgaben der IDD, sondern ebenso diejenigen von Solvency II[90] und eventuell weitere europäische wie nationale Vorgaben[91] berücksichtigt und damit das europäische System der Finanzmarktstabilität im Auge behält[92].

Diese Vorgaben stellen den Vertrieb, die Vertriebssteuerung vor erhebliche neue Herausforderungen, zumal die prinzipienbasierte Aufsicht erwarten wird, dass sich die Unternehmen selbst überlegen, wie sie ihre Prozesse und Anreizsysteme umstellen, um den Anforderungen zu genügen.

GewO

Im gegenwärtigen Stadium, also vor der Verabschiedung der neuen VersVermV, hat sich wenig verändert; insoweit trifft die Begründung des Gesetzgebers zur Umsetzung der IDD zu, auch wenn diese Begründung für das VVG gedacht war. Wer aber seine Prozesse und Einzelentscheidungen nicht am Prinzip der Ehrlichkeit, Redlichkeit und Professionalität im bestmöglichen Kundeninteressen ausrichtet, muss sich vergegenwärtigen, dass die Aufsicht – im Falle der Vermittler und Berater also die IHKs – dies rügt und ggf. weitergehende Schritte unternimmt.

In einem nächsten Schritt wird in die neue VersVermV inkorporiert werden, was heute noch Zivilrecht oder Versicherungsaufsichtsrecht ist. Dann könnte die Gewerbeaufsicht in ihrem Aufsichtshandeln die Wohlverhaltensregel auch direkt benutzen. Bis dahin verwendet sie den gewerberechtlichen Begriff

89 Vgl. zum Unterschied der Interpretationen oben Kapitel 1.3.4.

90 Richtlinie 2009/138 EG – Solvabilität II vom 25. 11. 2009; umgesetzt in die Neufassung des VAG (zum 15. April 2015).

91 Hierzu kann u.a. auch die Versicherungs-Vergütungs-Verordnung vom 18. April 2016 (VersVergV) gehören. BGBL I 763, zuletzt geändert durch Gesetz vom 19. Juli 2017, BGBL I 3023.

92 EW 10 der IDD.

der Zuverlässigkeit. Die Norm, aufgrund derer die neue VersVermV erlassen werden wird – §34e GewO –, lässt deutlich erkennen, dass in sehr weit gehender Weise Regeln zum Wohlverhalten selbst, zu den Interessenkonflikten, zur Geschäftsorganisation und anderen Normen der IDD in das Gewerberecht übernommen und damit zur Grundlage für das Verwaltungshandeln der IHKs gemacht werden[93]. Der während der Drucklegung bekannt gewordene Vorentwurf einer neuen VersVermV bestätigt diese Vermutung.

Dabei darf der Gewerbetreibende nicht erwarten, dass die Aufsicht vorgibt, was ein Ablaufprozess, eine Einzelmaßnahme denn enthalten müsse, um der Kardinalpflicht zu genügen – das muss der Versicherungsvertreiber selber wissen und umsetzen.

Ausdehnung der Anwendung der Grundsätze des §48a VAG auf Vermittler
§48a VAG zu den Grundlagen der Vergütung gilt zunächst nur für Versicherungsunternehmen; §1 VAG listet Versicherungsvermittler nicht als dem VAG unterstehende Rechtssubjekte auf. Aber über die Wohlverhaltensregel greifen die Grundsätze der Vergütung des §48a VAG auch für Vermittler.

Der Gesetzgeber geht davon aus, dass Konstellationen vorstellbar sind, in denen Vergütungssysteme nicht dem bestmöglichen Kundeninteresse dienen. In §48a VAG verbietet er solche Vergütungskonstellationen. Im Umkehrschluss heißt das, wer Vergütungssysteme zulässt, die nicht den Anforderungen des §48a VAG genügen, mindestens nicht denen der Absätze 1 und 6, die für allgemeine Versicherungsprodukte und nicht nur für Versicherungsanlageprodukte gelten, der handelt nicht im bestmöglichen Kundeninteresse[94].

1.7.4 Sanktionen

Man wird wohl davon ausgehen können, dass die Wohlverhaltensregel als eine »Marktverhaltensregel« anzusehen ist. Als solche ist ein Verstoß gegen sie gemäß §§3, 3a UWG unlauter und berechtigt zu Unterlassung und Schadenersatz, §§7 und 8 UWG. Die Stellung als Marktverhaltensregel ergibt sich gerade aus der Überlegung des deutschen Gesetzgebers, dass das geforderte Verhalten der Ehrlichkeit, Redlichkeit und Professionalität im bestmöglichen Kundeninteresse über die Generalklausel des §242 BGB sowie über die Verpflichtung zum Schadenersatz bei unzureichender Beratung und Dokumenta-

93 Siehe hierzu im Detail das Kapitel 6 »Verhältnis zur Aufsicht« mit Vorschlägen, wie ein den erwartbaren Neureglungen angemessener Geschäftsprozess aussehen könnte.
94 Hierauf wird im Kapitel 3 »Vergütung« im Einzelnen einzugehen sein.

tion, §63 VVG, immer schon Teil des deutschen Versicherungsvertriebsrechts war[95]. Da §61 VVG eindeutig eine Marktverhaltensregel ist[96], ist es also auch §1a VVG. Die Sanktionsandrohungen ergeben sich dann unproblematisch aus dem Gesetz gegen den unlauteren Wettbewerb (UWG), aber auch aus dem Unterlassungsklagegesetz (UKlaG).

Daneben gibt es natürlich noch die möglichen Verwaltungssanktionen durch die Aufsichtsbehörden BaFin und iHK[97].

Insgesamt ist wohl weit mehr geschehen, als nur die schon immer geltenden Generalklauseln etwas konkreter zu fassen. In Verbindung mit den anderen Regelungsbereichen der IDD, vor allem dem Produktfreigabeverfahren, und vor dem Hintergrund der prinzipienbasierten Aufsicht werden die Versicherungsvertreiber ihre Geschäftsorganisationen sehr sorgfältig daraufhin prüfen müssen, ob sie und die auf ihnen basierenden Einzelmaßnahmen immer der Wohlverhaltensregel entsprechen.

1.8 Vergütungsregeln – Transparenz, Provision (Annahme- und Weitergabeverbot, Durchleitungsgebot)

Ein erheblicher Teil der neuen Vergütungsregeln befasst sich mit der Konkretisierung und Flankierung der Wohlverhaltensregel, s. Kapitel 1.7. Weitere Änderungen ergeben sich weniger aus der IDD als daraus, dass der deutsche Gesetzgeber die Notwendigkeit, die IDD umzusetzen, zum Anlass genommen hat, um andere, nicht notwendigerweise mit der IDD zusammenhängende Themen, anzugehen. So soll die Honorarberatung gestärkt werden[98]. Auch wollte der Gesetzgeber das bislang über eine Verordnung geregelte Provisionsabgabeverbot nunmehr gesetzlich regeln und hat dies auch so umgesetzt. Die auf dem Verordnungsweg zu erlassenden Normen zur Transparenz in der Vergütung werden sich voraussichtlich und wie im Gesetz vorgesehen auf **die Art** der Vergütung beschränken und keine Offenlegung der **Höhe der Vergütung** verlangen (wohl §15 der neuen VersVermV).

95 Oben Kapitel 1.7.1.
96 LG München I, VersR 2016, 1315 (1317).
97 Vergleiche Kapitel 1.12.
98 Begründung S. 1.

1.8.1 Was ändert sich bei den Vergütungsregeln?

VVG

§7 VVG bietet die Grundlage für die zu erwartende Neufassung der VVG-InfoV, die sich eng an die Vorgaben der IDD halten und ein sinnvoll verfasstes, kurzes aber inhaltsreiches Dokument verlangen wird[99]. In dieser Verordnung werden auch Vorschriften zur Transparenz von Vergütungen gemacht werden müssen. Nach der IDD[100] sind prinzipielle Angaben im üblichen Versicherungsgeschäft, also für die Vermittlung aller Nichtversicherungsanlageprodukte, erforderlich; beim Vertrieb von Versicherungsanlageprodukten (s. Kapitel 1.9) und bei Querverkäufen (vgl. Kapitel 1.10) muss auch über die Höhe der Vertriebskosten informiert werden[101]. Danach muss der Versicherungsvertreiber in jedem Fall erklären, ob er auf Provisions- oder Honorarbasis arbeitet, eventuell eine andere Art der Vergütung bezieht oder auf Basis einer Kombination dieser Vergütungsmodelle entlohnt wird. Bietet der Versicherungsvertreiber ein Versicherungsanlageprodukt an, muss er zudem detailliert über die Kosten des Vertriebs aufklären, und zwar im Vorfeld einer Entscheidung des Kunden. Auch insoweit muss der Versicherungsvertreiber aber nur grundsätzlich, nicht jedoch der Höhe nach aufklären.

VAG

- **Fehlanreize der Vergütung**
  Im VAG ist zunächst die Flankierung und Konkretisierung der Wohlverhaltensregel dadurch erfolgt, dass Fehlanreize durch Vergütungen ausgeschlossen sein sollen, §48a VAG
- **Provisionsabgabeverbot**[102]
  Sodann ist das bislang im Wege einer Verordnung geregelte Provisionsabgabeverbot[103] auf eine gesetzliche Grundlage gestellt worden, §48b VAG. Nach dem Gesetzeswortlaut sollen geringwertige Belohnungen oder Geschenke — bis 15 Euro — nicht unter das Verbot fallen. Ebenso wenig sollen solche Sondervergütungen erfasst werden, die »zur dauerhaften Leistungserhöhung oder Prämienreduzierung des vermittelten Vertrags verwendet« werden (Abs. 4). Satz 2 des Absatzes 4 sichert die besonderen Gleichbehandlungsgrundsätze in der Lebens-, Kranken- und Unfallver-

99 Siehe oben Kapitel 1.4.3.
100 Art. 19 Abs. 1 Ziff. e) IDD.
101 Art. 29 Abs. 1 IDD (bes. Ziff. c).
102 Durchaus interessant sind die Gegensätze zwischen Bundesrat und Bundesregierung in dieser Sache, vgl. BT-Drs. 18/11627, S. 54 (BR) und 59 (BReg).
103 Auf der Basis des §81 Abs. 2 Satz 4 VAG in der bis 31.3.2015 gültigen Fassung hatte zuletzt das »Bundesaufsichtsamt für das Versicherungswesen – BAV« durch Rundschreiben 3/94 [VerBAV 95,3] das bis zum 1. Juli 2017 gültige Provisionsabgabeverbot angeordnet.

sicherung. Schließlich sind noch die sogenannten »firmenverbundenen Vermittler« ausgenommen (Abs. 3).
Hier ist sicher eine Vielzahl von Interpretationsmöglichkeiten eröffnet; die akademische Diskussion beginnt gerade. Die Hauptschwierigkeit wird wahrscheinlich in der Interpretation des Begriffs der »dauerhaften Leistungserhöhung oder Prämienreduzierung« liegen.

- **»Durchleitungsgebot«**
  Eine gänzlich neue Regelung stellt das »Durchleitungsgebot« für Provisionen dar, das in §48c VAG geregelt ist. Dieses Gebot soll sicherstellen, dass bei der Vermittlung eines provisionsbasierten Geschäfts durch einen Honorarberater die Provision dem Versicherungsnehmer zugutekommt, jedenfalls nach Abzug von Verwaltungskosten i.H.v. 20%.

GewO

Die GewO ist bezüglich der Vergütung in 2 Punkten geändert worden:

- Für Versicherungsmakler wird das Provisionsabgabeverbot des §48b VAG ausdrücklich übernommen, §34d, Abs. 1 S.5.
- Versicherungsberatern wird vorgeschrieben, dass sie ihre Vergütung nur von ihrem Auftraggeber erhalten dürfen, §34d, Abs. 2 S.3.
- Versicherungsberatern wird zudem auferlegt, die »Durchleitung« der Provision an den Versicherungsnehmer zu veranlassen, §34d, Abs. 2 S.6.

Nach §34e GewO werden die dort bevollmächtigten Ministerien eine Neufassung der VersVermV vorstellen, die sich auch mit dem Umfang der Transparenz zur Vergütung beschäftigen wird.

Die Überlegung der Bundesregierung zur Stärkung der Honorarberatung hatte zunächst zu einem Verbot der Honorarannahme für Makler geführt.[104] Dies ist in der Befassung im Parlament entfallen; geblieben ist die jetzige Fassung des §34d Abs. 1 S.4 GewO. Die bis dahin geltende Gesetzeslage ist also übernommen worden[105].

Allerdings ist folgende Unsauberkeit in der Eile des Gesetzgebungsverfahrens passiert: §48c VAG gilt seinem Wortlaut nach nur für die Vermittlung eines provisionspflichtigen Versicherungsproduktes »durch einen Versicherungs**berater**«. Dann muss das Versicherungsunternehmen diese Provision »durchleiten«. Nach der Änderung im parlamentarischen Verfahren kann nun auch – wie bisher schon – der Versicherungsmakler ein provisionspflichtiges

104 Gesetzesentwurf der Bundesregierung, BT-Drs. 18/11627, §34d Abs. 1 Satz 5 GewO.

105 Der »Honorar-Versicherungsberater« ist EU-rechtlich nicht geboten; die Begründung bezeichnet seine Einführung wörtlich als »gold-plating«, BT-Drs 18/11627S. 47 a.E.

Versicherungsprodukt vermitteln und für diese Vermittlung ein Honorar vom Kunden in Anspruch nehmen. Dann sollte für dieses Geschäft auch das Durchleitungsgebot für Versicherungsunternehmen gelten. Man wird davon ausgehen können, dass jedenfalls die BaFin von den Versicherungsunternehmen Folgendes erwarten wird: Sie verfügen über einen Prozess, der ihnen erlaubt sicherzustellen, dass die Provision immer dann dem Prozedere des §48c VAG unterworfen wird, wenn der Versicherungsnehmer den Vermittler selbst über ein Honorar entlohnt. Im Übrigen kann auch die neue VersVermV den Makler verpflichten, das Durchleitungsgebot zu erfüllen.

1.8.2 Bewertung

Das Bemühen des Gesetzgebers um eine alle Eventualitäten umfassende Regelung der Vergütung im Versicherungsgewerbe ist erkennbar. Dabei ist er in seinen ursprünglichen Entwürfen manches Mal über das Ziel hinausgeschossen. Das gilt für den europäischen Gesetzgeber, der ursprünglich eine Offenlegung der Höhe der Provision im Auge hatte[106], das gilt für den nationalen Gesetzgeber, der über die Differenzierung in der Vergütung das unterschiedliche Tätigkeitsspektrum von Versicherungsmaklern einerseits und Honorarberatern andererseits regeln wollte, und das gilt für die EIOPA, die ursprünglich jedes nicht vom Kunden gezahlte Entgelt als Indiz für einen Interessekonflikt werten wollte[107]. Alle Überlegungen sind glücklicherweise im Laufe der Beratungen in die jetzt gültige Fassung geändert worden. Für eine Ausweitung der Honorarberatung in Deutschland ist das von Vorteil; nur über eine Einbindung der zahlenmäßig viel stärker vertretenen Makler kann eine flächendeckende Beratung sichergestellt werden und der Kunde hat die Wahl zwischen den verschiedenen Vergütungsmodellen. Auch ist die Courtage als Leitvergütung gestärkt worden, indem die Kommission hinsichtlich der Bewertung von Provision und Courtage ganz bewusst einen Unterschied zwischen Versicherungsprodukten einerseits und schärferen Regularien unterliegenden anderen Finanzinstrumenten andererseits gemacht hat[108].

Das Durchleitungsgebot ist hingegen noch da. Es ist voll bürokratischer Hürden und erreicht sein Ziel – die Stärkung der Honorarberatung – gerade nicht. Das hat auch der Bundesrat erkannt, um Anpassung gebeten und den Vor-

106 Vgl. die Nachweise bei Brömmelmeyer, r+s 2016, 269 (274, FN 55).
107 Technical Advice Ziffer 4, S.37/150.
108 Draft Commission Delegated Regulation supplementing Directive (EU) 2016/97; Ref. Ares (2017)3670050-20/07/2017 vom 22. August 2017 (https://ec.europa.eu/info/law/better-regulation/initiatives/ares-2017-3675955), »Explanatory Memorandum«.

schlag gemacht, dass Versicherer grundsätzlich ihre Produkte zu Brutto- und Nettotarifen anbieten mögen[109].

Bemerkenswert ist, dass der Gesetzgeber erstmals die Kosten einer »Nettoisierung« anerkannt und bewertet hat. Der Gesetzgeber erkennt damit an, dass die Honorarberatung einen Kostenfaktor für die versicherungsgebende Wirtschaft darstellt, und bewertet diesen mit 20% der Provision. Zugleich werden damit Courtage und Provision in ihrer ausgleichenden und damit sozialen Funktion anerkannt.

Tabelle Vergütung

	extern	**intern**	**erlaubt**
1. Provision/Courtage/Boni			
1.1 Basis	Entsprechender Wert des Vertriebserfolgs[1]	Festes Gehalt/Fixum[2]	ja
1.1.1 Abschlussorientiert	Stornohaftung?[3]	Stornohaftung?	ja
1.1.2 Betreuung	Wettbewerbsregeln?[4]	Wettbewerbsregeln?	ja
1.2 Quantitatives Element	»ab 1.000 Abschlüssen mehr«	»ab 1.000 Abschlüssen mehr«	grds. nein
1.3 Verlaufsabhängiges Element	»bei weniger als 50% Schadenquote mehr«	»bei weniger als 50% SQ mehr«	nein
1.4 Incentives	Wofür?[5]	Vergleich zu extern?	?
2. Abhängig von der Dienstleistung	Vorsicht: MwSt?[6]		grds. ja
2.1 Policierung	Wert?[7]	nicht anwendbar	ja
2.2 Risikobewertung	Outsourcing?[8]	nicht anwendbar	ja
2.3 Marktbefragung	Wert?[9]	nicht anwendbar	?
2.4 »Meistbegünstigung«	Wettbewerblich ok?[10]	nicht anwendbar	?
3. Orga-Kosten	Vorsicht: MwSt?		
3.1 Produktschulungen	Grds. Sogar gefordert, §23 Abs. 1 a-d	Grds. Sogar gefordert, §23, Abs. 1 a-d	
3.1.1 Kostenfrei	Keine Gebühren	Keine Gebühren	ja
3.1.2 Zus. Kostenerstattung	Anfahrt, Hotel etc	Anfahrt, Hotel, etc[11]	?

109 BT-DRS. 18/11627, S. 54 Ziff. 9, wobei der Bundesrat die Honorarberatung fälschlicherweise mit dem Adjektiv der »unabhängigen« Beratung versieht.

Tabelle Vergütung

	extern	intern	erlaubt
3.2 »Bürokostenzuschuss«	Wofür[12]	nicht anwendbar	?
3.3 Marketing-/ Messezuschuss	Wofür?		

1 Je nach Sparte möglicherweise unterschiedliche Prozentsätze. Fraglich, ob die Höhe einer Prüfung auf Angemessenheit zugänglich ist.
2 Gehört die Altersversorgung dazu? Auch dann, wenn sie außergewöhnlich hoch ist?
3 Art. 8 No. 2 lit. E des Entwurfs einer delegierten Verordnung.
4 Übertragung auf einbrechenden Wettbewerber möglich?
5 Transparenz! § 1a VVG.
6 Die Befreiung in § 4 UStG gilt nur »Maklerdienstleistungen«. Alle anderen Dienstleistungen sind mit MwSt zu fakturieren!
7 In Zeiten elektronischer Abarbeitung fraglich.
8 § 32 VAG.
9 Im Vergleich zu den Ergebnissen eines Marktforschungsinstituts.
10 Darf ein VR mit einem Versicherungsmakler vereinbaren, dass dieser VR immer angefragt wird? Und darf der VR dem Makler dafür Geld bezahlen?
11 Hier wäre wohl ein Unterschied zu den externen Dienstleistern möglich.
12 Nicht jede Zuwendung muss begründet werden, aber sie muss begründbar sein!

1.9 Versicherungsanlageprodukte

Der Vertrieb von Versicherungsanlageprodukten erfordert erhebliche zusätzliche Anstrengungen im Hinblick auf die dem Versicherungsnehmer zu gebenden Informationen, auf die Beratung und – natürlich und vor allem – im Hinblick auf die organisatorischen Maßnahmen, den Prozess, die Geschäftsorganisation[110].

1.9.1 Begründung

Infolge der Finanzkrise 2008 wurden verschiedene Mechanismen zum Schutz der Anleger geschaffen. So wurden u. a. die MIFID und PRIIP- Richtlinien entwickelt bzw. weiterentwickelt[111]. Die Richtlinie zu den »verpackten Anlageprodukten« – packaged retail investment products – wurde dabei um ein »I«

110 In der Begründung des Gesetzgebers wird darauf verwiesen, dass die besonderen Informationspflichten zum Teil heute schon bestehen, BT-Drs 18/11627, S. 44. Dieser Einschätzung wird in der Literatur zu Recht nicht gefolgt; der zusätzliche Aufwand ist erheblich. Bezeichnenderweise gibt die gleiche Begründung wenige Seiten später (S. 48) an, dass mit rd. 60 Mio. der Löwenanteil des mit 165 Mio. geschätzten Erfüllungsaufwandes auf die »verschärften Informationspflichten bei Versicherungsanlageprodukten« zurückzuführen sei.
111 Vgl. oben Kapitel 1.1.2.

erweitert, nämlich zu »packaged retail investments **and insurance** products«. Die PRIIP-Verordnung[112] war dann die Vorlage für die Definition des Versicherungsanlageprodukts in Art. 2 Nr. 17 der IDD, und diese beruhte wiederum auf der MIFID 2014, welche die bis zum 23.2.2018 gültige erste Versicherungsvermittlerrichtlinie änderte.

Seitdem gibt es die Definition des »Versicherungsanlageproduktes«.[113]

Für das richtige Verständnis der Regelungen zu den Versicherungsanlageprodukten ist es also wichtig, den Zusammenhang mit anderen Finanz-Vertriebs-Anordnungen zu erfassen; dann werden die Bezüge logisch und verständlich. Diese anderen Finanz-Vertriebs-Regeln sind insbesondere das Kapitalanlage-Gesetz (KAG), das Wertpapierhandels-Gesetz (WpHG) und das Vermögensanlage-Gesetz (VermAnlG).

Diese Regularien verfolgen alle das Ziel, dem Kunden die Risiken in leicht verständlicher Sprache und (relativer) Kürze verständlich zu machen und eine europäische Vergleichbarkeit herzustellen[114].

1.9.2 Umsetzung

Die Umsetzung ist im VAG bezüglich der Anforderungen an die Geschäftsorganisation der Versicherer erfolgt und im VVG bezüglich der Informations- und Beratungspflichten. In beiden Vorschriften wird beschrieben, was der Vertreiber eines Versicherungsanlageproduktes tun muss, um seinen Verpflichtungen nachzukommen. Nicht definiert wird, was ein Versicherungsprodukt, auf das die Regeln für Versicherungsanlageprodukte anzuwenden sind, als solches ist. Insoweit verweist der Gesetzestext auf die IDD selbst, ohne dass diese ja eher ungewöhnliche Herangehensweise begründet oder erläutert würde.

Organisatorische Vorkehrungen – Interessenkonflikte[115] erkennen und verhindern

§48a, Abs. 2-5 VAG beschäftigen sich mit der Verpflichtung,

112 Verordnung (EU) Nr. 1286/2014 vom 26. November 2014 über Basisinformationsblätter für verpackte Anlageprodukte für Kleinanleger und Versicherungsanlageprodukte (PRIIP).

113 Trotz aller gegenseitigen Bezugnahmen – MIFID, PRIP und IDD sind nicht identisch! Darauf weist die Bundesregierung in ihrer Antwort auf eine Anregung des Bundesrates im Zusammenhang mit der Umsetzungsgesetzgebung zur IDD explicit hin; BT-Drs. 18/11627, S. 59.

114 BaFin Informationen zum Verbraucherschutz vom 17.8.2015.

115 Vgl. hierzu sehr viel detaillierter Kapitel 1.10.

... auf Dauer wirksame organisatorische und verwaltungsmäßige Vorkehrungen für angemessene Maßnahmen zu treffen, um zu verhindern, dass Interessenkonflikte den Kundeninteressen schaden.

Erneut wird also ein Prozess, eine Geschäftsorganisation verlangt, um ein bestimmtes Ergebnis zu erzielen, nämlich, einen den Kundeninteressen abträglichen Interessenkonflikt zu verhindern. Die beaufsichtigten Unternehmen bekommen also keine Vorgabe, wie sie sich zu verhalten haben; es ist anzunehmen, dass stattdessen die Aufsicht anfragen wird, wie sich die Unternehmen einen solchen Prozess vorstellen – das ist die für Deutschland neue Herangehensweise der Aufsicht: Es werden keine Einzelfallvorgaben mehr gemacht, es wird stattdessen »nur noch« das Prinzip beschrieben und von den Unternehmen eine entsprechende Geschäftsorganisation erwartet –eben prinzipienbasierte Aufsicht[116].

In §48a Abs. 3 VAG wird der Begriff des Interessenkonfliktes definiert. Gemäß Absatz 4 wird zunächst erwartet, dass der Versicherungsvertreiber das Auftauchen solcher Interessenkonflikte durch seine Geschäftsorganisation verhindert. Gelingt ihm das nicht, muss er – so sagt Absatz 4 weiter – den Konflikt seinem Kunden offenlegen. Nimmt man zu dieser Verpflichtung aus §48a VAG den Entwurf der delegierten Verordnung der Kommission[117] hinzu (das muss man; die delegierte Verordnung der Kommission steht im Rang über dem deutschen Recht), dann gilt für den Versicherungsvertreiber:

- er darf zunächst nicht zu sehr auf die Offenlegung vertrauen,
- er muss sodann den Interessenkonflikt als solchen beschreiben,
- er muss darlegen, warum er (der Versicherungsvertreiber) den Konflikt trotz eines auf seine Verhinderung gerichteten Geschäftsprozesses tatsächlich nicht hat verhindern können,
- er muss den voraussichtlichen Nachteil, den ein/der Interessenkonflikt für den Kunden hat, beschreiben
- und er muss zum Schluss noch einmal ausdrücklich bestätigen, dass der eigene Geschäftsprozess (der das Auftauchen des Interessenkonfliktes hätte verhindern sollen) nicht wirksam war.

Das sind abschreckende Voraussetzungen. Bemerkenswert ist zudem, dass der deutsche Gesetzgeber erst in diesem letzten Schritt, der Offenlegung des

116 Vgl. auch Kapitel 1.13.

117 Ref. Ares (2017)3670050 – 20/07/2017 Commission delegated regualtions. Draft Commission Delgated Regulation supplementing Directive (EU) 2016/97; Ref. Ares (2017)3670050-20/07/2017 vom 22. August 2017 (https://ec.europa.eu/info/law/better-regulation/initiatives/ares-2017-3675955) auf Basis von Art. 30 Abs. 6 IDD i.V.m. Art. 38, 39 IDD und Art. 290 AEUV, s. Kapitel 1.1.2.

Konfliktes, die Notwendigkeit sieht, den Status (gemeint ist die Erkenntnisfähigkeit) des Kunden zu berücksichtigen, Absatz 5.

Provisionen und die Qualität der Dienstleistung für den Kunden
§48a Abs. 6 VAG wiederholt die Verpflichtung aus Absatz 1 (der wie Absatz 6 für alle Versicherungsprodukte gilt), dass Vertriebsvergütungen nicht mit der Verpflichtung der Versicherungsvertreiber, im bestmöglichen Interesse der Kunden zu handeln, kollidieren dürfen. Absatz 6 wiederholt wörtlich die Kardinalpflicht der Ehrlichkeit, Redlichkeit und Professionalität, die ja aber ohnehin und für alle Versicherungsprodukte gilt. Wichtig ist die Formulierung:

> *... müssen dafür Sorge tragen, dass die Gebühr oder Provision oder der Vorteil sich nicht nachteilig auf die Qualität der entsprechenden Dienstleistung für den Kunden auswirkt und nicht die Verpflichtung (des Versicherungsvertreibers) beeinträchtigt, im besten Interesse seiner Kunden ehrlich, redlich und professionell zu handeln.« (§48a Abs. 6 VAG)*

Die Formulierung stellt Verschiedenes klar:

- Es geht um die Dienstleistung der Vermittlung (im Sinne des §1a Abs. 1 VVG, also alle Bereiche des Vermittelns umfassend). Der Gegensatz dazu ist die rein produktorientierte Sichtweise. Die ist also nicht mehr ausreichend.
- »Bestmögliches« und »bestes« Interesse sind gleichgestellt.
- Die Wohlverhaltensregel und die Formulierung des §48a Abs. 6 VAG gelten für die Vermittlung aller Versicherungsprodukte, nicht nur der Versicherungsanlageprodukte.

Information über sämtliche Kosten und Gebühren
§7b Abs. 1 VVG regelt, dass beim Vertrieb von Versicherungsanlageprodukten dem Versicherungsnehmer zusätzliche Informationen zu geben sind, die über den Umfang der Informationen bei »normalen« Versicherungsprodukten hinausgehen. Insbesondere sind das Warnhinweise und sonstige, mit der Beratung zusammenhängende Auskünfte, aber auch Informationen über die Kosten und Gebühren.

§7b Abs. 2 VVG beschreibt genauer, was diese Informationen beinhalten müssen. Sie sind »zusammengefasst« zu erteilen – die IDD spricht von »aggregiert« – was der Gesetzgeber bedauerlicherweise nicht ausführt. Er beruft sich vielmehr auf die Unklarheit der Richtlinienbestimmung[118]. Auf Verlangen

118 BT-DRS 18/11627, S. 44. Der Bundesrat hat dieses eher ungewöhnliche Verhalten eines souveränen Gesetzgebers auch sogleich bemängelt; S. 56.

des Versicherungsnehmers muss diesem eine Aufstellung der Kosten und Gebühren zur Verfügung gestellt werden. Das bedeutet, dass auch beim Vertrieb von Versicherungsanlageprodukten die Höhe der Provision nicht offengelegt werden muss[119]. Möglicherweise geht also § 2 VVG-InfoV a.F. sogar über die Vorschriften des neuen Rechts hinaus, wobei eine Reduzierung der Offenlegungspflichten durch die neue VVG-InfoV kaum zu erwarten ist.

Kundig machen über Kenntnisse und Erfahrung des Kunden[120]

§ 7c Abs. 1 VVG beschreibt den Umfang der Erkundigungspflicht des Versicherungsvertreibers: Beim Vertrieb von Versicherungsanlageprodukten muss sich der Versicherungsvertreiber kundig machen

- über die Kenntnisse und Erfahrungen des Versicherungsnehmers im Anlagebereich in Bezug auf den speziellen Produkttyp oder den speziellen Typ der Dienstleistung,
- über die finanziellen Verhältnisse des Versicherungsnehmers, einschließlich seiner Fähigkeit, Verluste zu tragen,
- über die Anlageziele des Versicherungsnehmers, einschließlich seiner Risikotoleranz.

Sofern der Versicherungsvertreiber den Kunden berät (hier und vor allem in § 7c, Abs. 3 VVG wird der Unterschied zwischen einem Vertrieb mit und ohne Beratung deutlich, siehe Kapitel 1.3.4), darf er ihm nur geeignete Produkte empfehlen – ohne Beratung darf der Versicherungsvertreiber eigentlich keine Vermittlung vornehmen[121]. Die entsprechenden Vorschriften des § 7c Abs. 3 VVG sind auch wenig geeignet, eine Vermittlung ohne Beratung vornehmen zu wollen.

Basisinformationsblatt

Im Zusammenhang mit der PRIIP-Richtlinie ist eine delegierte Verordnung der europäischen Kommission erlassen worden, die sich in 33 Artikeln detailliert mit den notwendigen Angaben in diesem Basisinformationsblatt beschäftigt[122]. Versicherungsanlageprodukte sind ausdrücklich Gegenstand dieser Verordnung.

Angemessenheitsprüfung

§ 7c Abs. 2 VVG schreibt zunächst vor, dass der Versicherungsvertreiber stets zu prüfen hat, ob das Versicherungsanlageprodukt für den Versicherungs-

119 Vgl. auch Reiff, r+2 2016, 593, 600.
120 Auch hierzu gibt es den Entwurf einer delegierten Verordnung. Auf ihren Inhalt wird im Kapitel 2 »Vertrieb und Vertriebssteuerung« unter dem Stichwort »Beratung« detailliert eingegangen.
121 Beyer, VersR 2016, 293, 297.
122 Verordnung (EU) 1286/2014 vom 26. November 2014 über Basisinformationsblätter für verpackte Anlageprodukte für Kleinanleger und Versicherungsanlageprodukte.

nehmer angemessen ist. Hierbei sind die Erkenntnisse über Kenntnisse und Erfahrungen des Kunden einzubeziehen. Nicht ganz klar ist, was dabei das Wort »stets« zu bedeuten hat: Soll damit »in jedem Fall« gemeint sein (das wäre überflüssig) oder soll es bedeuten, dass der Versicherungsvertreiber den Kunden auch während der Laufzeit des vermittelten Produktes berät? Das letztere ist wahrscheinlich, da auch §7c Abs. 5 VVG von »regelmäßigen Mitteilungen an den Versicherungsnehmer« spricht.

Warnpflicht bei ungeeigneten Produkten

§7c Abs. 2 S.4 VVG schreibt sodann vor, dass der Versicherungsvertreiber den Kunden warnen muss, wenn er entweder der Auffassung ist, dass das Produkt unangemessen ist, oder der Kunde unzureichende Angaben über seine Erfahrungen und Kenntnisse gemacht hat.

Aufzeichnungspflicht

Dem Versicherungsvertreiber werden in §7c Abs. 4 und 5 VVG sehr ausführliche Verpflichtungen zur Aufzeichnung und zur Berichtspflicht vorgeschrieben. Aus der Formulierung »... enthalten regelmäßige Mitteilungen an den Versicherungsnehmer ...« darf man schließen, dass auch nach der Vermittlung eines Versicherungsanlageproduktes eine dauernde, mit Berichten zu unterfütternde Berichtspflicht besteht.

1.9.3 Was ist ein »Versicherungsanlageprodukt«?

Im Zusammenhang mit der Frage, was ein Versicherungsanlageprodukt ist, muss u. a. geklärt werden, ob die klassische Lebensversicherung darunterfällt. Und: Ist diese Frage überhaupt praxisrelevant? Eigentlich sollte die Definition des zentralen Begriffs am Anfang eines Kapitels stehen. Da aber der Gesetzgeber – man muss annehmen: absichtlich – der Definition ausgewichen ist, indem er auf die Definition der IDD verweist, kommt die Frage nach ihr erst später, bei der richtlinienkonformen Auslegung[123], zur Diskussion.

Gesetzliche Definitionen

§7b Abs. 1 S.1 VVG lautet: »Bei Produkten, die Versicherungsanlageprodukte im Sinne von Artikel 2 Abs. 1, Nummer 17 der Richtlinie (EU 2016/97 sind, ...«. Dieser Verweis auf die entsprechende Vorschrift der IDD hilft nur weiter, wenn man sich die PRIIP und deren Verordnung vergegenwärtigt. Der Begriff des Versicherungsanlageproduktes ist in beiden Regelwerken gleich auszulegen[124].

123 Vgl. zu den Schwierigkeiten der Auslegung oben Kapitel 1.1.2.

124 So auch Reiff, r+s 2016, 593, 600.

Für die – zumindest auf den ersten Blick – sehr praxisrelevante Frage, ob die klassische deutsche Kapitallebensversicherung als »Versicherungsanlageprodukt« zu gelten hat, gibt aber auch diese Erkenntnis wenig her. Denn Art. 2 Abs. 1 Nummer 17 der IDD regelt seinerseits keinesfalls eindeutig, was ein »Versicherungsanlageprodukt« ist, sondern nennt Ausnahmen, die im Wesentlichen Altersvorsorgeprodukte betreffen.

Was »sagt« die Literatur?

Der Meinungsstand ist nicht eindeutig: Es gibt Autoren, die der Ansicht sind, dass die klassische Lebensversicherung deshalb als Anlageprodukt zu betrachten sei, weil ihre Leistungshöhe von Schwankungen des Marktes abhänge. Begründet wird dies u. a. mit § 153 VVG, wonach dem Kunden eine Überschussbeteiligung zustehe. Die Gegenmeinung bezieht sich vor allem darauf, dass der Kunde mit dem Abschluss einer Kapitallebensversicherung nicht die Möglichkeit erwerbe, selbst Investitionsentscheidungen zu treffen. Letztlich sei die Vorschrift des Artikels 2 Abs. 1, Nummer 17 der IDD teleologisch zu reduzieren, weil Altersvorsorgeprodukte eigentlich nicht gemeint seien[125].

Hat das Thema Praxisrelevanz?

Letztlich und bei genauerer Betrachtung ist die Frage der Einordnung der klassischen Lebensversicherung aber wahrscheinlich gerade deshalb – aus Sicht der Praxis – gar nicht so wichtig, weil sie in der Regel vom potenziellen Kunden als ein Altersvorsorgeprodukt angesehen wird: Beim Vertrieb von Altersvorsorgeprodukten weiß der Versicherungsvertreiber zu Beginn des Beratungsprozesses (natürlich) noch nicht, was sein Kunde wollen wird. Er könnte ihn nun zweistufig beraten: erst zu eindeutig nicht zu den Versicherungsanlageprodukten zählenden, geförderten (Riester/Rürup) Produkten bzw. zu solchen Produkten, deren Zweck nicht die Kapitalanlage ist[126]. Und dann, sozusagen in einem zweiten Prozess, zu den nicht geförderten Produkten, die entweder eindeutig oder doch wahrscheinlich zu den Versicherungsanlageprodukten zählen. Aber eine solche Vorgehensweise ist nicht besonders praktikabel, eben weil der Versicherungsvertreiber noch nicht weiß, was sein Kunde wollen wird. Dessen Wünsche und Bedürfnisse sind aber nicht nach Produktkategorien trennbar. Deshalb wird der Verkaufsprozess sich im Zweifel immer an dem aufwendigeren Prozess orientieren müssen.

Hinzu kommt die Notwendigkeit, bei Altersvorsorgeprodukten immer auch die Vorschriften des Geldwäschegesetzes (GwG) zu beachten, das in seiner seit

125 Vgl. statt aller und zusammenfassend Castellvi, VersR 2017, 129, der die Diskussion ganz unter dem Gesichtspunkt PRIP bzw. PRIIP-VO führt.

126 Castellvi a. a. O. (S. 136).

Juli 2017 geltenden Fassung[127] ganz erhebliche Verpflichtungen für alle Versicherungsvertreiber mit sich bringt. Da die Vorschriften des GwG immer verpflichtend sind, in ihrer Komplexität denen der Berichts- und Beratungspflicht beim Vertrieb von Versicherungsanlageprodukten kaum nachstehen, wird die Empfehlung lauten, immer den »großen« Vertriebsprozess aufzunehmen.

!

Fazit

In der Praxis wird man das Vorsichtsprinzip anwenden: Sobald und sofern Vorbereitungshandlungen oder Beratungen im Zusammenhang mit dem Vertrieb von Altersvorsorgeprodukten anstehen, wird der Versicherungsvertreiber sinnvollerweise immer dem komplexeren Prozess, der für die Vermittlung von Altersvorsorgeprodukten gilt, entsprechen. Nicht zuletzt, weil zu Beginn des Prozesses unklar sein wird, was die Wünsche und Bedürfnisse des Kunden sind.
Etwas anders gilt nur dann, wenn sich der Versicherungsvertreiber von vorne herein auf ein bestimmtes Versicherungsprodukt beschränkt, das rechtlich eindeutig kein Versicherungsanlageprodukt ist und im Produktfreigabeverfahren[128] für den Zielmarkt, dem der Kunde angehört, als geeignet bestimmt wurde.

1.9.4 Bewertung

Die fehlende Definition dessen, was im deutschen Recht als Versicherungsanlageprodukt zu gelten habe, macht den ganzen Bereich zu einem Ärgernis. Ein auf die – noch zu ermittelnden – Wünsche und Bedürfnisse des Kunden ausgerichteter Beratungsprozess muss einbeziehen, dass eventuell doch ein Produkt vermittelt werden wird, das nicht von der Anwendung des komplexeren Prozesses für die Vermittlung von Versicherungsanlageprodukten ausgenommen ist. Dann aber muss der ganze Vertriebsprozess dem des Versicherungsanlageproduktes entsprechen.

Weiter bleibt unklar, ob und inwieweit Erkenntnisse aus dem Vertriebsprozess für Versicherungsanlageprodukte auf den Vertriebsprozess für »normale« Versicherungsprodukte übertragen werden können oder sogar übertragen werden müssen. Die Überlegungen der EIOPA zum POG, also dem Produktfreigabeverfahren, werden die Anwendungspraxis der europäischen Aufsicht bestimmen: Jedenfalls die europäische Aufsicht[129] wird erwarten, dass jedweder Versicherungsvertriebsprozess Erkenntnisse berücksichtigt, die im Kunden-

127 Geldwäschegesetz (Gesetz über das Aufspüren von Gewinnen aus schweren Straftaten) vom 23.6.2017 (BGBL I 1822), in Kraft getreten am 26.6.2017.
128 Vgl. Kapitel 1.5.
129 Vgl. dazu FN 12 und 13.

interesse sind – egal wo, wodurch und wie diese Erkenntnisse gewonnen wurden oder hätten gewonnen werden können[130].

Die Gedanken, die sich ein Versicherungsvertreiber zu dem Prozess der Beratung von Altersvorsorgeprodukten macht, müssen weitere Rechtsnormen einbeziehen, wie etwa das Geldwäschegesetz.

Die Anforderungen an die Geschäftsorganisation sind nicht nur für die Vermittlung von Versicherungsanlageprodukten gewaltig; zu Recht sprechen manche von einem »Regulierungstsunami«[131]. Die Bewältigung dieser Anforderungen kann nur prozessual gelingen. Die Versicherungswirtschaft sollte überlegen, bei der Planung und Umsetzung solcher Geschäftsprozesse Anleihen bei der produzierenden Industrie zu machen – die Genauigkeit, Tiefe, Sicherheit und Effizienz industrialisierter Fertigungsprozesse ist den Vorgaben, die die Versicherungswirtschaft für die Erbringung ihrer Dienstleistung macht, weit voraus.

Und schließlich kann in der Umsetzung – die ja aus rechtlichen Gründen ohnehin notwendig ist – auch eine Chance liegen, die Effizienz der Abarbeitung auch in der Versicherungswirtschaft zu steigern.

1.10 Interessenkonflikte

Die zentralen Fragen im Zusammenhang mit Interessenkonflikten lauten: Wie lassen sie sich vermeiden, was gilt hinsichtlich ihrer Offenlegung und was für eine Rolle spielen sie für die Auslegung der Wohlverhaltensregel.

Der Begriff des Interessenkonflikts ist außerhalb der Versicherungswirtschaft schon länger bekannt; er geht wohl zurück auf den medizinischen Bereich und dort auf die Definition von Thompson[132]:

> *A conflict of interest is a set of conditions in which professional judgment concerning a primary interest (such as a patient‹s welfare or the validity of research) tends to be unduly influenced by a secondary interest (such as financial gain).*[133]

130 Consultation Paper – EIOPA-CP-16/006, vgl. zusammenfassend Teichler, VersR 2016, 1088.

131 Reiff a.a.O.

132 Dennis F. Thompson, New England Journal of Medicine 1994, 503.

133 In Deutsch etwa: »Ein Interessenkonflikt ist eine Bedingung/Umgebung, in welcher die professionelle Abwägung eines Primärinteresses (wie z.B. die Gesundheit eines Patienten oder die Sicherheit einer Forschung) möglicherweise (und unrechtmäßig) von einem Sekundärinteresse beeinflusst zu werden droht (wie z.B. durch einen finanziellen Anreiz).«

Im politischen Bereich wird der Begriff ebenfalls benutzt und auch im rechtlichen Bereich kommt er vor, etwa in der Bundesrechtsanwaltsordnung[134], in der allerdings von »widerstreitenden Interessen« die Rede ist.

Für das Versicherungsvertriebsrecht ist der Begriff hingegen neu. Gäbe es nicht den Zusammenhang mit der Wohlverhaltensregel, könnte die Auslegung des Begriffs ganz dem Bereich der Versicherungsanlageprodukte überlassen bleiben. Tatsächlich gibt es jedoch mehrfache Querverweise zwischen »Interessenkonflikt« und dem »bestmöglichen Kundeninteresse« in den Absätzen 2-5 des §48a VAG.

Die europäische Kommission wird sehr inhaltsreiche delegierte Rechtsakte dazu erlassen, wie mit Interessenkonflikten umzugehen ist; die Entwürfe dazu liegen dem europäischen Parlament vor.[135] Die delegierten Rechtsakte wiederum beruhen auf sehr ausführlichen Beratungen der EIOPA[136].

Im Ergebnis sind diese Interpretationen mindestens hilfreich, wenn nicht nahezu bindend für die Auslegung derjenigen unbestimmten Rechtsbegriffe, welche die Kardinalpflicht ausmachen. Jedenfalls gilt das für das »bestmögliche Kundeninteresse«, für das es bislang keine Entsprechung im deutschen Recht gibt; die Begriffe »ehrlich, redlich und professionell« können möglicherweise so ausgelegt werden, wie dies die Rechtsprechung und Literatur zu »Treu und Glauben« im §242 BGB getan haben. Trotzdem bietet es sich auch hier an, Gemeinsamkeiten mit den Interpretationen der Kommission zu suchen.

1.10.1 Begriff des Interessenkonfliktes

§48a Abs. 3 VAG:

> *Interessenkonflikte ... sind solche, die bei Versicherungsvertriebstätigkeiten zwischen Versicherungsvermittlern und Versicherungsunternehmen selbst, einschließlich ihrer Geschäftsleitung und ihrer Angestellten, oder anderen Personen, die mit ihnen direkt oder indirekt durch Kontrolle ver-*

134 §§3, 43a BRAO.

135 Draft Commission Delgated Regulation supplementing Directive (EU) 2016/97; Ref. Ares (2017)3670050-20/07/2017 vom 22. August 2017 (https://ec.europa.eu/info/law/better-regulation/initiatives/ares-2017-3675955) auf Basis Art. 30, Abs. 6 IDD i.V.m. Art. 38, 39 IDD und Art. 290 AEUV, s. vorn Kapitel 1.1.2.

136 Technical Advice on possibel delegated acts concerning the IDD, EIOPA-17/048 vom 17. Februar 2017 mit 150 Seiten Text.

bunden sind, und ihren Kunden oder zwischen ihren Kunden untereinander entstehen können.

Danach können Interessenkonflikte in vier Bereichen der Versicherungsvertriebstätigkeit entstehen:

1. zwischen Versicherer und Vermittler,
2. zwischen Vermittler und Kunde,
3. zwischen Versicherer und Kunde,
4. zwischen Kunde und Kunde.

Interessenkonflikte können nach der gesetzlichen Definition sowohl zwischen den Institutionen als auch zwischen den sie beschäftigenden Individuen ent- und bestehen.

Besteht ein solcher Interessenkonflikt oder droht er zu entstehen, so könnte dies das »bestmögliche Interesse des Kunden« beeinträchtigen. Allein diese Gefahr ist es, welcher der Gesetzgeber vorbeugen will.

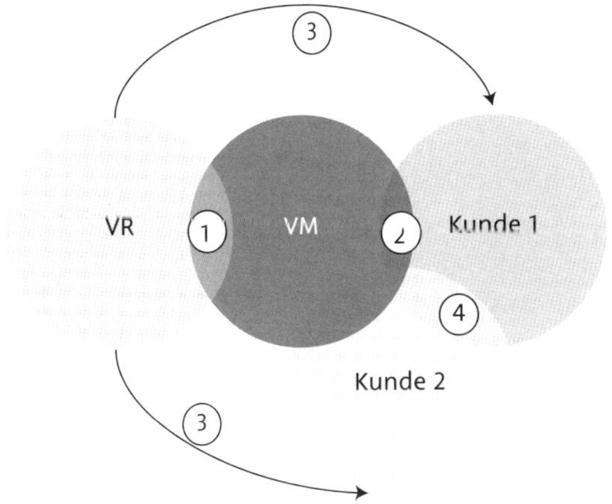

Abb. 11: Interessenkonflikte

1.10.2 Interpretationen durch die geplante »delegierte Verordnung« der Kommission

Die Kommission legt in verschiedenen Stufen dar, wie ein Interessenkonflikt definiert werden könnte, was ihn begünstigen könnte, was (mindestens) zu tun wäre, um sein Entstehen zu verhindern, und was schließlich zu tun ist, falls der Interessenkonflikt trotz aller Sorgfalt doch auftritt.

Definition
Art. 3 der »draft delegated recommendation«, die später eine im Amtsblatt der EU zu veröffentlichende »delegierte Verordnung« der Kommission werden wird[137], beschreibt den Interessenkonflikt inhaltlich: Wenn das Interesse des Versicherungsvertreibers

a) unterschiedlich von dem Interesse des Kunden ist, (oder[138])
b) das Potenzial hat, sich schädlich für den Kunden auszuwirken, so liegt die Annahme eines (bevorstehenden) Interessenkonfliktes nahe. Versicherungsvertreiber werden durch den nächsten Satz dieser Bestimmung verpflichtet, auch Interessenkonflikte zwischen Kunden nach den gleichen Kriterien ausfindig zu machen[139].

Was das Vorliegen oder Entstehen eines Interessenkonfliktes wahrscheinlich macht
Ein unterschiedliches Interesse ist nach Art. 3 Abs. 2 in der Regel dann anzunehmen, wenn

a) der Versicherungsvertreiber einen finanziellen Gewinn zu erwarten hat, sofern er ein dem Kunden schädliches Produkt vorschlägt, oder
b) wenn ein Versicherungsvertreiber ein finanzielles oder nicht-finanzielles Incentive hat, einen Kunden anders/besser zu behandeln als einen anderen Kunden, oder
c) (c) wenn die Person, die tatsächlich mit dem Kunden spricht, auch im Produktentwicklungsprozess, besonders bezüglich der Preisgestaltung, involviert ist.

Diese Indizien für das Vorliegen oder Entstehen eines Interessenkonfliktes werden ausdrücklich als »Minimalkriterien« bezeichnet und stellen natürlich keine abschließende Aufzählung dar. In Art. 4 der IDD werden sie auf Gruppen ausgedehnt.

Eine bedeutende Änderung ist während des Beratungsprozesses bei der Kommission zum Erlass der delegierten Verordnung eingetreten: EIOPA hatte noch **jede** Form der Entgeltzahlung an den Versicherungsvertreiber – ausgenommen das vom Kunden gezahlte Honorar – als Indiz für einen Interessenkonflikt

137 Siehe vorvorige Fußnoten. Während des Beratungsprozesses sind sämtliche Arbeitspapiere der EU in Englisch verfasst.

138 Aus dem Zusammenhang der geplanten Verordnung darf man schließen, dass eines der Kriterien ausreichend sein soll.

139 Hier hat die europäische Vereinigung der Versicherungsvermittler – BIPAR – richtigerweise angemerkt, dass Versicherungsvertreiber nur insoweit verpflichtet sein können, als sie auch die Informationen haben oder doch jedenfalls legal beschaffen können, BIPAR comments vom 17. August 2017.

angesehen. Dies ist von der Kommission bewusst abgemildert und im Vorwort (»Explanatory Memorandum«) ausdrücklich mit dem Unterschied zwischen Versicherungsanlageprodukten und anderen, der MIFID-Regelung unterfallenden Finanzprodukten begründet worden[140].

Zu vermeiden ist danach ein möglicher Interessenkonflikt zwischen Kunde, Vermittler und/oder Versicherer, der auf unterschiedlichen Interessen bezüglich eines bestimmten Abschlusses des Vertriebsprozesses beruht. Hierfür muss eine Geschäftsorganisation aufgebaut werden, die das Entstehen eines solchen Interessenkonfliktes (möglichst) verhindert.

Aufbau eines Prozesses zur Verhinderung von Interessenkonflikten
Nach Art. 4 und 5 des Entwurfs der »Delegierten Verordnung« wird erwartet (»shall be expected«), dass die Versicherungsvertreiber einen Prozess einrichten, der sicherstellt, dass Interessenkonflikte möglichst vermieden werden. Ferner soll der Prozess der Unternehmensgröße wie der Komplexität des vertriebenen Produktes angemessen sein. Die Einrichtung eines solchen Prozesses ist schriftlich niederzulegen. Er muss umgesetzt, genutzt und regelmäßig überprüft werden. Die Leitungsebene des Versicherungsvertriebsunternehmens ist regelmäßig zu informieren und muss diesen Prozess/diese Geschäftsorganisation genehmigen. Der Prozess soll, nachdem er jeden möglichen Interessenkonflikt für jedes Produkt/jeden Vertriebsprozess definiert hat (Art. 4 No. 2 a des Entwurfs der delegierten Verordnung), mindestens folgende Punkte umfassen[141]:

- Strukturierung/Verhinderung der Kommunikation solcher Personen untereinander, deren Zusammenwirken zu dem Interessenkonflikt führen könnte,
- unterschiedliche Aufsicht/Führung über solche Personen/-Gruppen,
- Verhinderung einer kausalen Beziehung zwischen Zahlung/Zahlungsanweisung und anderen Aktivitäten, sofern hierdurch ein Interessenkonflikt zu besorgen ist,
- Reduzierung der Möglichkeit zur Einflussnahme auf diejenigen natürlichen Personen, die den Vertrieb beim Kunden tatsächlich durchführen,
- Verhinderung einer Verantwortungsübernahme für verschiedene Vertriebsaktivitäten (gleichzeitig oder hintereinander), sofern hierdurch Interessenkonflikte zu besorgen sind,
- Implementierung einer Compliance-gerechten Geschenke- und Einladungs-Richtlinie.

140 Diese sehr bewusst getroffene Entscheidung hat auch sogleich eine aufgebrachte Reaktion des Bundes der Versicherten hervorgerufen. Abrufbar unter: https://ec.europa.eu/info/law/better-regulation/initiatives/ares-2017-3675955.

141 Art. 5 des Entwurfs der »Delegated Recommondation«, FN 137.

Art. 5, No. 2 des Entwurfs der delegierten Verordnung stellt klar, dass die Vertriebsunternehmen diesen Prozess selbst aufstellen und überwachen müssen und dass sie darüber hinaus verpflichtet sind, Schwachstellen dieses Prozesses den Aufsichtsbehörden mitzuteilen[142].

Offenlegung eines trotzdem eingetretenen Interessenkonflikts

Art. 6 des Entwurfs der delegierten Verordnung stellt zunächst fest, dass sich Versicherungsvertreiber auf die Offenlegung nicht zu sehr verlassen sollten, was die Vermeidung und Lösung von Interessenkonflikten anginge – sie sei »last resort«[143]. Falls aber die getroffenen Maßnahmen, also die Geschäftsorganisation zur Vermeidung eines Interessenkonfliktes, nicht ausreichend sein sollten, muss dem Kunden mitgeteilt werden:

- Eine spezifische Beschreibung des Interessenkonflikts,
- eine Erklärung über die (generellen) Gründe für das Entstehen dieses Konflikts,
- eine Erklärung, welche Risiken sich aus dem aufgetretenen Interessenkonflikt für den Kunden ergeben können und welche Schritte unternommen wurden, um diese Risiken zu minimieren,
- eine Erklärung darüber, dass die Geschäftsorganisation des Versicherungsvertreibers nicht ausreicht, um mit hinreichender Sicherheit das Auftreten von Risiken für einen Schaden des Kunden zu verhindern.

Vergütungssysteme

In Art. 8 des Entwurfs der »delegierten Verordnung« werden ähnliche Kriterien an solche Regularien angelegt, welche die Courtage- oder Provisionsvergütung von Versicherungsvermittlern bestimmen. Nach der Logik des §48a VAG dürften diese Regularien auch für »interne Vergütungen«, also für Boni etc. gelten. Wie immer zählen auch nicht-finanzielle Anreize dazu, §7 Nr. 34b VAG.

Im Zusammenhang mit Vergütungssystemen sind nach den Überlegungen der Kommission mindestens folgende Fragen zu stellen und zu bewerten:

- Kann das Vergütungsschema den Versicherungsvertreiber dazu anhalten, dem Kunden ein Produkt anzubieten, obwohl er ihm auch ein besser geeignetes Produkt hätte anbieten können?
- Beruht das Schema auf rein quantitativen Überlegungen oder werden auch qualitative Aspekte berücksichtigt?

142 Dies erscheint als eine sehr weitgehende Auslegung der prinzipienbasierten Aufsicht. Kapitel 1.13 »Verhältnis zur Aufsicht« wird sich detailliert mit diesem Punkt auseinandersetzen.

143 Art. 6 No. 1 Draft Delegated Recommendation (FN 122).

- Wie ist das Verhältnis zwischen Provision und Wert des Produktes?
- Handelt es sich um eine einmalige, bei Abschluss fällige Provision oder um eine Bestandsprovision?
- Muss die Provision im Falle eines Stornos (anteilig) zurückbezahlt werden?
- Beinhaltet die Provisionsvereinbarung eine Variable, bei deren Erreichung/Überschreitung die Provision sich verändert?

1.10.3 Anwendungsbereich

Versicherungsanlageprodukte

Der Begriff des Interessenkonfliktes kommt nur dort vor, wo sich das Gesetz mit dem Vertrieb von Versicherungsanlageprodukten beschäftigt, §48a Abs. 2-5 VAG. Somit hat er grundsätzlich auch nur dort, also im Zusammenhang mit dem Vertrieb von Versicherungsanlageprodukten Bedeutung.

Dementsprechend wird auch die delegierte Verordnung nur auf den Vertrieb von Versicherungsanlageprodukten anwendbar sein, Art. 1 des Entwurfes dieser Verordnung[144].

Art. 4 der Verordnung besagt zudem, dass der Umfang der Geschäftsorganisation zur Vermeidung von Interessenkonflikten einerseits der Größe der Organisation des Versicherungsvertreibers und andererseits der Komplexität des angebotenen Geschäftes angepasst sein soll. Im Erwägungsgrund 4 zu dem Entwurf dieser delegierten Verordnung beschreibt die Kommission ausdrücklich ihren Wunsch, die administrativen Hürden eines solchen Prozesses besonders für diejenigen Unternehmen gering zu halten, die eher kleine Organisationen unterhalten und eher nichtkomplexe Versicherungsanlageprodukte vertreiben. Diesen Unternehmen soll es möglich sein, andere, besser geeignete Prozesse als jene einzuführen, die für größere Unternehmen sinnvoll erscheinen.

Verbindung zur Wohlverhaltensregel

Die Kardinalpflicht des §1a VVG – Ehrlichkeit, Redlichkeit und Professionalität im bestmöglichen Kundeninteresse – führt eine Reihe neuer unbestimmter, d.h. auslegungsbedürftiger Rechtsbegriffe ein. Dementsprechend hilfreich

144 Draft Commission Delgated Regulation supplementing Directive (EU) 2016/97; Ref. Ares (2017)3670050-20/07/2017 vom 22. August 2017 (https://ec.europa.eu/info/law/better-regulation/initiatives/ares-2017-3675955) auf Basis von Art. 30 Abs. 6 IDD i.V.m. Art. 38, 39 IDD und Art. 290 AEUV, s. vorn Kapitl 1.1.2.

sind die Interpretationen, die Gesetz- und Verordnungsgeber auf europäischer Ebene geäußert haben.

Diese Interpretationen betreffen aber nur den Bereich des Vertriebs von Versicherungsanlageprodukten. Dann, so kann man argumentieren, sind diese Interpretationen für den Vertrieb »normaler« Versicherungsprodukte nicht nutzbar.

Andererseits werden die Begriffe der Kardinalpflicht in den Regelungen zum Vertrieb von Versicherungsanlageprodukten wörtlich wiederholt, §48a Abs. 2-5 VAG. Die Interpretationen der Kommission durch delegierte Verordnungen beschäftigen sich also mit diesen Begriffen und erklären, durch welche Prozesse das Interesse des Kunden gewahrt werden kann.

Vor diesem Hintergrund bekommen die Interpretationen der Kommission zum Vertriebsprozess der Versicherungsanlageprodukte eine weiterreichende Bedeutung, da sie Begriffe der Kardinalpflicht interpretieren. Da die Kardinalpflicht für den Vertrieb aller Versicherungsprodukte gilt, nicht nur für den von Versicherungsanlageprodukten, hat auch die Auslegung für alle Versicherungsvertreiber Bedeutung.

Die folgende Tabelle zeigt die Interpretationen der fünf Einzelbegriffe der Wohlverhaltensregel:

Wohlverhalten und Interpretation			
	Rechtsprechung	**Delegierte VO/EIOPA**	**Übliche Auslegungsregeln**
ehrlich	Zu §242 BGB	v	Wortlaut und Stellung
redlich	Zu §242 BGB	v	Wortlaut und Stellung
professionell	Zuverlässig? Dann §35 GewO	v	Wortlaut und Stellung, Intention
bestmöglich	?	v	Intention, teleologisch
Kundeninteresse	?	v	Intention, teleologisch

1.10.4 Bewertung

Natürlich ist begrüßenswert, dass die Kommission Interpretationen zu einer Regularie vorstellt, die mit einer Vielzahl neuer Rechtsbegriffe und Vorgaben den Rechtsanwender eher verwirrt. Dieses Lob gilt uneingeschränkt für den Vertrieb von Versicherungsanlageprodukten.

Andererseits ist zu bedauern, dass sich auch der Vertrieb »normaler« Versicherungsprodukte mit dem Begriff des »Interessenkonfliktes« auseinandersetzen muss, weil erst dieser Begriff und die Erläuterungen der Kommission dazu ihn in die Lage versetzen, zu verstehen, was mit den Begriffen der Wohlverhaltensregel gemeint ist. Erst mit den Erläuterungen der delegierten Verordnung wird es dem Versicherungsvertreiber möglich, sich so zu verhalten, dass die nationalen Aufsichtsbehörden, angeleitet von EIOPA, in seinem Verhalten Ehrlichkeit, Redlichkeit und Professionalität im bestmöglichen Interesse des Kunden erkennen und bescheinigen können.

Die delegierte Verordnung wird, nachdem europäischer Rat und Parlament entweder zugestimmt oder durch Schweigen zugestimmt haben[145], unmittelbare Wirkung haben[146]. Sie bindet damit unmittelbar alle (deutschen) Rechtsanwender und ist somit für die Interpretation der abstrakten Regeln der §1a VVG und §48a VAG eine verpflichtende Vorgabe.

Deshalb ist es auch für diejenigen Marktteilnehmer, die »nur« normale Versicherungsprodukte vertreiben, sinnvoll, sich mit den Überlegungen zu Interessenkonflikten auseinanderzusetzen und sich zu überlegen, ob – im Rahmen der eigenen Möglichkeiten – ein Aufsetzen von solchen Prozessen sinnvoll sein kann, mit denen man der jeweiligen Aufsicht darstellen kann, dass man sich in allen Abläufen, vor allem in der Geschäftsorganisation als solcher, an die Vorgaben der Kardinalpflicht hält. Bestehen solche Prozesse, so ist damit der erste Beweis für das grundsätzlich ehrliche, redliche und professionelle Verhalten im bestmöglichen Kundeninteresse erbracht.

1.11 Querverkäufe

Mit dem Begriff »Querverkäufe« sind Paket- oder gebündelte Produkte gemeint, also solche, bei denen entweder ein anderes Produkt zusammen mit dem Versicherungsprodukt angeboten wird oder das Versicherungsprodukt seinerseits zusammen mit dem anderen Produkt verkauft wird. Geregelt werden die in einem solchen Fall zu beachtenden Besonderheiten in §7a VVG. Bislang waren solche Produkte im VVG nicht explizit geregelt.

145 Art. 39 Abs. 5 IDD.
146 Siehe vorn Kapitel 1.1.2; Art. 290 AEUV.

1.11.1 Versicherung als Hauptprodukt – Bündelung *und* Koppelung erlaubt

Wird ein weiteres Produkt im Paket zusammen mit einer Versicherungsleistung angeboten – man kann z. B. an Assistance-Leistungen, etwa bei einer Unfallversicherung, denken –, so ist der Versicherungsvertreiber verpflichtet, den Kunden darüber zu informieren, ob die Bestandteile getrennt verkauft werden können. Nur wenn das der Fall ist, muss er die Einzelteile beschreiben und für jeden Teil gesondert die Kosten und Gebühren nachweisen, § 7a Abs. 1 VVG.

Das Gesetz erlaubt also nicht nur die Bündelung – sonst wäre ja die ganze Vorschrift unsinnig –, sondern auch die Koppelung, bei der Haupt- und Nebenprodukt nur im Paket erhältlich sind.

Auch in diesem Fall – Versicherung als Hauptprodukt – sind einige Besonderheiten bei den Beratungs- und Informationspflichten zu beachten:

- Der Kunde ist in jedem Fall darauf hinzuweisen, ob ein getrennter Verkauf möglich ist, § 7a Abs. 1 VVG.
- Natürlich sind in jedem Fall die Wünsche und Bedürfnisse des Kunden in Bezug auf das Versicherungsprodukt zu ermitteln und zu berücksichtigen, § 7a Abs. 4 VVG.
- Schließlich muss der Versicherungsvertreiber dem Kunden erklären, wie sich die Versicherungsdeckung im Paket von einer Versicherungsdeckung ohne Paket unterscheidet und wie das Paket die Versicherungsdeckung ändert, § 7a Abs. 2 VVG.

Selbstverständlich gilt weiterhin die Kardinalpflicht der Ehrlichkeit, Redlichkeit und Professionalität im bestmöglichen Kundeninteresse, § 1a VVG[147].

1.11.2 Versicherung als Nebenprodukt – Koppelung nicht erlaubt

Wird eine Versicherungsleistung als Nebenprodukt angeboten, **muss** die Versicherungsdeckung auch separat angeboten werden (können). Das gilt nur dann nicht, wenn die Versicherungsleistung bestimmte Finanzdienstleistungen ergänzt, § 7a Abs. 3 VVG.

Die bereits genannten Informations- und Beratungspflichten greifen auch in diesem Fall; und bei der Ausweisung der getrennten Erwerbsmöglichkeiten muss über die Kosten und Gebühren aufgeklärt werden.

147 Ausführlich in Kapitel 1.7.

Ist die Versicherung also (nur) das Nebenprodukt, dann ist zwar die Bündelung erlaubt, nicht aber die Koppelung – es darf in dieser Konstellation keinen Paketzwang geben. Dem Kunden ist vielmehr die Möglichkeit zu geben, das »Nebenprodukt Versicherung« auch separat zu erwerben. Der dafür vorgesehene Preis ist dem Kunden mitzuteilen.

1.11.3 Besondere Beratungspflichten

Nicht unbedingt zu erwarten war, dass Versicherungsprodukte, die einen Querverkauf darstellen, den besonderen Beratungspflichten für Versicherungsanlageprodukte unterfallen, §7c Abs. 2 S.3 und Abs. 3 S.3 VVG. »Pakete« von Dienstleistungen oder Produkten dürfen nur empfohlen werden, wenn das Gesamtpaket für den Kunden geeignet (Abs. 2) oder angemessen (Abs. 3) ist.

1.11.4 Besonderheiten für die Restschuldversicherung

Für die Restschuldversicherung gibt es noch zwei Besonderheiten:

- Eine Woche nach Abgabe der Vertragserklärung muss der Kunde erneut auf sein Widerrufsrecht hingewiesen werden, §7a Abs. 5.
- Bei Restschuld-Gruppenversicherungen muss der Versicherungsnehmer die Beratungs- und Informationspflichten eines Versicherers erfüllen, §7d S.1 VVG.
- Ebenfalls bei solchen Gruppenversicherungen erhält die versicherte Person die Rechte eines Versicherungsnehmers, besonders das Recht des Widerrufs. Hierüber ist die versicherte Person gesondert eine Woche nach Abgabe der Vertragserklärung erneut zu informieren, §7d S.2-4 VVG.

Im Gesetzgebungsverfahren ist im Zusammenhang mit der Restschuldversicherung die Frage aufgetaucht, ob die Einbeziehung in einen bestehenden Gruppenversicherungsvertrag unter bestimmten Umständen gar nicht als »Vermittlung« zu werten sei[148]. Für die Zwecke der Praxis kann man nur empfehlen, davon auszugehen und die Regeln zur Versicherungsvermittlung einzuhalten. Andernfalls besteht ein allzu sichtbares Einfallstor für Abmahn- und Haftungsfragen.

148 Vgl. Kapitel 1.2.2.

1.11.5 Bewertung

Die Regelungen sind neu; das bisherige VVG sah keine Vorschriften für Bündelungsprodukte vor. Die Vorschriften sind aber sinnvoll; der Verbraucher soll erkennen können, ob und gegebenenfalls inwieweit/wie die Versicherung das Produkt verändert und umgekehrt. Bei der Produktgestaltung wird hier viel Sorgfalt an den Tag zu legen sein.

Wichtig und gut ist, dass Bündelprodukte weiterhin möglich bleiben. Die etwas erhöhten Informations- und Beratungspflichten erscheinen hinnehmbar.

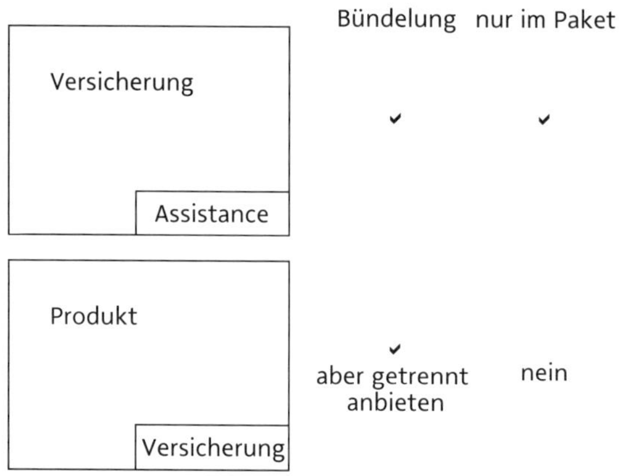

Abb. 12: Querverkäufe

1.12 Sanktionen

Sanktionen sind das notwendige Korrektiv und eigentlich mehr eine Ergänzung zu den Verhaltensnormen, die in den vorherigen Abschnitten behandelt wurden. Sie sollen zwar abschreckend wirken[149], aber nicht das Handeln bestimmen.

Bevor die speziell für das Versicherungsrecht geltenden Sanktionen besprochen werden, stellen wir Ihnen einige Grundlagen zur rechtlichen Systematik von Sanktionen vor.

149 So ausdrücklich der Erwägungsgrund 60 der IDD.

1.12.1 Art der Sanktionen

Sanktionen können in vielfältiger Gestalt auftreten. Sie können sich gegen die (natürliche) Person richten, die einen Verstoß begangen hat; Bußgelder und Verwaltungssanktionen können sich auch gegen eine juristische Person richten, also gegenüber einem Unternehmen ausgesprochen werden.

Strafrechtliche oder andere hoheitliche Sanktionen
Zunächst sind die staatlichen Sanktionen zu nennen, mit denen der Staat hoheitlich gegen Verstöße oder Missachtungen seiner Regeln vorgeht.

Hier gibt es im Wesentlichen drei Bereiche:

- Strafrechtliche Sanktionen richten sich gegen die natürliche Person, die eine ihr obliegende Pflicht verletzt hat. Strafrechtliche Sanktionen müssen bereits vor der Begehung der Tat feststehen; der Staat darf also nicht nachträglich – und damit inhärent willkürlich – eine Strafe für ein Verhalten festsetzen. Strafen sind das ultimative Mittel des Staates, seine Rechtsordnung durchzusetzen. Sie sind dementsprechend selten und können nur mithilfe der Mitwirkung von Gerichten durchgesetzt werden. Strafrechtliche Sanktionen können die Form von Freiheits- und Geldstrafen annehmen. Sie können auch zur Einziehung unrechtmäßig erworbener Gelder (Gewinne oder vermiedene Verluste) führen.
- Ordnungswidrigkeiten können von natürlichen Personen, aber auch von sogenannten »juristischen Personen«, also von Unternehmen, begangen werden. Auch durch das Ordnungswidrigkeitsrecht wird die Missachtung von Pflichten sanktioniert. Ordnungswidrigkeiten müssen wie strafrechtliche Sanktionen im Vorhinein, also vor Begehung der Ordnungswidrigkeit, festgesetzt sein. Sie haben immer die Form von Geldbußen, die allerdings im Zuge der prinzipienbasierten Aufsicht deutlich höher geworden sind als bisher in Deutschland üblich.
- Aufsichtsrechtliche Sanktionen können Anweisungen der Aufsichtsbehörden sein, ein bestimmtes Verhalten zu ändern/zu unterlassen. Das kann auch sehr spezifisch z. B. den Verkauf eines bestimmten Produktes betreffen[150]. Die auch »Verwaltungssanktionen« genannten Eingriffe können die Abberufung von Leitungsorganen beinhalten und letztlich bis zum Entzug der Erlaubnis zum Geschäftsbetrieb führen.

150 Art. 24 der Verordnung (EU) 1286/2014 vom 26. November 2014 zu Versicherungsanlageprodukten.

Veröffentlichung von Maßnahmen – »Pranger Funktion«
Diese im vorherigen Abschnitt genannten drei Sanktionsarten können und sollen im Finanzdienstleistungsbereich auch eine »Pranger Funktion« erfüllen, d.h., sie sollen veröffentlicht werden. Das gilt besonders für die dritte Sanktionsmöglichkeit, die der sogenannten Verwaltungssanktionen. Das neue Recht verlangt eine Veröffentlichung von Verwaltungssanktionen. Der Reputationsschaden einer solchen Sanktion ist also erheblich. Die Umsetzung in deutsches Recht macht diverse Unterscheidungen und gibt der Behörde die Veröffentlichung z.T. vor (»gebundene Entscheidung«), teilweise bekommt die Behörde aber auch »nur« die Möglichkeit einer solchen Veröffentlichung (»Ermessensentscheidung«):

- §319 VAG verpflichtet die BaFin, verhängte und bestandskräftig gewordene Maßnahmen sowie unanfechtbar gewordene Bußgeldentscheidungen öffentlich zu machen. Dabei sollen auch Informationen zu Art und Charakter des Verstoßes mitgeteilt werden. In besonderen Fällen kann die Meldung anonymisiert erfolgen. Der »Schutzbereich« der Veröffentlichungspflicht umfasst alle durch das VAG oder die dazu erlassenen Rechtsverordnungen geschützten Bereiche.
- §308 VAG gibt der BaFin die Möglichkeit, unanfechtbar gewordene oder sofort vollziehbare Maßnahmen im Zusammenhang mit unerlaubten Versicherungsgeschäften zu veröffentlichen.
- §308a VAG erlaubt der BaFin, einen Verstoß gegen die PRIIP-Vorschriften unter Nennung des Versicherungsunternehmens auf ihrer Website zu veröffentlichen.
- In §329 Abs. 5 VAG ist eine Meldepflicht an die europäischen Behörden vorgesehen.

Auch die IHKs müssen bestimmte Verwaltungssanktionen, insbesondere Feststellungen zur Unzuverlässigkeit, in das Gewerbezentralregister eintragen. Allerdings ist das Gewerbezentralregister nicht allgemein öffentlich zugänglich; im Wesentlichen können Behörden, Betroffene und Forschungseinrichtungen das Register einsehen.

- §149 Abs. 2 Nr. 1 GewO verlangt die Eintragung von vollziehbaren und nicht mehr anfechtbaren Entscheidungen zur Unzuverlässigkeit oder Ungeeignetheit.
- §149 Abs. 2 Nr. 2 GewO verlangt die Eintragung von Rücknahmen oder Verzichten während eines Rücknahme- oder Widerrufsverfahrens (man kann also die Verpflichtung zur Eintragung nicht gut unterlaufen).
- §149 Abs. 2 Nr. 3 GewO verlangt die Eintragung rechtskräftiger Bußgeldentscheidungen, auch solcher wegen einer Steuerordnungswidrigkeit.
- §149 Abs. 2 Nr. 4 GewO verlangt die Eintragung bestimmter strafrechtlicher Verurteilungen.

Zivilrechtliche Sanktionen

Neben den strafrechtlichen Sanktionen, den Bußgeldern nach dem Ordnungswidrigkeitenrecht und den Verwaltungssanktionen – also den hoheitlichen Maßnahmen des Staates – gibt es auch im Zivilrecht Sanktionen. D. h., auch gleichgeordnete Personen und Unternehmen können Sanktionen beantragen. Diese müssen, anders als die Verwaltungssanktionen, erst durch Gerichte bestätigt werden, bevor sie wirksam werden. Das bedeutet aber nicht (immer), dass es langwieriger Verfahren bedarf, um eine zivilrechtliche Sanktion umzusetzen: Es gibt auch Eilverfahren (sogenannte »summarische Verfahren«), die sehr schnell (binnen 1-2 Tagen) und teilweise ohne die Beklagtenseite anzuhören, Entscheidungen treffen können.

Hier gibt es im Wesentlichen zwei Bereiche:

- Wettbewerbliche Sanktionen können von Wettbewerbern beantragt werden, aber auch von wettbewerblich agierenden Vereinigungen. Auch Aufsichtsbehörden können wettbewerbliche Sanktionen erlassen.
  Wettbewerbliche Sanktionen können von gerichtlich angeordneten Unterlassungsgeboten bis hin zu Geldzahlungen an den Wettbewerber gehen. Besonders die Unterlassungsverfügungen sind gefürchtete Rechtsmittel, weil sie unerwartet kommen können und sofort zu befolgen sind. Manchmal muss ein ganzer Geschäftsprozess von heute auf morgen beendet werden.
- Schließlich gibt es noch die haftungsrechtlichen Sanktionen, insbesondere den Schadenersatz oder die Unterlassungsverfügung (insofern ist das eine Überschneidung zum Wettbewerbsrecht: Dort beruht die Unterlassungsverfügung auf einem Wettbewerbsverstoß, hier auf einer sonstigen zivilrechtlichen Pflicht). Die zivilrechtliche Sanktion hat üblicherweise die Form einer Geldzahlung, meist zur Wiedergutmachung eines entstandenen Schadens.

Die staatlichen Sanktionen haben naturgemäß einen erheblichen Einfluss auf die zivilrechtlichen Möglichkeiten, die Geschädigte und Konkurrenten haben: Ist das Verhalten eines Marktteilnehmers von der Aufsicht gerügt worden, ist der Beleg der Unrechtmäßigkeit regelmäßig schon gegeben.

1.12.2 Sanktionen im Versicherungsrecht

Die Möglichkeit zu hoheitlichen Sanktionen muss – wie im Abschnitt 1.12.1.1 bereits erwähnt – im Gesetz bestimmt gewesen sein, bevor die Handlung oder Unterlassung, die dann zu einer solchen Sanktion führt, ausgeführt wurde, §1 StGB und §3 OWiG.

Im Versicherungsrecht kommen hierfür – neben dem Strafgesetzbuch – wieder die beiden hoheitlichen Gesetze infrage, nämlich das VAG (für Versicherungsunternehmen) und die GewO (für Versicherungsmakler, – vertreter und -berater).

Das Sanktionsgefüge ist grundsätzlich – und ganz besonders im Versicherungsbereich – außerordentlich komplex gestaltet. In diesem Kapitel sollen deshalb »nur« diejenigen Vorschriften besprochen werden, die in einem engeren Zusammenhang mit dem *Vertrieb* von Versicherungsprodukten stehen. Vergehen und Verstöße gegen Vorschriften der Solvenz-Richtlinie werden deshalb ebenso wenig besprochen wie alle anderen sanktionsbewehrten Verhalten, die nicht mit dem »Vertrieb« zusammenhängen.

Bemerkenswert ist, dass Verstöße gegen die Solvency-Regeln und gegen die Regelungen zum Vertrieb von Versicherungsanlageprodukten mit harschen Sanktionsmöglichkeiten belegt sind, was die Höhe der Bußgelder betrifft, die anderen Bereiche des neuen Rechts aber im bisherigen, sehr viel »sanfteren« Bewertungsgefüge verblieben sind. »Auf Augenhöhe« sind die Verwaltungssanktionen, die Verstöße gegen VAG und VVG zum Ausgangspunkt nehmen – fast alle Regelungen der IDD sind in diese beiden Gesetze inkorporiert worden.

1.12.3 Strafrechtliche und bußgeldbewehrte Sanktionen im VAG

Im VAG sind Verstöße gegen Regeln mit Sanktionen belegt, die in diesem Gesetz, also im VAG, oder im VVG normiert wurden, soweit sie Versicherungsunternehmen betreffen.

Strafrechtliche Sanktionen, also Freiheits- oder Geldstrafen, sind für den Bereich des Versicherungsvertriebsrechts in §331 VAG geregelt. In erster Linie ist hier der Erlaubnisvorbehalt des VAG geschützt, d.h., es wird die unerlaubte Aufnahme eines Versicherungsbetriebes sanktioniert. Der Strafrahmen geht bis zu 5 Jahren Freiheitsstrafe.

»Beharrliche Wiederholungen« von weniger schutzwürdig erachteten Pflichten führen ebenfalls zur Androhung von Freiheitsstrafen.

Die Bußgelder, die von der BaFin verhängt werden können, sind erheblich. Insoweit hat es in letzter Zeit bezüglich der Höhe der möglichen Bußgelder eine rasante Entwicklung hin zu sehr ernsthaften Größenordnungen gegeben. Das hängt mit der seit der Finanzkrise leicht geänderten Zielsetzung des Versicherungsvertriebsrechts zusammen; der Verbraucherschutz im Finanzbereich soll gestärkt werden und die Vertriebsrichtlinie ist ein Teil der europäischen Finanzaufsicht[151]. Die Bußgelder reichen in ihrem Höchstrahmen von 50.000,- Euro bis 5 Millionen Euro. Alternativ können auch bis zu 15% des Umsatzes als Bußgeld festgesetzt werden. Zusätzlich (!) kann bis zum Zweifachen (in Ausnahmefällen: Dreifachen) des erzielten Gewinns beziehungsweise des vermiedenen Verlusts eine weitere Buße ausgesprochen werden; der Gewinn beziehungsweise der vermiedene Verlust können geschätzt werden, §332 Abs. 7 VAG.

Im Einzelnen sind Verstöße gegen folgende Regeln sanktionsbewehrt:

- §1a Abs. 3 VVG – redliche und eindeutige Information an den Versicherungsnehmer.
  Bußgeldbewehrt mit bis zu 500.000,- Euro[152]
- §7b Abs. 1 S.1 VVG – angemessene Informationen über den Vertrieb von Versicherungsanlageprodukten sowie über sämtliche Kosten und Gebühren
  Bußgeldbewehrt mit bis zu 500.000,- Euro[153]
- §7c Abs. 1 S.1 VVG – Erfragen der Kenntnisse des Versicherungsnehmers
  Bußgeldbewehrt mit bis zu 500.000,- Euro[154]
- §7c Abs. 1 S.2 VVG – »richtige« Empfehlung
  Bußgeldbewehrt mit bis zu 500.000,- Euro[155]
- §7c Abs. 5 S.3 VVG – Übergabe des erteilten Rates auf einem dauerhaften Datenträger an den Versicherungsnehmer
  Bußgeldbewehrt mit bis zu 500.000,- Euro[156]
- §7c Abs. 4 S.1 VVG – Aufzeichnung der Vereinbarungen mit dem Versicherungsnehmer
  Bußgeldbewehrt mit bis zu 500.000,- Euro[157]
- §48 Abs. 1 Nr. 1 oder 2 VAG – Zusammenarbeit mit Vermittlern nur, wenn diese im Besitz einer Erlaubnis sind oder ausreichend zuverlässig sind, angemessene Vermögensverhältnisse vorweisen können, ausreichend qualifiziert und regelmäßig weitergebildet sind.
  Bußgeldbewehrt mit bis zu 500.000,- Euro[158]

151 Siehe Kapitel 1.1.2.
152 §332 Abs. 3 Nr. 3a i.V.m. Abs. 5 Alternative 3.
153 §332 Abs. 3 Nr. 3b i.V.m. Abs. 5 Alternative 3.
154 Wie FN zuvor.
155 Wie FN zuvor.
156 Wie FN zuvor.
157 §332 Abs. 3 Nr. 3c i.V.m. Abs. 5 Alternative 3.
158 §332 Abs. 3 Nr. 3 i.V.m. Abs. 5 Alternative 3.

Eine Erhöhung gegenüber juristischen Personen oder Personenvereinigungen (also Unternehmen in der Rechtsform z. B. einer AG oder einer GmbH oder eines VVaG) ist bis zu einem Bußgeld von 5 Millionen Euro möglich[159].
Die oben genannten Bußgelder können aufgrund des Absatzes 6d auf 5 Millionen Euro bzw. 5 Prozent des im vorigen Geschäftsjahres erzielten Umsatzes erhöht werden.

Ferner sind die Verstöße gegen folgende Bestimmungen sanktionsbewehrt:

- §48b VAG – Provisionsabgabeverbot
  Bußgeldbewehrt mit bis zu 50.000,- Euro[160]
- §48c VAG – Durchleitungsgebot
  Bußgeldbewehrt mit bis zu 50.000,- Euro[161]

Stark vereinfacht kann man also sagen, dass sich der Rahmen der zu verhängenden Bußgelder zwischen 50.000,- und 5 Millionen Euro bewegt. Zusätzlich können – abhängig vom Verstoß – teilweise erzielte Gewinne abgeschöpft werden.

1.12.4 Strafrechtliche und Bußgeldbewehrte Sanktionen in der GewO

Strafrechtliche Sanktionen sind in der Gewerbeordnung für beharrliche Wiederholungen von an sich bußgeldbewehrten Verstößen vorgesehen. Der Strafrahmen reicht bis zu einem Jahr Freiheitsstrafe; lediglich die falsche Prüfung im Rahmen der Makler- und Bauträger-VO wird mit bis zu drei Jahren Freiheitsstrafe bedroht. Sofern durch eine an sich bußgeldbewehrte Handlung oder Unterlassung Leben und Gesundheit eines anderen oder fremde Sachen von bedeutendem Wert gefährdet werden, muss der Verursacher ebenfalls mit strafrechtlicher Verfolgung und einer Strafe bis zu einem Jahr Freiheitsstrafe rechnen.

Der Bußgeldrahmen der GewO ist grundsätzlich und deutlich niedriger als derjenige des VAG.

Im Einzelnen sind Verstöße gegen folgende Regeln sanktionsbewehrt:

- §34d Abs. 1 S. 1 und Absatz 2 S. 1 – agieren als Versicherungsvermittler oder -berater ohne entsprechende Erlaubnis
  Bußgeldbewehrt mit bis zu 5.000,- Euro[162]

159 §332 Abs. 3 Nr. 3c i. V. m. Abs. 5 Satz 2.
160 §332 Abs. 1 Nr. 2a i. V. m. Abs. 5 Alternative 6.
161 §332 Abs. 1 Nr. 2b i. V. m Abs. 5 Alternative 6.
162 §144 Abs. 1 Nr. 1 Buchstaben j und k GewO.

- Der Verstoß gegen die (neue) VersVermV, die aufgrund §34e GewO erlassen werden wird. Diese VO wird sich umfangreich äußern[163] zu
  - Qualifikation, Weiterbildung, Geschäftsorganisation, Buchführungspflicht, Beschwerdemanagement, Interessenkonflikten und Haftpflichtversicherungsfragen,
  - zu Sanktionen bei Verstößen gegen das Basisinformationsblatt
  - zum Umgang mit Vermögenswerten des VN durch den Versicherungsvermittler
  - zur wirtschaftlichen Unabhängigkeit des Versicherungsberaters

  Bußgeldbewehrt mit bis zu 3.000,- Euro[164]
- §34d Abs. 1 S. 7 – Provisionsabgabeverbot
  Bußgeldbewehrt mit bis zu 5.000,- Euro[165]
- §34d Abs. 2 S. 4 – Annahme einer Zuwendung
  Bußgeldbewehrt mit bis zu 5.000,- Euro[166]
- §34d Abs. 2 S. 6 – Veranlassung der richtigen Auskehrung der Zuwendung
  Bußgeldbewehrt mit bis zu 5.000,- Euro[167]
- §34d Abs. 10 S. 1 – Eintragung des Versicherungsvertreibers und der Leitenden für den Vertrieb ins Register
  Bußgeldbewehrt mit bis zu 5.000,- Euro[168]

Sehr viel heftiger sind die Bußgeldandrohungen für Verstöße beim Vertrieb von Versicherungsanlageprodukten:

- §59 Abs. 1 S. 2 VVG in Verbindung mit §7c Abs. 1 S. 1 und 2 VVG – Erfragen der Kenntnis des VN und Abgabe einer »richtigen« Empfehlung
  Bußgeldbewehrt mit bis zu 500.000,- Euro[169]
  Dieser Wert kann gegenüber juristischen Personen aufgestockt werden auf 5 Millionen Euro[170].

Auch die VersVermV sieht Bußgeldandrohungen und in Ausnahmefällen sogar strafrechtliche Sanktionen vor. Schon nach altem Recht war die unrichtige Information des Versicherungsnehmers im Sinne des §11 VersVermV mit einem *Bußgeld bis zu 3.000,- Euro bewehrt.*[171] Es ist durchaus vorstellbar, dass der Straf- und Bußgeldrahmen der zu erwartenden neuen VersVermV sich demjenigen des VAG annähert.

163 Vgl. den Katalog in §34e Abs. 1 und 2 GewO sowie Kapitel 6 »Verhältnis zur Aufsicht«.
164 §144 Abs. 2 Nr. 1b.
165 §144 Abs. 2 Nr. 7.
166 §144 Abs. 2 Nr. 7a GewO.
167 §144 Abs. 2 Nr. 7b GewO.
168 §144 Abs. 2 Nr. 8 und 9 GewO.
169 §147c GewO.
170 §30 Abs. 2 Satz 3 OWiG.
171 §18 Abs. 1 Nr. 1 VersVermV i. V. m. §144 Abs. 2 Nr. 1b i. V. m. §144 Abs. 4 GewO.

Zur folgenden Tabelle noch ein Hinweis: Für die meisten Tatbestände können die Bußgelder für juristische Personen nochmals erhöht werden und zusätzlich kann bei einigen Tatbeständen der erzielte Gewinn bzw. der vermiedene Verlust bis zu seiner dreifachen Höhe abgeschöpft werden.

Straf- und Bußgelder, geschützte Rechtsgüter

Schutzgut	Straf- und Bußgeldandrohung/Verwaltungssanktionen	Wo beschrieben	»Pranger-Funktion«
Strafrecht	**Strafrecht**	**Strafrecht**	**Strafrecht**
Erlaubnisvorbehalt	5 Jahre Freiheitsstrafe	§331 VAG	Ja, §319 VAG
Verstoß gegen AR-Pflichten mit Vermögensvorteil	1 Jahr Freiheitsstrafe	§331 Abs. 2a VAG	Ja, §319 VAG
Beharrliches Wiederholen von bußgeldbewehrten Verstößen	1 Jahr Freiheitsstrafe	§148 GewO	Bedingt öffentlich §149 GewO
Ordnungswidrigkeit	**Ordnungswidrigkeit**	**Ordnungswidrigkeit**	**Ordnungswidrigkeit**
VAG	**VAG**	**VAG**	**VAG**
Redliche Info an VN, §1a III VVG	500.000,- Euro	§332 III Nr. 3a VAG	Ja, §319 VAG
Angemessene Info, §7b VVG	500.000,- Euro	§332 II Nr. 3b VAG	Ja, §319 VAG
Nicht Erfragen der Kenntnisse des VN, §7c VVG	500.000,- Euro	§332 III Nr. 3b VAG	Ja, §319 VAG
»Richtige« Empfehlung, §7c VVG	500.000,- Euro	§332 III Nr. 3b VAG	Ja, §319 VAG
Nichtübergabe Datenträger, §7c VVG	500.000,- Euro	§332 III Nr. 3b VAG	Ja, §319 VAG
Nicht dokumentieren, §7c VVG	500.000,- Euro	§332 III Nr. 3c VAG	Ja, §319 VAG
Zusammenarbeit mit ungeeigneten Vermittlern, §48 VAG	500.000,- Euro	§332 III Nr. 3 VAG	Ja, §319 VAG
Verstoß gegen Provisionsabgabeverbot, §48b VAG	50.000,- Euro	§332 I Nr. 2a VAG	Ja, §319 VAG

Straf- und Bußgelder, geschützte Rechtsgüter

Schutzgut	**Straf- und Bußgeldandrohung/Verwaltungssanktionen**	**Wo beschrieben**	**»Pranger-Funktion«**
Verstoß gegen Provisionsdurchleitungsgebot, §48c VAG	50.000,- Euro	§332 I Nr. 2b VAG	Ja, §319 VAG
Gewerberecht	**Gewerberecht**	**Gewerberecht**	**Gewerberecht**
Erlaubnisvorbehalt, §34d I oder II GewO	5.000,- Euro	§144 I Nr. 1 GewO	Bedingt, §149 GewO
Verstoß gegen VersVermV, §18 VersVermV	3.000,- Euro	§144 II Nr. 1b GewO	Bedingt, §149 GewO
Verstoß gegen Provisionsabgabeverbot, §34d, I, S.7 GewO	5.000,- Euro	§144 II Nr. 7 GewO	Bedingt, §149 GewO
Annahme einer Zuwendung, §34d, II, S.4 GewO	5.000,- Euro	§144 II Nr. 7a GewO	Bedingt, §149 GewO
Veranlassung unrichtiger Auskehrung, §34d II S.6 GewO	5.000,- Euro	§144 II Nr. 7b GewO	Bedingt, §149 GewO
Nichteintragung, §34d, X GewO	5.000,- Euro	§144 II Nr. 8, 9 GewO	Bedingt, §149 GewO
Nicht Erfragen der Kenntnisse des VN, §7c VVG	500.000,- Euro	§147c GewO	Bedingt, §149 GewO
»Richtige« Empfehlung, §7c VVG	500.000,- Euro	§147c GewO	Bedingt, §149 GewO

1.12.5 Verwaltungssanktionen im VAG

Über Bußgelder und Strafen wird gelegentlich in der Presse berichtet; die rein verwaltungstechnischen Sanktionsmöglichkeiten werden darüber häufig vergessen. Das aber wäre ein Fehler: Schon eine Sonderprüfung, jedenfalls aber eine Rüge kann Anlass für den Wettbewerb sein, Unterlassung oder Schadenersatz zu begehren. Werden solche Verwaltungssanktionen zudem öffentlich gemacht (vgl. Kapitel 1.12.8) ist darüber hinaus mit einem erheblichen Reputationsschaden zu rechnen. Zudem sind Sonderprüfungen mit einem ganz erheblichen Aufwand verbunden. Vor allem kleinere Unternehmen können durch die notwendige Mithilfe bei einer Sonderprüfung so viel zusätzlichen Aufwand haben, dass ihre Vertriebsaktivität darunter massiv leidet. Unter anderem deshalb ist es für Versicherungsmakler so wichtig, in den vertraglichen Vereinbarungen mit Versicherern sicherzustellen, dass aufsichtsrechtliche Prüfungskompetenzen nicht auf den Makler ausgeweitet werden.

Die BaFin als Aufsichtsbehörde des VAG ist dem Hauptziel des §294 VAG verpflichtet:

> *Schutz der Versicherungsnehmer und der Begünstigten von Versicherungsleistungen.*[172]

In den danach folgenden Vorschriften werden der BaFin wirksame Mittel zur Durchsetzung an die Hand gegeben:

- §298 Abs. 1 VAG:
  »gegenüber Erstversicherungsunternehmen, den Mitgliedern ihres Vorstandes sowie sonstigen Geschäftsleitern und den die Erstversicherungsunternehmen kontrollierenden Personen kann die Aufsichtsbehörde alle Maßnahmen ergreifen, die geeignet und erforderlich sind, um Missstände zu vermeiden oder zu beseitigen.«
- §300 VAG
  §300 VAG räumt die Möglichkeit ein, den Geschäftsplan ändern zu lassen. Sofern nötig, kann die BaFin den existierenden Geschäftsplan sogar rückwirkend ändern und aufheben.
- §§301, 302 VAG
  Die beiden Normen geben der BaFin die Möglichkeit, Kapitalaufstockungen und Beteiligungen zu beeinflussen — eine Sanktionsmöglichkeit, die für Vertriebssteuerungsmaßnahmen allerdings wohl eher unwahrscheinlich ist.
- §303 VAG
  §303 VAG gibt der BaFin die Möglichkeit, Personen mit Schlüsselfunktionen in Versicherungsunternehmen zu verwarnen oder sogar abzuberufen. Die IDD ist nicht in den Katalog besonders erwähnter Richtlinien aufgenommen worden, was aber auch nicht nötig ist, da Verstöße gegen das VAG und das VVG an erster Stelle als Grund für eine Verwarnung oder Abberufung genannt sind. Nachdem fast alle Regelungen des neuen Rechts in diesen

172 §294 Abs. 1 VAG.

beiden Gesetzen ihren Niederschlag gefunden haben — vor allem die Wohlverhaltensregel — kann ein Verstoß hiergegen diese Sanktionen auslösen.

- §304 VAG
  §304 VAG regelt den Widerruf der Erlaubnis.
- §307 VAG
  §307 VAG gibt der BaFin die Möglichkeit, einen Sonderbeauftragten anstelle des Organs einzusetzen.
- §§305 und 306
  Die beiden Normen regeln Frage- und Durchsuchungsrechte der BaFin.

Die weiteren Bestimmungen befassen sich mit unerlaubten Versicherungsgeschäften, Sonderfällen aus dem PRIIP-Bereich, regeln die Verschwiegenheitspflicht und schließen die aufschiebende Wirkung von Rechtsbehelfen gegen Verwaltungsakte der BaFin aus.

1.12.6 Verwaltungssanktionen in der GewO

Das Gewerberecht ist von seinem Charakter her eher ein Recht, das Betätigung *ermöglicht*. Das heißt nicht, dass Verstöße nicht auch geahndet werden, der in Kapitel 1.12.4 vorgestellte Katalog ist ja umfassend. Aber so differenziert wie im VAG sind die Verwaltungssanktionen nicht; sie beschränken sich im Wesentlichen auf die Frage der Zuverlässigkeit und den damit verbundenen Widerruf der Erlaubnis.

Missachten Versicherungsvermittler die gesetzliche Anordnung, so stellen sie damit selbst ihre gewerberechtliche Zuverlässigkeit infrage. Der entsprechende §35 GewO lautet auszugsweise:

> *Die Ausübung des Gewerbes ist von der zuständigen Behörde ganz oder teilweise zu untersagen, wenn Tatsachen vorliegen, welche die Unzuverlässigkeit des Gewerbetreibenden ... dartun ...*

»Zuverlässigkeit« ist ein auslegungsbedürftiger Rechtsbegriff. Natürlich gibt es hierzu Rechtsprechung und Literatur[173] – schließlich ist dieser gewerberechtliche Begriff schon sehr lange bekannt. In die spezifisch versicherungsrechtliche Auslegung dürften sich nun aber vor allem die Interpretation der Wohlverhaltensregel – ehrlich, redlich, professionell im bestmöglichen Kun-

173 Vgl. statt aller die Hinweise bei Tettinger/Wank/Ennuschat, Kommentar zur GewO, Rdnr. 27 ff. zu §35.

deninteresse – und anderer Begriffe aus der IDD einbringen. Vor allem Verstöße gegen das vorgeschriebene Vergütungsgefüge werden Fragen zur Zuverlässigkeit auslösen.

Schutzgut	**Straf- und Bußgeldandrohung/Verwaltungssanktionen**	**Wo beschrieben**	**»Pranger-Funktion«**
Verwaltungssanktionen	**Verwaltungssanktionen**	**Verwaltungssanktionen**	**Verwaltungssanktionen**
Missstände vermeiden	Sämtliche erforderliche Maßnahmen	§ 298 I VAG	Ja, § 319 VAG
Richtiger Geschäftsplan	Änderung	§ 300 VAG	Ja, § 319 VAG
Kapitalaufstockung und Beteiligungen	Änderung	§§ 301, 302 VAG	Ja, § 319 VAG
Regelgerechtes Verhalten	Ermahnung und Abberufung von Personen mit Schlüsselfunktion	§ 303 VAG	Ja, § 319 VAG
Erlaubnis	Widerruf	§ 304 VAG	Ja, § 319 VAG
Regelgerechtes Verhalten	Einsetzung eines Sonderbeauftragten anstelle Organ	§ 307 VAG	Ja, § 319 VAG
Regelgerechtes Verhalten	Frage- und Durchsuchungsrechte	§§ 305, 306	Nein
Zuverlässigkeit	Untersagung	§ 35 GewO	Bedingt, § 149 GewO

1.12.7 Weitere (versicherungsrechtliche) Regeln, die Bußgelder androhen

In der »Verordnung über Basisinformationsblätter für verpackte Anlageprodukte für Kleinanleger und für Versicherungsanlageprodukte«[174] ist festgelegt, dass ein Verstoß gegen die Regeln zum Basisinformationsblatt *mit bis zu 5 Millionen Euro* gegenüber juristischen Personen und *mit bis zu 700.000,-* Euro gegenüber natürlichen Personen geahndet werden kann. Da die Verordnung unmittelbar geltendes Recht in Deutschland ist, kann eine Behörde – BaFin

174 Verordnung (EU) 1286/2014 vom 26. November 2014.

oder IHK – auf ihrer Basis entsprechende Bußgelder verhängen. Die Möglichkeiten der Verwaltungssanktionierung sind durch §308a VAG in deutsches Recht übernommen worden.

Ganz neu hinzugekommen ist eine drastische Verschärfung der Bußgeldvorschriften im Datenschutz: Bis Mai 2018 gelten Maximalgrenzen bis zu 300.000,- Euro, ab Mai 2018 werden diese auf bis zu 20 Millionen Euro angehoben! Da Versicherungsvertreiber notwendigerweise mit einer Vielzahl von Daten umgehen, erscheint der Hinweis auf die neue Datenschutzgrundverordnung (DS-GVO) und das korrespondierend geänderte BDSG[175] sinnvoll.

1.12.8 Bewertung

Die Bußgelder haben sich dort, wo dies die europäischen Regularien verlangen, erheblich erhöht. Sie haben jetzt den Charakter von Wirksamkeit, Verhältnismäßigkeit und Abschreckung, den die IDD erwartet. Immerhin hat die Richtlinie den Sanktionen ein ganzes Kapitel gewidmet und in sechs Artikeln beschrieben, wie sich der Richtliniengeber die Sanktionen vorstellt[176].

Gemessen an dem Anspruch der Wirksamkeit und Abschreckung, den der Richtliniengeber erwartet, ist die Umsetzung möglicherweise noch nicht zu Ende: Derzeit ist noch eine erhebliche Diskrepanz im Sanktionsgefüge zwischen VAG einerseits und GewO andererseits zu beobachten. Vor allem die Verwaltungssanktionen sind im Gewerberecht wenig ausdifferenziert.

Auch das Öffentlichmachen, also die Pranger Funktion, ist im Gewerberecht noch unvollständig geregelt, wenn man sich die Vorgaben der IDD vor Augen hält: Artikel 32 schreibt vor, dass »Verwaltungssanktionen und andere Maßnahmen ... umgehend öffentlich bekannt (gemacht) werden«. Die Eintragung in das Gewerbezentralregister erfullt diese Forderung der IDD nur bedingt.

Im Zuge der Umsetzung der PRIIP-Vorschriften ist eine Veröffentlichungsmöglichkeit der BaFin ins VAG übernommen worden (§308a Nr. 4 VAG). Sie ist noch nicht so ausdifferenziert wie §40b WpHG und nicht so umfänglich wie man das nach dem Wortlaut des Kapitels VII der IDD erwarten konnte. Es ist also damit zu rechnen, dass entsprechende weitergehende Regelungen in das VAG bzw. die GewO aufgenommen werden.

175 BDSG in der Fassung vom 17. April 2017, BT-DRS 18/12084 und DSGVO Richtlinie (EU) 2016/680.
176 Kapitel VII, Art. 31–36 IDD. Erwägungsgründe 57–67.

Bußgelder, fast mehr noch aber Verwaltungssanktionen haben das Potenzial, zivilrechtliche Ansprüche, vor allem Unterlassungsansprüche zu befördern oder sogar auszulösen. Dieser Wirkungszusammenhang sollte unbedingt beachtet werden.

Zivilrechtliche Unterlassungs- und Schadenersatzansprüche schließlich können empfindliche Eingriffe in die Geschäftsorganisation des unlauter Handelnden darstellen und durchaus erhebliche Geldbeträge, sowohl in den Unterlassungsverfügungen als auch im Schadenersatzrecht, beinhalten.

1.13 Verhältnis zur Aufsicht

1.13.1 Aufsichtsbehörden, ihre Rechtsgrundlagen und Aufgaben

Im Bereich des Versicherungsvertriebs gibt es zwei nationale Aufsichtsbehörden:

- Die »Bundesanstalt für Finanzdienstleistungsaufsicht« (BaFin) ist aufgrund des Finanzdienstleistungsaufsichtsgesetzes (FinDAG)[177] und als Nachfolgerin des »Bundesamtes für das Versicherungswesen« (BAV) entstanden. Sie beaufsichtigt Versicherungsunternehmen, die im Inland ihren Sitz oder eine Niederlassung haben, inklusive möglicher Holdinggesellschaften (§320 Abs. 1 VAG), soweit es sich nicht um Unternehmen von geringerer wirtschaftlicher Bedeutung handelt, deren Aufsicht den Landesaufsichtsbehörden zugewiesen ist, §321, Abs. 1 VAG.
  Die BaFin ist eine Bundesbehörde. Sie untersteht dem Bundesfinanzministerium, §2 FinDAG.
  Die BaFin ist *»dem Schutz der kollektiven Verbraucherinteressen verpflichtet.«§4 Abs. 1a S. 1 FinDAG.*
- Die Industrie- und Handelskammern sind durch das IHKG[178] reguliert und die gewerberechtlichen Erlaubnisbehörden für Versicherungsmakler, Versicherungsvertreter und Versicherungsberater, §34d Abs. 1 und 2 GewO.
  Die IHK sind Selbstverwaltungseinrichtungen der Wirtschaft. Sie sind Anstalten öffentlichen Rechts, §3 Abs. 1 IHKG. Sie unterliegen der jeweiligen Landesaufsicht[179].

177 Gesetz über die Bundesanstalt für Finanzdienstleistungsaufsicht vom 22. April 2002, (BGBL I 310) in der Fassung des Gesetzes vom 18.7.2016 BGBL. I 1666.

178 Gesetz zur Regelung des vorläufigen Rechts der Industrie- und Handelskammern in der bereinigten Fassung vom 23. März 2017 (BGBL. I 626).

179 §12 IHKG und die jeweiligen Landesgesetze.

Die IHKs haben »*die Aufgabe, das Gesamtinteresse der ihnen zugehörigen Gewerbetreibenden ihres Bezirkes wahrzunehmen, für die Förderung der gewerblichen Wirtschaft zu wirken und dabei die wirtschaftlichen Interessen einzelner Gewerbezweige oder Betriebe abwägend und ausgleichend zu berücksichtigen; dabei obliegt es ihnen insbesondere, durch Vorschläge, Gutachten und Berichte die Behörden zu unterstützen und zu beraten sowie für Wahrung von Anstand und Sitte des ehrbaren Kaufmanns zu wirken«, § 1 Abs. 1 IHKG.*

Schließlich gibt es noch eine europäische »Aufsichtsbehörde«:

Die »European Insurance and Occupational Pensions Authority« – EIOPA – ist aufgrund einer europäischen Verordnung[180] entstanden. Sie ist keine »Aufsichtsbehörde« im eigentlichen Sinne. Vielmehr legt die EIOPA Aufsichtsanforderungen aus, gibt also den nationalen Behörden einen Rahmen, innerhalb dessen sie sich bewegen sollten.

Der wesentliche Kern der Tätigkeit von EIOPA wird in der sie gründenden Verordnung so formuliert:

> *... das öffentliche Interesse zu schützen, indem sie für die Wirtschaft der Union, ihre Bürger und Unternehmen zur kurz-, mittel- und langfristigen Stabilität und Effizienz des Finanzsystems beiträgt. Art. 1 Abs. 6 VO (EU) 1094/2010.*

EIOPA ist zugleich Teil des Europäischen Systems der Finanzaufsicht (ESFS)[181].

Durch Artikel 13 der IDD sind alle diese Behörden zur Zusammenarbeit verpflichtet. Für die BaFin ist das im VAG geregelt[182]; für die IHK fehlt eine entsprechende Vorschrift. Die Verpflichtung der EIOPA zur Zusammenarbeit ergibt sich aus der oben genannten Verordnung, insbesondere aus Artikel 8 und 9 sowie aus den jeweiligen Einzelgesetzen, z. B. aus Artikel 13 der IDD.

Bewertung

Obwohl diese Darstellung sehr rudimentär bleibt und der Komplexität keinesfalls angemessen ist, zeigt sie,

- dass die verschiedenen Behörden z. T. unterschiedliche Aufgaben haben – »Förderung der Wirtschaft« ist nicht notwendigerweise das Gleiche wie »Schutz des öffentlichen Interesses« oder »Schutz der Verbraucherinteressen«,

180 Verordnung (EU) 1094/2010 vom 24. November 2010.
181 Art. 2 der VO (EU) 1094/2010.
182 Teil 6, Abschnitt 2 VAG (§§ 326–330).

- dass die Aufsichtsbehörden unterschiedlichen Rechts- und Fachaufsichten unterliegen (die IHK sogar den unterschiedlichen Länderaufsichten) und
- dass ihre Koordination untereinander nur teilweise geregelt ist.

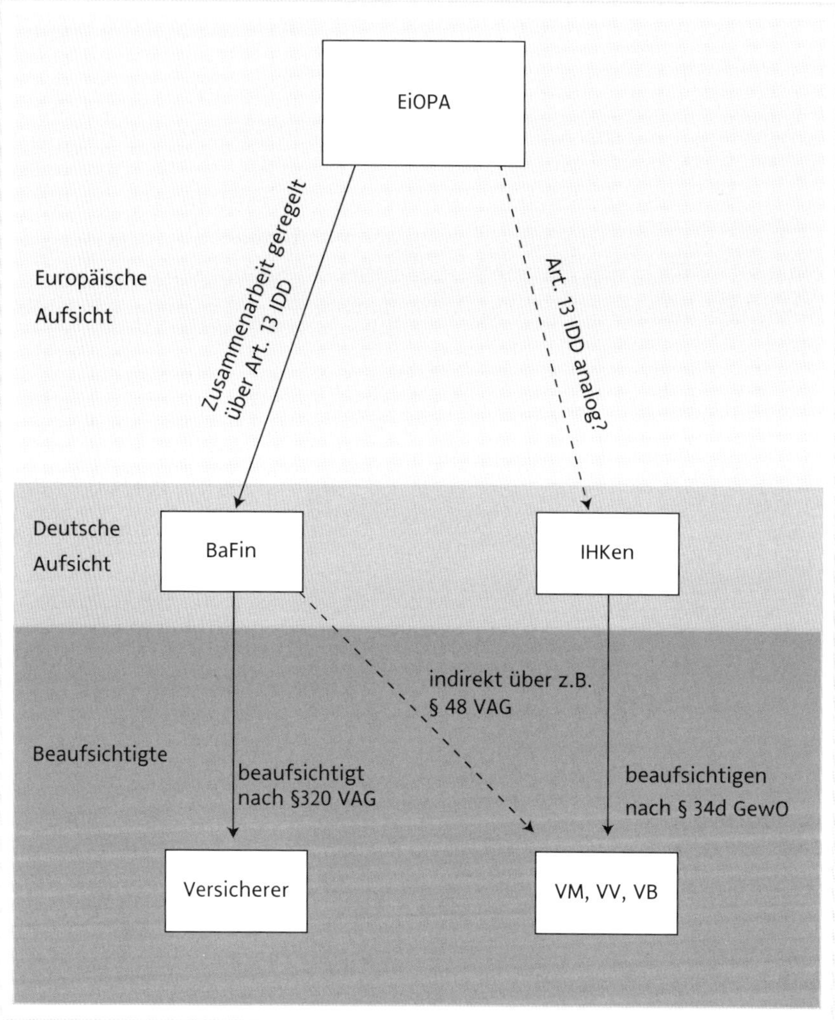

Abb. 13: Gefüge der Versicherungsaufsicht

Das macht die Zusammenarbeit nicht einfach, zumal die Umsetzung der IDD dazu geführt hat, dass einige Aufsichtsbereiche sowohl von der BaFin als auch von den IHKs »bedient« werden sollen (Produktfreigabeverfahren, Angemessenheit der Vergütung u. a.). Dann ist die Abstimmung der Aufsichtsbehörden untereinander natürlich von entscheidender Bedeutung.

1.13.2 Prinzip der Aufsicht

Lange Zeit bestand in der Versicherungswirtschaft das Prinzip der »materiellen Staatsaufsicht«: Die zuständige Behörde[183] prüfte, ob eine Versicherungsbedingung und der hierfür verlangte Preis den Vorgaben der Aufsicht entsprachen. In der Zeit der »vorgelagerten materiellen Staatsaufsicht«[184] durften die Bedingungen erst nach entsprechender Genehmigung angewandt werden; nach den Liberalisierungsrichtlinien Ende der 1970iger Jahren[185] gab es dann die »nachgelagerte materielle Staatsaufsicht«; Bedingungen – und gelegentlich auch schon Geschäftsprozesse – wurden nachträglich auf ihre Vereinbarkeit mit den Vorgaben des Amtes überprüft.

Heute gilt eine »prinzipienbasierte Aufsicht«. In diesem System formuliert die Aufsicht Ziele; die Unternehmen müssen diese Zielvorgabe entsprechend ihrer Risikosituation umsetzen[186]. Sowohl für die Aufsicht als auch für die beaufsichtigten Unternehmen bedeutete das mehr Freiheit, mehr Handlungsspielraum, aber natürlich auch schwierigere Bewertungssituationen.

Die wichtigste Ausprägung der prinzipienbasierten Aufsicht ist damit, dass den Unternehmen vorgegeben wird, Geschäftsorganisationen oder Prozesse einzurichten, zu nutzen und ständig zu verbessern, die sicherstellen, dass die Einzelabläufe insgesamt den Zielen entsprechen. Das wurde umgesetzt im §23 VAG a.F., also schon 2016, und setzt sich mit der IDD fort. Zunächst wieder im §23 VAG, also im Aufsichtsrecht, dann aber auch im §1a VVG, also im Zivilrecht. Generell kann man sagen, dass an allen Stellen, in denen von »Geschäftsorganisation« oder »Prozess« die Rede ist, die prinzipienbasierte Aufsicht ihren Niederschlag gefunden hat. Das gilt auch für das Gewerberecht; unter anderem wird (wohl in §14) die VersVermV eine Bestimmung über die Geschäftsorganisation der Versicherungsmakler, -vertreter und -berater enthalten.

»Prinzipienbasiert« könnte man also auch übersetzen mit »ablauforientiert/prozessorientiert«. Eine solche Sichtweise ist der deutschen Versicherungswirtschaft nicht besonders geläufig. In Deutschland bestand eben über sehr

183 Das war damals das »Bundesamt für das Versicherungswesen« (BAV) als Nachfolgerin des erst »kaiserlichen-« später »Reichs-Aufsichtsamtes«.

184 Der damalige Präsident des BAV, Dr. Helmut Müller, sprach von »präventiver Produkt- und Tarifkontrolle«. Vgl. Helmut Müller: Rechtliche Grundlagen des Europäischen Versicherungsbinnenmarktes, veröffentlicht durch die Hamburger Gesellschaft zur Förderung des Versicherungswesens.

185 Erste Richtlinie 73/239/EWG des Rates vom 24.07.1973 zur Koordinierung der Rechts- und Verwaltungsvorschriften betreffend die Aufnahme und Ausübung der Tätigkeit der Direktversicherung (mit Ausnahme der Lebensversicherung), ABl. EG Nr. L 228/3 v. 16.08.1973.

186 Vgl. BaFin-Journal 09/11, S.12.

lange Zeit eine regelbasierte oder materielle Aufsicht. Dementsprechend trafen Aufsicht und Aufsichtssubjekte (bis 2007 nur Versicherer, seitdem auch Versicherungsmakler, -vertreter und -berater) ihre aufsichtsrelevanten Entscheidungen auf Basis von Einzelfällen. Die Verwendung von Algorithmen kam früher natürlich gar nicht infrage; sie ist aber auch heute immer noch nicht so verbreitet, wie es die enorme Datenmenge suggerieren würde, welche die Versicherungswirtschaft bewegt.

Vergleicht man die Arbeitsweise der Versicherungswirtschaft mit der im Bereich der industriellen Fertigung, tun sich Differenzen zulasten der Versicherungswirtschaft auf. Anders ausgedrückt: Eine »Fertigung industriellen Zuschnitts« ist erst in Anfängen zu beobachten. Gemeint sind damit Herstellungsmethoden, die das herzustellende Produkt, seine Zuliefer- oder Einzelteile, ihren Zusammenbau inklusive der dafür vorgesehenen Drücke, Gewichte, Maße in allen Einzelheiten festlegen und nur solche Produkte in den Verkehr bringen, die diesen Vorgaben vollständig entsprechen. Deshalb sind die meisten industriell gefertigten Produkte auch sofort nutzbar; die Fehlerquote ist gering. Das gilt von relativ einfachen Dingen wie Glühbirnen[187] über andere technische Geräte wie Kaffeemaschinen und Ähnliches bis hin zu komplexen Produkten wie Autos und Flugzeugen: Ihnen allen ist gemeinsam, dass sie am Ende ihres Fertigungsprozesses nur noch mit Energie verbunden werden müssen und dann »einfach so« funktionieren.

Deshalb liegt in der Genauigkeit der Beschreibung des Endprodukts und seiner Herstellung eine Chance für die Versicherungswirtschaft[188]. Zugleich ist die dafür nötige Durchdringung und Beschreibung des »Herstellungsprozesses« auch der Schlüssel zum Umgang mit der Aufsicht:

Die Aufsicht wird sich zunehmend mit einem ganzheitlichen, vom Ergebnis her gedachten Ansatz beschäftigen. Sie wird sich ansehen, ob die Geschäftsorganisation so gestaltet ist, dass das richtige Ergebnis nahezu garantiert ist, nämlich:

- ein den Wünschen und Bedürfnissen des Kunden entsprechendes Versicherungsprodukt,
- das zielmarktorientiert ausgearbeitet wurde und
- dem Kunden in ehrlicher, redlicher und professioneller Weise in dessen bestmöglichem Interesse vermittelt worden ist.

187 Die korrekterweise »Leuchtmittel« heißen.

188 Deren Produkte nicht immer die gleiche, geringe Fehlerquote wie beispielsweise Flugzeuge aufweisen – es ist durchaus fraglich, ob Manager der Versicherungsbranche weiterhin fliegen würden, wenn Airbus oder Boeing ähnliche Fehlerquoten aufweisen würden wie die von ihnen geleiteten Unternehmen.

Nur wenn die Abläufe, Organisationsmaßnahmen, Verantwortungszuweisungen und Geschäftsprozesse so ausgearbeitet wurden, dass sie nicht nur transparent sind, sondern dass sich diese Ziele und die Erfüllung der Kardinalpflichten aus ihnen zwangsläufig ergeben, wird die Aufsicht – grundsätzlich – zufrieden sein. Ein Bespiel aus dem Vergütungsbereich[189] mag diesen Ansatz verdeutlichen:

Die Vergütung externer Dienstleister setzt sich mindestens aus dem vereinbarten Entgelt, zumeist eine Provision oder Courtage, und dem Aufwendungsersatz, z.B. für Reisen oder sonst im Zusammenhang mit der Versicherungsvermittlung entstandene Kosten zusammen. Eine vom Ergebnis und von der Ganzheitlichkeit des Vergütungsprozesses denkende Aufsicht wird nun im Rechnungswesen prüfen, welche Gelder an diesen externen Vermittler gegangen sind. Dabei wird möglicherweise auffallen, dass

- es unterschiedliche Provisionssätze für unterschiedliche Produkte gegeben hat (unproblematisch, Verschiedenes darf verschieden bezahlt werden),
- es Zahlungen für die Entwicklung eines (gemeinsamen) Produktes gegeben hat (nur unproblematisch, wenn es einen Prozess für Outsourcing [§32 VAG], einen Prozess für gemeinsame Produktentwicklung [§23 Abs. 1a-d VAG] gegeben hat und entsprechend diesen Prozessen Vereinbarungen zustande gekommen und dokumentiert worden sind),
- es sonstige »Bürokostenzuschüsse« gegeben haben mag (problematisch),
- die Unterschiedlichkeit in der Provisionshöhe möglicherweise von unterschiedlichen Stückzahlen abhängig war (sehr problematisch).

Die Aufsicht prüft das Prinzip. Den Einzelfall prüft sie nur noch nach Beschwerden oder, um die Wirkung des Prinzips sicherzustellen. Abstrakt und stark vereinfacht ausgedrückt könnte man sagen, dass dieses Verhältnis früher umgedreht war.

Auch die IHKs werden zukünftig so prüfen; die Ermächtigung für die neu zu schaffende Versicherungsvermittlerverordnung (VersVermV) sieht ausdrücklich vor, dass »Anforderungen an die Geschäftsorganisation« beschrieben werden[190]. Allerdings gibt es Unterschiede, s. sogleich Kapitel 1.13.4.

1.13.3 Unterschiedliche Aufsichtsbehörden für einen Vorgang

Richtigerweise haben die IDD und ihre Umsetzung in deutsches Recht dazu geführt, dass alle Unternehmen, die Kunden im Versicherungsvertrieb anspre-

189 Siehe Kapitel 3 »Vergütung«.
190 §34e Abs. 1 Nr. 2 Buchstabe d GewO.

chen, gemeinsam reguliert und vor allem dem gleichen Verbraucherschutzniveau verpflichtet werden. Da die Umsetzung der ersten Versicherungsvertriebsrichtlinie[191] in der Gewerbeordnung und im VVG stattfand und nicht im VAG[192], hat sich der Vorschlag, dass die BaFin die Beaufsichtigung auch der Versicherungsvermittler übernehme, nicht durchsetzen können. Stattdessen sind die IHK die Aufsichtsbehörden für Versicherungsmakler, -vertreter und -berater geworden, was immer noch besser ist als eine Aufsicht über die Gewerbeämter, deren Vielzahl wohl nicht zum Aufbau von Know-how über die Besonderheiten des zu überwachenden Versicherungsvertriebs geführt hätte.

Im Ergebnis gibt es aber eben unterschiedliche Aufsichtsbehörden, welche die gleichen Vorschriften zu interpretieren haben. Das gilt natürlich für die Wohlverhaltensregel, für die Fragen zur Vermeidung und Offenlegung von Interessenkonflikten (sowohl unmittelbar für den Vertrieb von Versicherungsanlageprodukten als auch mittelbar zur Interpretation der Wohlverhaltensregel), für das Produktfreigabeverfahren, für Vergütungsthematiken und ganz generell für den Aufbau einer geeigneten Geschäftsorganisation. Einige dieser Themenfelder sind durch delegierte Verordnungen der europäischen Kommission so detailliert beschrieben, dass unterschiedliche Auffassungen wohl eher selten sein werden; ausgeschlossen sind solche unterschiedlichen Meinungen jedoch nicht.

Es wird für die betroffenen Unternehmen nicht ganz einfach zu entschieden sein, wie man agieren soll, wenn solche unterschiedlichen Interpretationen sichtbar werden. Der praktische Rat kann nur sein, sich im Zweifelsfall eher an der europäischen Auslegung zu orientieren, auch wenn die eigene nationale oder sogar regionale Aufsicht weniger streng urteilt. Stellt sich deren Interpretation als nicht richtlinienkonform heraus, können hieraus Haftungen folgen.

1.13.4 Mittel der Aufsicht

Aufsicht ist – wieder sehr vereinfacht gesagt – ein Eingriff in die Berufs- oder Berufsausübungsfreiheit, die ihrerseits grundgesetzlich geschützt ist. Also darf die Aufsicht nur eingreifen, wenn dies durch ein Gesetz oder aufgrund eines Gesetzes ermöglicht wird[193].

191 IMD, RL 2002/92 EG vom 9. Dezember 2002; s. Kapitel 1.1.1.

192 Vgl. den Vorschlag von Präve in »Berufsregelung für Versicherungsvermittler in Deutschland«, Heft 18 der Hamburger Gesellschaft zur Förderung des Versicherungswesens, S. 133 ff.

193 Art. 12 Grundgesetz.

Der BaFin steht mit dem kollektiven Verbraucherschutz[194] ein schon sprachlich sehr weit gefasster Eingriffsbereich zur Verfügung. Nach Ansicht der BaFin gibt ihr das auch das Recht, jedenfalls solche zivilrechtliche Normen in ihr Aufsichtshandeln zu übernehmen, die höchstrichterlich »ausgeurteilt« wurden. Ein Beispiel ist das Urteil des BGH zur Schadenregulierung durch Versicherungsmakler, die ihrerseits in Vollmacht für den Versicherer tätig sind. Die BaFin hat dieses Urteil zum Anlass genommen, ihre aufsichtsrechtlichen Erwartungen in einer ihrer Veröffentlichungen zu präzisieren[195].

In der Gewerbeordnung ist eine ähnliche Vorschrift nicht zu finden. Lediglich in der Ermächtigung zum Erlass der VersVermV, §34e GewO steht, dass die Verordnung, auf die sich die Ermächtigung bezieht (also die VersVermV), »zur Umsetzung der Richtlinie (EU) 2016/97 ... oder zum Schutz der Allgemeinheit und der Versicherungsnehmer« erlassen wird. Tatsächlich nimmt der Vorentwurf der VersVermV einfach auf den ganzen §34e GewO Bezug und damit auch auf das Motiv »Schutz der Allgemeinheit und der Versicherungsnehmer«. Man kann also argumentieren, dass diese Motive der weit gefasste Rahmen sind, innerhalb dessen die gewerberechtliche Versicherungsaufsicht agieren darf.

Die IHKs sehen sich vor die Schwierigkeit gestellt, nur in solchen Fällen aufsichtsrechtlich tätig werden zu können, die öffentlich-rechtlich geregelt sind. Zivilrechtliche Sachverhalte einzuordnen, obliegt aus Sicht der IHKs ausschließlich den Zivilgerichten.

Durch die Übernahme der wichtigsten Begriffe (Wohlverhaltensregel, Interessenkonfliktvermeidung u. Ä.) in das Gewerberecht sind diese Unterschiede zwar abgemildert, aber nicht gänzlich aufgelöst. Vor dem Hintergrund der Erwartung sowohl der EIOPA, aber auch des Verbrauchers, nach einer europaweit weitgehend einheitlichen Regulierung und Aufsicht ist dieser Unterschied bezüglich der zugrunde liegenden Normen nicht unproblematisch.

Eine eindeutige Zuordnung der delegierten Rechtsakte der Kommission[196] entweder zum Zivil- oder zum Verwaltungsrecht ist, soweit ersichtlich, nicht getroffen worden – das europäische Recht macht diese deutschrechtliche Unterscheidung ja auch nicht unbedingt mit. Der Inhalt der delegierten Rechtsakte ist jedoch eindeutig – sowohl was das Produktfreigabeverfahren als auch die

194 §4 Abs. 1a Satz 1 FinDAG.
195 BaFin-Journal 2/2017, S. 19ff.
196 Draft Commission Delegated Regulation supplementing Directivs (EU) 2016/97 «... with redard to product oversight and governance requirnements ...« (https://ec.europa.eu/info/law/better-regulation/initiatives/ares-2017-3675955).

Vermeidung von Interessenkonflikten angeht. Sie nicht zu berücksichtigen würde europäischem Recht zuwiderlaufen. Es ist deshalb anzunehmen, dass die IHKs die delegierten Rechtsakte in ihr Verwaltungshandeln einbeziehen.

Ein weiterer Unterschied zeigt sich in der Kommunikation der Aufsicht mit ihren Aufsichtssubjekten: Die BaFin hat Rundschreiben, ein BaFin-Journal, und veranstaltet sogar Jahreskonferenzen mit der Versicherungswirtschaft. Das fördert das gegenseitige Verständnis, das für eine prinzipienbasierte Aufsicht wichtig ist. Den IHKs fehlen diese Kommunikationskanäle und -mittel; wahrscheinlich deshalb, weil die Aufsicht nicht in einer Hand und nicht bundeseinheitlich durchgeführt wird. So wird es aber denjenigen Versicherungsvertreibern, die gewerberechtlich beaufsichtigt werden, erschwert, den Gedanken einer prinzipienbasierten Aufsicht zu verstehen und die sich daraus möglicherweise auch ergebenden Chancen zu nutzen.

1.14 Definitionen, Abgrenzungen, Ausnahmen

Die verschiedenen Gesetze, welche die IDD umsetzen, verwenden eine Reihe von Begriffen, deren Bedeutung sich oft nur aus dem Studium anderer Rechtsmaterien erschließt. Oftmals werden durch diese Begriffe Ausnahmen oder Begrenzungen beschrieben. In die »Liste« der folgenden Definitionen wurden nicht sämtliche Begriffe aufgenommen, die in der Versicherungswirtschaft relevant sind. Es wurden vielmehr solche Begriffe ausgewählt, die zwar der Erläuterung bedürfen, wenn man die IDD und ihre Umsetzung in deutsches Recht verstehen will, die aber weder in der IDD noch in den Umsetzungsgesetzen behandelt werden.

1.14.1 Verbraucher

Die Legaldefinition findet sich in § 13 BGB:

> *Verbraucher ist jede natürliche Person, die ein Rechtsgeschäft zu Zwecken abschließt, die überwiegend weder ihrer gewerblichen noch ihrer selbstständigen beruflichen Tätigkeit zugerechnet werden können.*

Bedeutsam ist der Begriff vor allem immer dann, wenn hinsichtlich der Beratungs- und Berichtspflichten ein Unterschied zwischen Verbrauchern und Nicht-Verbrauchern gemacht wird.

Ein Rechtsgeschäft, das jemand zur Absicherung seiner persönlichen Einkommenssituation abschließt, ist immer ein Verbraucher-Geschäft.

Besonders deutlich wird das in §34d Abs. 1 S. 8 GewO: Dort wird die Gewerbeerlaubnis für Versicherungsmakler um eine Rechtsberatungserlaubnis im Hinblick auf Versicherungsverträge ausgedehnt. Der zweite Teil des Satzes 8 erstreckt *»diese Befugnis zur Beratung ... auch auf Beschäftigte von Unternehmen in den Fällen, in denen der Versicherungsmakler das Unternehmen berät«*. Gemeint sind hier Gruppen-Versicherungsverträge, die Leben, Berufsunfähigkeit, Unfall aber auch Haftpflicht und andere Gefahren beinhalten können – aus der Sicht der versicherten Person, also der Belegschaftsmitglieder, sind alle diese Deckungen »Verbraucherverträge«.

1.14.2 Großrisiko

Die Legaldefinition findet sich in §210 Abs. 2 VVG. Leider verweist diese Definition dann auf die Sparten-Anlage des VAG. »Großrisiko« definiert sich also in erster Linie danach, welche Sparten versichert werden und erst danach durch die Größe des Versicherungsnehmers.

Immer »Großrisiko« ist die Versicherung von

- Schienenfahrzeug-Kasko-Versicherungen,
- Luftfahrzeug-Kasko-Versicherungen,
- See-, Binnensee- und Flussschifffahrts-Kasko-Versicherungen,
- Transportgüter-Versicherungen,
- Haftpflichtversicherungen für das KFZ bei Landtransporten,
- Luftfahrzeughaftpflicht-Versicherung (einschließlich derjenigen des Frachtführers),
- See-, Binnensee- und Flussschifffahrts-Haftpflicht-Versicherung,
- Kreditversicherung, wenn die Versicherung von einem gewerblich, bergbaulich oder freiberuflich tätigen Versicherungsnehmer im Zusammenhang mit dieser Tätigkeit abgeschlossen wird,
- Kautionsversicherung, wenn die Versicherung von einem gewerblich, bergbaulich oder freiberuflich tätigen Versicherungsnehmer im Zusammenhang mit dieser Tätigkeit abgeschlossen wird.

Andere Versicherungssparten – nicht alle, vgl. die anschließenden Ausnahmen – sind dann ein »Großrisiko«, wenn der Versicherungsnehmer mindestens zwei der folgenden drei Merkmal pro Wirtschaftsjahr überschreitet:

- 6,2 Mio. Euro Bilanzsumme
- 12,8 Mio. Euro Umsatzerlöse
- 250 Arbeitnehmer

Leider sagt das Gesetz nicht, ob die Überschreitung im laufenden Geschäftsjahr, im abgelaufenen oder immer erfolgen muss; es heißt lediglich »pro Geschäftsjahr«.

Verschiedene Versicherungssparten sind niemals »Großrisiko«:
- Unfallversicherungen
- Krankenversicherungen
- Lebensversicherungen
- Rechtsschutzversicherungen
- Reiseversicherungen
- Heirats- und Geburtenversicherungen
- Verschiedene dem Kapitalbereich zuzuordnende Versicherungssparten (Nr. 22–25 der Anlage 1 zum VAG)

Das macht die Anwendung der Ausnahmeregelungen für Großrisiken, z.B. bei der Beratung (§65 VVG), nicht einfach.

1.14.3 Kleine Versicherungsunternehmen

Das sind nach §211 VAG Versicherungsunternehmen die
- eine jährliche gebuchte Beitragseinnahme von nicht mehr als 5 Millionen Euro haben,
- deren versicherungstechnischen Rückstellungen den Betrag von 25 Millionen Euro nicht überschreiten,
  die keine Rückversicherungsgeschäfte betreiben, die keine Haftpflicht, Kredit- oder Kautionsversicherungen anbieten und
- die keine grenzüberschreitende Geschäftstätigkeit ausüben

Kleine Versicherungsunternehmen müssen eine ganze Reihe von Bestimmungen nicht in gleicher Art und Weise erfüllen wie ihre »großen« Wettbewerber.

2 Vertrieb und Vertriebssteuerung

Überblick

- **Für wen dieses Kapitel wichtig ist:**
  Versicherer (aktiv) und Versicherungsvermittler (aktiv/passiv)[197]
- **Wer/welche Abteilung damit zu tun hat:**
  Vertrieb/Vertriebssteuerung bei Versicherern und großen Vermittlern (aktiv), Placement/Kontakt zum Versicherer (passiv)
- **Wo im Kapitel 1 die rechtlichen Aspekte erläutert werden:**
  Kapitel 1.3, 1.5, 1.8 und 1.10
- **Was die rechtliche Basis ist:**
  §§48, 48a VAG, §§1a, (7a) VVG

Für welche Unternehmen ist dieser Bereich von Bedeutung? Welche Abteilung sollte sich mit dem Thema befassen?
Dieses Kapitel betrifft die »Vertriebler«, also diejenigen, die sich damit befassen, den Kunden die Versicherungsprodukte zu verkaufen. In erster Linie sind das also die direkt mit dem jeweiligen Kunden agierenden natürlichen Personen, die am »point of sale/point of advice« tätig sind.

Hinzu kommen in den Versicherungsunternehmen und großen Vermittlerunternehmen diejenigen, die sich mit der Steuerung des (internen und externen) Vertriebs befassen oder im Direktvertrieb tätig sind, sowie in den Vermittlerunternehmen zusätzlich diejenigen, die von dieser Steuerung betroffen sind (die sogenannten »placement officers«).

Und natürlich gehört auch der organisatorische Überbau dazu; die Geschäftsorganisation, die »den Vertrieb« in seiner Gesamtheit ausmacht.

Zusammenfassung !

Die Steuerung des Vertriebs über Boni und insbesondere über umsatz- oder verlaufsabhängige Vergütungen wird schwieriger, wenn nicht unmöglich. Vergütungsstrukturen müssen sich daran messen lassen, ob sie dem »bestmöglichen Interesse des Kunden« dienen oder das Potenzial haben, diesem abträglich zu sein.
Vertriebe werden aber auch mit den gewachsenen Aufgaben umzugehen haben, die ihnen das neue Gesetz auferlegt; Vertrieb bedeutet Beratung, Angebot, Administration und Hilfe im Schadenfall. Besonderes Gewicht ist auf die Wohlverhaltensregel

197 Gemeint sind damit einerseits die Zahlungsversprechen (aktiv) und andererseits das Empfangen der Zahlungen (passiv).

zu legen; gerade der Vertrieb muss ehrlich, redlich, professionell im bestmöglichen Kundeninteresse handeln.
Vertriebssteuerung muss als Teil des Gesamt-Geschäftsprozesses verstanden werden und sich in diesen einfügen.

2.1 Was ist ein »Versicherungsvertrieb«?

Versicherungen werden nicht gekauft, weil sie ein tolles Produkt sind, sondern weil man sie braucht. Anders ausgedrückt: Eine Versicherung ist weder »sexy« noch »cool«. Niemand bringt vom Shopping-Nachmittag eine Versicherung mit, um im Kreise der Freunde oder der Familie seine erworbenen Schätze auszupacken und vorzuzeigen.

Die Aufgabe des Vertriebs ist es, dem potenziellen Kunden den Wert, ja teilweise die Notwendigkeit des Abschlusses einer Versicherung klarzumachen.

2.1.1 Welche Bedeutung hat der Versicherungsvertrieb?

Da Versicherungen volkswirtschaftlich notwendig sind, der potenziell begünstigte Versicherungsnehmer sie aber nicht von sich aus kauft, musste ein Vertriebssystem entwickelt werden, das den Verkauf ermöglicht.

Es ist wichtig, sich diese volkswirtschaftliche Notwendigkeit von Versicherungen vor Augen zu führen. Auch heute würde unser Wirtschaftsleben ohne den »tertiären Sektor«, also ohne Versicherung nicht funktionieren: kein Auto, keine Bahn würde fahren, kein Flugzeug fliegen ohne Versicherungsschutz, die meisten wirtschaftlichen Aktivitäten würden ohne das Wissen um ihre Absicherung ruhen, der Volkswirtschaft stünden große Geldbeträge deshalb nicht zur Verfügung, weil die privaten Haushalte viel höhere Sparaufwendungen betreiben müssten, um für Katastrophen (wie z. B. der Brand des eigenen Hauses) Vorsorge zu treffen. Aber auch für die Altersvorsorge, für Krankheits- und Pflegefälle würde der Einzelne mehr Geld zurückhalten müssen, als er heute für Lebens-, Renten- und Krankenversicherungen ausgibt.

Der Zusammenhang zwischen volkswirtschaftlicher Notwendigkeit einerseits und Verkaufsanstrengung andererseits ist früh erkannt worden und hat zu ersten vertriebssteuernden Maßnahmen schon im 19ten Jahrhundert geführt. Damals (1831-1893) lebte August Zillmer, ein Versicherungsmathematiker, der ein Näherungsverfahren erfand, mit dessen Hilfe sich Einmal- oder Abschlussprovisionen (bezüglich des Deckungsstocks) berechnen lassen konnten.

Gerade die nach ihm benannte »Zillmerung«, also die Zusammenfassung einer laufenden Betreuungsprovision zu einer einmaligen Abschlussprovision, steht aber auch für Auswüchse und Übertreibungen. Die gesetzlichen Regularien versuchen auszutarieren: Der Vertrieb soll einerseits seine Aufgabe erfüllen können, Versicherungen zu verkaufen, der Versicherungsnehmer soll andererseits vor Schlecht- oder Falschberatung ebenso geschützt werden wie vor einem rein provisionsgetriebenen Vertrieb.

Die Bedeutung des Versicherungsvertriebs liegt also darin, möglichst flächendeckend ausreichenden Versicherungsschutz anzubieten, damit im Schadenfall keine volkswirtschaftlich bedeutenden Existenzvernichtungen eintreten. Außerdem kann im Einzelfall eine Aufstockung des Sozialversicherungssystems sinnvoll sein (Zusatzdeckungen).

2.1.2 Wer und wie viele Menschen arbeiten in diesem Bereich?

Der Versicherungsvertrieb ist ein bedeutender Wirtschaftszweig. In Deutschland sind über 350.000 Personen im Versicherungsvertrieb beschäftigt, die von noch einmal rund 170.000 Innendienstangestellten und Auszubildenden unterstützt werden (statistisches Taschenbuch des GdV 2016):

- 37.000 Angestellte im Außendienst
- 183.000 Vertreter und ihre Angestellten
- 47.000 Makler und ihre Angestellten
- 3.000 produktakzessorische tätige Vermittler
- »sonstige«, hauptsächlich in Vergleichsportalen u. ä. Tätige
- 300 (!) Versicherungsberater

2.2 Was ist die »Vertriebssteuerung«?

Die Vertriebssteuerung setzt die strategischen Ziele des Versicherungsunternehmens in operativ umsetzbare Vertriebsziele um, steuert die Marktbearbeitung und Ressourcenallokation und managt Zielkonflikte.

Vor allem gibt sie Anreize für die Vertriebsmitarbeiter. Dieser Aspekt steht im Vordergrund der gesetzlichen Regelungen und der öffentlichen Diskussion.

In diesem Abschnitt meint »Vertriebssteuerung« in erster Linie den Versuch, den Absatz von Versicherungsprodukten entsprechend den Unternehmenszielen zu steuern, d. h. in erster Linie zu fördern. Damit gehören natürlich

Anreizsysteme, aber auch die richtige Nutzung verschiedener Absatzkanäle zur »Vertriebssteuerung«.

2.3 Versicherungsvertrieb – die wichtigsten rechtlichen Instrumentarien im Überblick

Von der Vielzahl der für den Vertrieb geltenden Regularien sollen im Folgenden sechs Bereiche behandelt werden, und zwar vor allem diejenigen, die mit der Umsetzung der IDD erstmals Bedeutung erlangen.

2.3.1 Wohlverhaltensregel als Kardinalpflicht

Alle Vertriebe unterliegen der Wohlverhaltensregel des §1a VVG (vgl. Kapitel 1.7): »... ehrlich, redlich, professionell im bestmöglichen Kundeninteresse.«

Das ist eine erhebliche Veränderung zu früher. Auch wenn man annehmen darf, dass sich die übergroße Mehrheit aller vertrieblich Tätigen auch schon vor Februar 2018 ehrlich, redlich und professionell verhalten hat und dabei das bestmögliche Kundeninteresse im Auge hatte, ist die Aufnahme einer solchen, nur für den Versicherungsvertrieb geltenden Generalklausel ein Einschnitt und bedeutet eine erhebliche Änderung.

Zum einen verändert sich das Anspruchsverhalten der Kunden, wenn die Anspruchsnorm im Gesetz selbst steht und nicht erst über die Auslegung allgemeiner Grundsätze interpretiert werden muss. Zum anderen muss jede geschäftsorganisatorische Maßnahme der Wohlverhaltensregel entsprechen und dies muss für die Aufsicht erkenn- und nachprüfbar sein.

2.3.2 Vergütungen

Alle Vertriebe werden über Vergütungen gesteuert, die im Wesentlichen in §48a VAG geregelt werden (vgl. Kapitel 1.8 und Kapitel 3 »Vergütung«).

Auch diese gesetzliche Regulierung von Vertriebsvergütungen ist neu. Danach dürfen Vergütungen und Anreizsysteme nicht so gestaltet sein, dass sie den Versicherungsvertreiber davon abhalten, das bestmögliche Kundeninteresse im Auge zu haben.

Das ist wahrscheinlich die gravierendste Veränderung für die Vertriebssteuerung, die bislang gewohnt war, Vertriebsziele über Anreize zu erreichen und dabei in der Wahl der Mittel im Wesentlichen frei war.

2.3.3 Produktfreigabeverfahren

Alle Vertriebe sind mehr oder weniger in das Produktfreigabeverfahren eingebunden. Schließlich wird ein Versicherungsprodukt ja entwickelt, um es zu vertreiben! Das Produktfreigabeverfahren ist in §23 Abs. 1 a-d VAG geregelt. Ferner wurde das Thema in diesem Buch in den Kapiteln 1.5 und 5 detailliert behandelt. Im Ergebnis müssen alle Versicherungsvertreiber sicherstellen, dass sie nur noch Produkte vertreiben, die ein Produktfreigabeverfahren durchlaufen haben. Zudem müssen sie über dieses Verfahren ausreichend informiert sein.

Auch das ist gänzlich neu. Es dürfen danach nur noch Versicherungsprodukte angeboten werden, die auf ihre Eignung vorab überprüft wurden.

2.3.4 Umfang der Vertriebstätigkeit

Alle Vertriebe müssen sich auf die gesetzliche Definition zum Umfang der Versicherungsvertriebstätigkeit einstellen. Sie steht in §1a Abs. 1 S.2 VVG und beschreibt den sachlichen Umfang der Vertriebstätigkeit:

> *Zur Vertriebstätigkeit gehören*
> 1. *Beratung,*
> 2. *Vorbereitung von Versicherungsverträgen einschließlich Vertragsvorschlägen,*
> 3. *Abschluss von Versicherungsverträgen,*
> 4. *Mitwirken bei Verwaltung und Erfüllung von Versicherungsverträgen, insbesondere im Schadenfall.*

§1a Abs. 2 VVG erweitert den Anwendungsbereich »Versicherungsvertrieb« auf Angebote über Websites oder genereller ausgedruckt: auf den elektronischen Vertrieb.

Auch diese Veränderungen stellen eine Zäsur dar: Nicht nur gab es bislang z.T. recht unterschiedliche Auffassungen darüber, was ein Vertriebsmitarbeiter tun musste, wie umfangreich sein Aufgabengebiet sei. Es wurden auch Unterschiede gemacht, je nachdem, welche »Art« von Versicherungsvertreiber den

Kunden besuchte. Diese Unterschiede sind eingeebnet, die unterschiedlichen Auffassungen Makulatur. Der Gesetzgeber hat festgelegt, dass von Beratung und Vorbereitungshandeln bis zur Mitwirkung bei der Administration alles, auch die Hilfe im Schadenfall, Teil des Versicherungsvertriebs ist und dass der elektronische Vertrieb sowie das Erstellen von Ranglisten dem eigentlichen Versicherungsvertrieb gleichgestellt sind. Alle Vertriebe und Vertriebsformen treffen die gleichen Verpflichtungen.

Es gibt nun vier gänzlich neue Regelungsbereiche, die es zu bedenken gilt:
- Wohlverhaltensregel
- Gesetzlich normierte Vergütung
- Produktfreigabeverfahren
- Umfang der Vertriebstätigkeit

Hinzu kommen die bekannten, aber leicht veränderten Pflichten zur Beratung und zur Dokumentation.

2.3.5 Wünsche und Bedürfnisse, Beratung

Der Versicherungsvertrieb hat immer schon beraten müssen, §61 VVG. Nicht gut geklärt ist in Deutschland das Verhältnis zwischen der Pflicht, nach den Wünschen und Bedürfnissen der Versicherungsnehmer fragen zu müssen einerseits und der eigentlichen Beratung andererseits (vgl. Kapitel 1.3).

Hier hat sich im Grundsatz wenig geändert. Hinzugekommen ist jedoch die Wohlverhaltensregel, der naturgemäß besonders im Bereich der Beratung Bedeutung zukommt (vgl. Kapitel 1.7).

2.3.6 Dokumentation

Auch die Verpflichtung zur Dokumentation gab es schon, §§61, 62 VVG. Eine gute Dokumentation ist oft die einzige Verteidigung gegen Haftungsansprüche der Kunden. Hier hat es Klarstellungen gegeben, die z. T. an anderer Stelle des Gesetzes geregelt werden. So ist §6a VVG neu, jedoch handelt es sich vor allem um Formfragen, die hier beachtet werden müssen. Inhaltlich sind die Dokumentationspflichten im Wesentlichen gleichgeblieben.

Damit sind sechs besonders wichtige Bereiche aufgeworfen, die noch im Einzelnen zu besprechen sind. Aber zunächst müssen zwei Grundsatzfragen beantwortet werden:

Was passiert, wenn sich der Vertrieb nicht an die Regeln hält?
Antwort: Dann ist der abgeschlossene Versicherungsvertrag mit einem formalen Fehler behaftet. Das kann zu Abmahnungen und Schadenersatz führen. Wenn eine systematische Missachtung des Kundeninteresses hinzukommen sollte, wäre dies ein Grund für ein Eingreifen der Aufsicht.

Im Detail wird diese Frage am Schluss des Kapitels im Abschnitt »Sanktionen« behandelt.

Warum wird der Versicherungsvertrieb so stark reguliert?
Antwort: Einerseits, weil er Teil des Finanzdienstleistungssektors ist. Andererseits, weil immer wieder (gravierende) Fälle von Fehlberatungen vorgekommen sind, die einen Interessenkonflikt des Vertriebes offenbart haben. Und schließlich: Aus europäischer Sicht ist die Regulierung gar nicht »stark«.

Nach der Finanzmarktkrise 2008 sind alle Finanzdienstleistungen stärker und schärfer reguliert worden. Die Versicherungsbranche als Teil der Branche Finanzdienstleistungen nimmt an dieser Regulierung teil.

Seit 2011 gibt es ein europäisches Finanzaufsichtssystem (vgl. Kapitel 1.1.2) und viele Regelungen wie MiFiD 2 und PRIIPs entstammen diesen Systemen.

Die Versicherungsbranche hat zur Finanzkrise zwar einerseits wenig beigetragen, sie hat andererseits aber keinen besonders guten Ruf: bei den regelmäßigen Umfragen schneiden Versicherungsvertreter üblicherweise am Schlechtesten ab (so auch wieder in der Umfrage vom Sommer 2017). Und immer wieder berichtet die Presse auch von Auswüchsen bei den Vertriebsaufwendungen.

Schließlich muss man im Auge behalten, dass nur in Deutschland diese »starke« Regulierung des Versicherungsvertriebs so neu ist: Bis 2002 war der Versicherungsvertrieb im Wesentlichen nicht reguliert. Verglichen damit muten die vielen neuen Regeln natürlich gewaltig an.

Die starke Regulierung des Versicherungsvertriebs beruht also einerseits auf seiner volkswirtschaftlichen Bedeutung und seiner Einbettung in die Finanzdienstleistungsbranche und andererseits auf »schlechter Presse«. Uns Deutschen fällt die Regulierung besonders auf, weil wir sie nicht gewohnt sind.

Was bedeuten die neuen und »stärkeren« Regelungen für den Versicherungsvertrieb im Einzelnen? Das soll auf den folgenden Seiten detailliert erläutert werden.

2.4 Versicherungsvertrieb – die wichtigsten rechtlichen Instrumentarien im Detail

2.4.1 Die Wohlverhaltensregel oder Kardinalpflicht, § 1a VVG

Auch im Zusammenhang mit dem Versicherungsvertrieb kann die Bedeutung der Wohlverhaltensregel gar nicht hoch genug eingeschätzt werden. Zum einen entschärft sie das Vorurteil gegenüber dem »unehrlichen Versicherungsvertreter«. Zum anderen ist sie das Einfallstor für die neue, prinzipienbasierte Aufsicht.

Jede Einzelmaßnahme eines Versicherungsvertreibers muss sich daran messen lassen, ob sie einem ehrlichen, redlichen und professionellen Verhalten der Einzelperson entspricht, ob bei dieser Einzelmaßnahme immer das »bestmögliche Kundeninteresse« im Vordergrund gestanden hat und ob es für die jeweilige Einzelmaßnahme einen geeigneten Geschäftsprozess gibt.

! **Beispiel**

Der Vertriebsmitarbeiter eines Maklers bietet seinem Kunden, einem Hausbesitzer, eine Gebäudeversicherung an. Er bedient sich dazu eines Standardprodukts, das sein Unternehmen entweder ständig nutzt oder sogar selbst entwickelt hat.
Diese Gebäudeversicherung bietet keinen Versicherungsschutz für Abwasserrohre außerhalb des Gebäudes, unabhängig davon, ob sie noch auf dem Grundstück des Versicherungsnehmers (VN) verlaufen.
Die Administration dieses Versicherungsproduktes ist besonders einfach.
Der VN hat über einen Bekannten erfahren, dass man Abwasserleitungen mitversichern kann, auch wenn sie außerhalb des Gebäudes, aber noch auf dem Grundstück des VN verlaufen. Eine solche Deckung wäre geringfügig teurer.
Der Vertriebsmitarbeiter des Maklers überzeugt den VN von »seinem« Produkt, also einem Produkt ohne Schutz für Abwasserleitungen außerhalb des Gebäudes.
Ehrlich handelt der Vertriebsmitarbeiter beispielweise, wenn er dem VN sagt, dass die Bearbeitung dieses Produktes für ihn und seine Kollegen im Innendienst einfacher sei. Dann legt er den offensichtlichen Interessekonflikt[198] immerhin offen dar.
Redlich würde er handeln, wenn er sich das Konkurrenzprodukt beschafft und bewertet – als Makler müsste er es ja ebenfalls anbieten können.
Professionell handelt er, wenn er beispielsweise herausfindet, in wie viel Fällen ein außerhalb des Gebäudes liegender Rohrbruch die Ursache eines Schadens war, wie wichtig also die Mitversicherung dieser Schadenursache ist.

198 Warum der Begriff des »Interessenkonflikts« hier eingeführt wird und warum es geradezu unabdingbar ist, mit diesem Begriff zu arbeiten, wird im Kapitel 1.10 sowie im Kapitel 3.4 ausführlich behandelt.

Im bestmöglichen Kundeninteresse handelt der Vertriebsmitarbeiter z. B. dann, wenn er selbst abwägt, wie stark seine Entscheidung, das eine oder das andere Produkt zu empfehlen, von den Faktoren

- einfache Administration einerseits und
- Schadenwahrscheinlichkeit/Wünsche des Kunden/eben dessen Interesse andererseits

beeinflusst werden.

Eine die Wohlverhaltensregel ausreichend berücksichtigende Geschäftsorganisation müsste also

- den Interessenkonflikt verhindern (z. B. indem der Vertriebsmitarbeiter keine Kenntnis von der vereinfachten Administration hat),
- dafür sorgen, dass das Konkurrenzprodukt leicht zugänglich und möglichst zudem auch leicht nutzbar ist,
- dafür sorgen, dass die Daten über die Risiko- und Schadeneintrittswahrscheinlichkeit leicht abrufbar sind,
- die Abwägung des Kundeninteresses zum bestimmenden Faktor bei der Entscheidung zwischen verschiedenen Produkten gemacht wird.

Es geht also weniger darum, ob der VN im Einzelfall nun Schäden an den Abwasserrohren, die sie sich außerhalb des Gebäudes befinden, versichert hat oder nicht. Es geht um die Geschäftsorganisation und »den Prozess im Kopf« des Vertriebsmitarbeiters. Beide, Geschäftsorganisation und Kundenbetreuer, müssen ehrlich, redlich, professionell im bestmöglichen Kundeninteresse »denken«.

Diese Ausrichtung auf und an der Wohlverhaltensregel muss sichtbar, belegbar und vor allem im Haftungsfall und gegenüber der Aufsicht darzulegen sein.

Der Vertreter und der Direktmitarbeiter eines Versicherungsunternehmens können den Konflikt etwas leichter auflösen, indem sie dem VN wahrheitsgemäß sagen, dass sie ihm das andere Produkt nicht verschaffen können, weil es »ihr« Risikoträger nicht anbietet. Umso mehr sind sie dann in der Pflicht sicherzustellen, dass das abgeschlossene Versicherungsprodukt den Wünschen und Bedürfnissen des VN entspricht. Die Risikoanalyse wird in einem solchen Beispielsfall eher noch wichtiger.

2.4.2 Vergütung

Die Vergütung darf nicht mit der Pflicht kollidieren, im bestmöglichen Interesse des Kunden zu handeln. Das gilt für interne Vergütungen (an eigene Angestellte, Vorstände und Geschäftsführer) genauso wie für externe Vergütungen (an Vertreter, Makler oder andere). Diese Grundsätze stehen neuerdings im Gesetz, §48a Abs. 1 S.1 und 2 sowie Abs. 6 VAG.

Kommt im vorgenannten Beispiel eine erhöhte Vergütung für den Verkauf des Standardprodukts hinzu, so kann sich das Problem verstärken:

a) eine erhöhte Courtagezusage für das Standardprodukt, etwa weil das Maklerprodukt dem Versicherer viel Arbeit abnimmt,
b) ein Bonus für den Vertriebsmitarbeiter (angestellt oder als Vertreter beschäftigt), der besonders viele Abschlüsse mit diesem Standardprodukt vorweist,
c) ein Bonus für den Innendienstmitarbeiter (beim Versicherer oder beim Vermittler), der seine Außendienstler zu vielen Abschlüssen anhält,
d) ein Bonus für den Abteilungsleiter/Vorstand, der durch viele Abschlüsse mit Standardprodukten die Administrationskosten senkt
e) und zu guter Letzt noch ein Bonus für alle am Vertriebsprozess Beteiligten, wenn der Schadenaufwand gering bleibt.

§48a VAG gilt unmittelbar nur für Versicherungsunternehmen. Die Wohlverhaltensregel ist aber in §1a VVG geregelt und gilt deshalb für alle Versicherungsvertreiber. Die Vergütungsregeln konkretisieren die Wohlverhaltensregel. Sie gelten also auch für alle Versicherungsvertreiber. Im Detail wurde das Thema bereits im Kapitel 1.8 behandelt.

! **Weiter im Beispiel**

Zu a): erhöhte Courtage
Wenn die Courtage (nur) deshalb erhöht wurde, weil das Versicherungsunternehmen mit der Abarbeitung des Produkts weniger Arbeit hat, ist das sinnvoll. Ob es auch im »bestmöglichen Kundeninteresse« ist, wäre zu prüfen (wieso hat der Kunde ein Interesse daran, dass das Produkt leichter abzuarbeiten ist?). Allerdings entlastet diese Argumentation nur den Risikoträger, der mit dem Versicherungsmakler zusammenarbeitet. Für den Außendienstmitarbeiter des Maklers bleibt das Problem bestehen; er muss belegen, wie er den Interessenkonflikt zwischen »erhöhter Einnahme für seinen Arbeitgeber« und »eventuell ist ein anderes Produkt besser geeignet« löst – es kann nur die Lösung im bestmöglichen Kundeninteresse sein!

Zu b): Bonus für den Vertriebsmitarbeiter
Dieses Problem ist kaum lösbar: Wieso soll der Kunde ein Interesse daran haben, dass das Standardprodukt besonders häufig verkauft wird? Man kann sich da die eine oder andere Konstellation vorstellen, das ist aber schwierig!

Zu c): Bonus für den Innendienst
Das Ergebnis weicht nicht von dem vorherigen Punkt ab. Es ist kaum vorstellbar, wie ein solcher Bonus den Kundeninteressen dienen soll.

Die Schwierigkeit bei diesem Punkt des Beispiels liegt darin, dass hier der Innendienst betroffen ist. Bei der Prüfung des Einzelfallvorgangs (Abschluss des Gebäudeversicherungsvertrags ohne Mitversicherung von Abwasserleitungen auf dem Grundstück) fällt der Bonus des Innendienstmitarbeiters eventuell gar nicht auf. Er ist aber Teil des Geschäftsprozesses, der zum Abschluss geführt hat. Hier ist die Leitungsebene des Vertriebs gefordert (vgl. dazu im Detail Kapitel 8 »Vorstand und Leitungsorgane«).
Zu d): Bonus für die Führungsebene
Natürlich dürfen die Boni der Führungsebene (Vorstand, Geschäftsführung, erste Führungsebene) daran geknüpft werden, dass dem Unternehmen Kosten erspart werden. Allerdings dürfen diese Kostensenkungen nicht zulasten des bestmöglichen Kundeninteresses gehen. Solche Boni dürfen jedenfalls nicht im Kontext mit dem Vertrieb eines eventuell nicht geeigneten Produktes gewährt werden.
Zu e): Bonus wegen Schadenfreiheit
Hier ist eigentlich gar nicht vorstellbar, wie ein solcher Bonus dem Kundeninteresse dienen könnte. Denn der Bonus wird ja nicht demjenigen gezahlt, der den Schadeneintritt verhindert hat – dem Kunden –, sondern dem Vertriebsmitarbeiter oder dem Innendienstmitarbeiter.

Man wird sich wohl kaum Konstellationen vorstellen können, in denen ein solcher Bonus im Kundeninteresse begründet sein kann.

2.4.3 Produktfreigabeverfahren

Das Produktfreigabeverfahren schreibt vor, dass ein (neues) Versicherungsprodukt im Hinblick auf seine Eignung für einen bestimmten Zielmarkt untersucht wird, bevor es in den Markt kommt[199].

Es können also nur noch Versicherungsprodukte angeboten werden, die im Hinblick auf einen bestimmten Zielmarkt für gut befunden wurden. Die Überlegungen dazu müssen dem mit dem Kunden arbeitenden Versicherungsvertreiber bekannt gemacht werden. Der Versicherungsvertreiber muss »der Richtige« sein.

Der angesprochene Versicherungsvertreiber muss sich Gedanken darüber machen, ob er das Produkt überhaupt vertreiben kann. Ein Vertrieb kann deshalb problematisch sein, weil der Vertreiber den Zielmarkt vielleicht gar nicht bedient.

199 Das Produktfreigabeverfahren wird ausführlich in den Kapiteln 1.5 und 5 erläutert. Es ist in §23 Abs. 1 a-d VAG geregelt.

Der Vertreiber muss sich weiter Gedanken darüber machen, ob er das Produkt versteht, ob er also über eine ausreichende Expertise verfügt. Bündelprodukte können z. B. recht komplex sein.

Sollten diese »Eingangshürden« überwunden worden sein, muss der Vertreiber ferner verstehen, welche Gedanken denjenigen, der das Produkt konzipiert hat, inhaltlich zum Produkt bewogen haben (Zielmarkt etc.). Darüber hinaus muss er sicher sein, warum gerade er das Produkt vertreiben soll (Vertriebsstrategie und -weg).

Schließlich muss sich der angefragte Vertreiber fragen, ob er mit dem Vertrieb dieses Produktes dem bestmöglichen Kundeninteresse dient – diese Verpflichtung gilt immer und überall.

!

Weiter im Beispiel

Im Beispielsfall sind die ersten Überlegungen ganz einfach:

- Der Zielmarkt sind Hausbesitzer, wir gehen einmal davon aus, auch der Beispielskunde ist Hausbesitzer.
- Der Versicherungsmakler hat das Versicherungsprodukt verstanden.
- Da der Makler den richtigen VN an der Hand hat, passt die Vertriebsstrategie (ganz offenbar).

Zweifel entstehen, weil es ein Konkurrenzprodukt gibt, das dem Kundeninteresse möglicherweise besser dient (ein Produkt, das Abwasserleitungen außerhalb des Gebäudes mitversichert).
Für den Teilbereich »Produktfreigabeverfahren« bedeutet dieser Zweifel, dass der Vertriebler eine Rückmeldung an/in das Produktfreigabeverfahren geben muss. Und für den Geschäftsprozess »Produktfreigabeverfahren« bedeutet das, dass solche Rückmeldungen verarbeitet werden (können).

2.4.4 Umfang der Vertriebstätigkeit

Ein »Schmalspurvertrieb« geht nicht mehr. Von der Beratung über die Angebotserstellung bis hin zur Mithilfe bei der Administration des Versicherungsvertrags – der Versicherungsvertrieb muss das alles abdecken. Wer nur den einmaligen Abschluss schnell vermitteln will, erfüllt diese Bedingungen nicht.

Ist ein solcher auf den einmaligen Abschluss ausgerichteter Vertriebler ein »Versicherungsvertreiber« im Sinne des Gesetzes? Darf ihm eine Erlaubnis überhaupt erteilt werden? Und dürfen Versicherer mit ihm (weiter) zusammenarbeiten?

!

Weiter im Beispiel

Im Beispielsfall:

a) Der Makler muss die Wünsche und Bedürfnisse des Kunden erfragen, ihn beraten und ihm bei der Abwicklung des Versicherungsvertrags zur Seite stehen – immer ehrlich, redlich und professionell im besten Interesse des Kunden.

Konkret muss sich der Makler also erkundigen, was der Kunde denn wirklich will: Geht es dem Kunden »nur« um den Schutz vor Leitungswasserschäden? Oder ist das Interesse für diese besondere Versicherungsart (inklusive des Versicherungsschutzes von Abwasserleitungen außerhalb des Gebäudes) nur deshalb aufgekommen, weil ein Bekannter von ihr geredet hat? Hat der Kunde überhaupt und grundsätzlich einen ausreichenden Versicherungsschutz für sein Haus? Steht der Schutz vor Leitungswasserschäden wirklich an erster Stelle?

b) Er muss dem Kunden Angebote unterbreiten.

c) Er kann den Kunden beraten, dann muss er ihm eine persönliche Empfehlung geben.

d) Der Makler muss ihm helfen, seine Versicherungsdinge zu ordnen, er muss ihn also z. B. auf die Prämienzahlungspflicht hinweisen.

e) Er muss im Schadenfall den Kunden gegenüber dem Versicherer beraten, ihm möglicherweise erläutern, warum er welchen Anspruch hat oder nicht hat.

Nur wenn der Versicherungsmakler in unserem Beispielsfall diese Leistungen auch erbringen kann und sie erbringen will, erfüllt er die weiten Voraussetzungen, die ein Versicherungsvertreiber nach § 1a VVG zu erfüllen hat.

Was nicht (mehr) geht, ist der kurze Besuch nach einem Anruf, das Hereinreichen des Formulars, es am nächsten Tag wieder abzuholen und den Kunden dann nie mehr wiederzusehen. Natürlich geht das weiterhin, wenn der Kunde »rundumbetreut« ist. Dann kann eine Erweiterung »mal so eben« durchgeführt werden. Versicherungsberater haben, sofern sie überhaupt für Privatkunden tätig wurden, dazu tendiert, sich nur auf die Beratung und den Abschluss zu fokussieren. Auch das wäre nach den neuen Regelungen nicht mehr möglich.

2.4.5 Wünsche und Bedürfnisse erfragen, Beratung leisten

Fragen oder beraten?

Die Beratungspflicht gibt es seit 2008. Sie war eine Folge der »alten Richtlinie«, der IMD. Auch diese Richtlinie machte schon einen Unterschied zwischen »Fragen« und »Beraten«, was Deutschland aber nicht umgesetzt hat. Nachdem die IDD die Möglichkeit gibt, Versicherungen ohne Beratung zu vertreiben, gewinnt dieser Unterschied jetzt an Relevanz. Der Versicherungsvertreiber muss jetzt also mehr machen als »nur« das deutsche Recht zu befolgen.

Der Versicherungsnehmer muss immer (!) nach seinen Wünschen und Bedürfnissen befragt werden. Das gilt auch dann, wenn er, wie z. B. bei einem »Großrisiko«, ausdrücklich von der Beratung ausgenommen ist, §65 VVG. Die Fragepflicht gilt also auch dann, wenn für Beratung kein Anlass besteht (etwa, weil die Police so einfach ist). Denn nach der IDD hat der Versicherungsnehmer einen Anspruch auf diese Fragen. Zudem muss der abgeschlossene Versicherungsvertrag diesen Wünschen und Bedürfnissen entsprechen.

Wenn der Kunde (zusätzlich) beraten wird, muss der Versicherungsvertreiber ihm eine »persönliche Empfehlung« mitgeben.

Kann es bei Onlineanbahnung eine anlassbezogene Beratung geben?
Anders ausgedrückt: Verzichtet der Kunde auf Beratung, wenn er sich online erkundigt?

Diejenigen Versicherungsvertreiber, die vorwiegend über das Internet abschließen, vertreten diese Meinung. Maklerorganisationen behaupten das Gegenteil. Es gibt – noch zum alten Recht – ein Urteil des OLG München[200], das »Check 24« zu einer gewissen Beratung verurteilt hat. Sogar schon unter der Geltung des alten Rechts neigt sich die Meinung also wohl in die Richtung, dass man nicht ohne Weiteres annehmen kann, ein Kunde wolle nicht beraten werden will, nur weil er das Internet nutzt.

Diese Rechtsauslegung gilt im neuen Recht weiter, also: es bedeutet keinen automatischen Verzicht auf Beratung, wenn der Kunde online abschließt.

Hinzu kommt, dass der Versicherungsvertreiber **in jedem Fall** die Wünsche und Bedürfnisse des Kunden erfragen muss. Damit verliert die Diskussion viel von ihrer Bedeutung – fragen muss der Versicherungsvertreiber immer. Dann kann er – nach europäischem Recht – aufhören, d. h., er kann einen Versicherungsvertrag vermitteln, ohne beraten zu haben. Da das in Deutschland ungewöhnlich ist – weil wir ja nur die Beratung kennen – sollte der Vertrieb, der einen Versicherungsvertrag auf der Basis des Erfragens von Wünschen und Bedürfnissen vermitteln will, das dem Kunden sagen. Und es stellt sich die Frage, ob er dann einen Beratungs- und Dokumentationsverzicht mit seinem Kunden vereinbaren muss. Er berät ja nicht, jedenfalls nicht im Sinne der §§60 & 61 VVG. Und wenn er das nicht tut, macht er sich entweder schadenersatzpflichtig oder er vereinbart einen Beratungs- und Dokumentationsverzicht.

200 OLG München vom 6.4.2017, 29 U 3139/16; vgl. insgesamt zu diesem Komplex Kapitel 1.3.

Verzicht auf Beratung und Dokumentation

Für den Verzicht auf Beratung und Dokumentation, §61 Abs. 2 VVG, ist im Fernabsatz zukünftig nur noch die Textform ausreichend. Das war ein Wunsch der Branche: Wenn man im Fernabsatz vermittelt, also in der Regel elektronische Medien benutzt, passt »Schriftform« so gar nicht. Der »Medienbruch« zur Schriftlichkeit hatte den Beratungs- und Dokumentationsverzicht schwierig gemacht. Das soll jetzt einfacher gemacht werden. Es erscheint auch sinnvoll.

Allerdings bestehen sehr hohe Anforderungen: Das Gesetz schreibt vor, dass dieser Beratungs- und Dokumentationsverzicht mit einem ausdrücklichen Hinweis darauf versehen wird, dass sich der Verzicht nachteilig auf die Geltendmachung von Schadenersatzansprüchen gegen den Versicherungsvertreiber auswirken könne.

Und der Hinweis muss deutlich, ausdrücklich und in der gleichen Urkunde (E-Mail) enthalten sein.

Damit wird der Beratungs- und Dokumentationsverzicht schon schwierig zu vereinbaren sein. Darüber hinaus erscheint auch sehr fraglich, ob ein Versicherungsvertreiber einen solchen Beratungs- und Dokumentationsverzicht systematisch vereinbaren darf. Vor dem Hintergrund, dass auch der im Fernabsatz tätige Versicherungsvertreiber seine Tätigkeit ehrlich, redlich, professionell und im bestmöglichen Kundeninteresse erbringen muss (§1a VVG), erscheint sehr zweifelhaft, ob die Vereinbarung eines grundsätzlichen Beratungs- und Dokumentationsverzichts diesen Anforderungen genügt. Ganz sicher reicht ein elektronisch zu setzendes Häkchen nicht, weil dann der Warnhinweis fehlen oder erst in der Bestätigungs-E-Mail gegeben würde.

Weiter im Beispiel !

Im Beispielsfall:
Der Makler muss die Wünsche und Bedürfnisse des Kunden erfragen und ihn gegebenenfalls beraten – immer ehrlich, redlich und professionell in seinem besten Interesse.
Konkret muss sich der Makler also erkundigen, was der Kunde denn wirklich will: Geht es ihm »nur« um die Absicherung gegen Leitungswasserschäden und insbesondere »nur« um diejenigen, die durch Abwasserrohre außerhalb des Gebäudes eintreten? Oder ist das Interesse für diese besondere Versicherungsart nur deshalb aufgekommen, weil ein Bekannter von ihr geredet hat? Hat der Kunde ausreichenden Versicherungsschutz für sein Haus? Steht Leitungswasser wirklich an erster Stelle?

Wenn der Makler dem Kunden dann ohne weitere Beratung den Versicherungsvertrag vermittelt, sollte er ihn sinnvollerweise darauf hinweisen, dass die Vermittlung ausschließlich aufgrund der Wunsch- und Bedürfnisprüfung zustande kommt.
Allerdings muss der Versicherungsmakler jetzt sehr genau überlegen, ob er »nur« auf der Basis der erfragten Wünsche und Bedürfnisse vermitteln will; er muss dann wohl mit seinem Kunden einen Beratungs- und Dokumentationsverzicht vereinbaren.
Kommt der Kontakt online, telefonisch oder sonst »im Wege des Fernabsatzes« zustande, darf dieser Beratungsverzicht durch eine E-Mail vereinbart werden. In allen anderen Fällen muss ein solcher Verzicht schriftlich sein, also mit eigenhändiger (!) Unterschrift des Kunden. Zusätzlich muss der Makler seinem Kunden auch schreiben, dass durch diesen Verzicht die Chancen auf eine Inanspruchnahme des Maklers geschmälert werden.
Keinesfalls kann der Makler also seinen Kunden einfach per E-Mail zum Verzicht auf Beratung und Dokumentation auffordern und schon gar nicht »per Häkchen«.
Wenn der Makler berät, muss er dem Kunden eine persönliche Empfehlung mitgeben, in der er seinen Rat begründet, z.B.: »Aus den vorliegenden Angeboten empfehle ich Ihnen die Nr. 3. Diese Variante sichert das Risiko, so wie Sie es mir geschildert haben, aus meiner Sicht am besten ab, und hat dabei das günstigste Preis-Leistungs-Verhältnis« – oder so ähnlich.

Ob der Makler seinem Kunden das Standardprodukt ohne die Mitversicherung der Abwasserleitungen außerhalb des Gebäudes oder die Variante unter Einschluss dieses Risikos empfiehlt, ist eine Einzelfrage.

2.4.6 Dokumentation

Auch die Dokumentation ist nichts Neues. §62 VVG beschreibt sie seit 2008 ausführlich. Hinzugekommen sind die Formvorschriften in §6a VVG, aber eigentlich beschreiben diese Vorschriften eine Selbstverständlichkeit (»klar und verständlich«).

Die Dokumentation muss dem Kunden übergeben werden, bevor er seine Entscheidung trifft – auch das hat schon das alte VVG verlangt.

Auch an der Form hat sich wenig geändert: Die Textform reicht auch nach dem neuen Recht und damit reicht auch ein »dauerhafter Datenträger«. Jedoch muss diese Form »angemessen« sein: Die Angemessenheit wird angenommen, wenn der Versicherungsnehmer nachweislich einen Internetzugang hat und von einem solchen wird wiederum ausgegangen, wenn der Versicherungsnehmer in seiner Korrespondenz eine E-Mail-Adresse angibt, §6a Abs. 3 VVG.

Sehr wahrscheinlich wird damit viel Papier aus dem Versicherungsvertrieb verschwinden: Man wird viele Dokumente elektronisch zeigen und ausfüllen, sogar elektronisch unterschreiben können. Schickt man diese sodann dem Versicherungsnehmer per E-Mail zu, ist die Textform gewahrt. Dann muss der Versicherungsvertreiber allerdings aufpassen, dass er mit seinen Informationen noch rechtzeitig ist, denn die Informationen müssen dem Versicherungsnehmer vorliegen, **bevor** er seine Entscheidung trifft.

Bedeutsam ist die sehr deutliche Bußgeldandrohung: Ein Verstoß gegen das Redlichkeitsgebot bezüglich der Informationen, die im Zusammenhang mit dem Vertrieb von Versicherungsprodukten gegeben werden, kann mit bis zu 500.000,- Euro geahndet werden!

2.5 »Interessenkonflikte« – wie können sie vermieden werden?

Der Begriff des Interessenkonflikts taucht derzeit nur in §48a VAG auf und dort auch nur im Zusammenhang mit dem Vertrieb von Versicherungsanlageprodukten. Er ist also für den Vertrieb »normaler« Versicherungsprodukte auf den ersten Blick uninteressant, weil er nicht relevant zu sein scheint.

Das ist aber nur der »erste Blick«, denn wenn man die Begriffe »redlich, ehrlich, professionell im bestmöglichen Interesse des Kunden« – die Wohlverhaltensregel – auslegen will, spielen die Interessenkonflikte eine große Rolle. Und die Wohlverhaltensregel bestimmt, welche Vertriebsvergütung bezahlt werden darf, §48a VAG.

Was also ist ein Interessenkonflikt? Die beste, weil einprägsamste Definition kommt aus der Medizin:

> *Ein Interessenkonflikt ist ein Zustand, in welchem eine professionelle Entscheidung in Bezug auf ein Primärobjekt (Gesundheit des Patienten) dadurch gefährdet sein könnte, dass es ein Sekundärinteresse gibt (wie etwa einen finanziellen Vorteil)*[201]

Also: Wenn nicht auszuschließen ist, dass das Primärziel gefährdet wird, sobald eine besondere finanzielle Vergütung winkt, besteht ein Interessenkonflikt. Es reicht bereits die Gefährdung.

201 Zitiert nach Thompson, 1994, ausführlich in Kapitel 1.10.

Versicherungsvertrieb ist jedoch eine wirtschaftliche Tätigkeit, die natürlich vergütet wird. Also ist immer der Grundstock für einen Interessenkonflikt gelegt.

Aus diesem Grund beschäftigen sich so viele Vorschriften und so viele Meinungsmacher mit der »Vertriebsvergütung«. In diesem Buch gibt es eine Reihe von Kapiteln, die sich mit dem Thema befassen: Kapitel 1.8, 1.10 und 3.

Im Beispielsfall wird unter dem Stichwort »Vergütung« auf die möglichen Interessenkonflikte eingegangen.

Wenn man die Sache »vom Ende her bedenkt«, wird vieles klarer: Die Entscheidung des Maklers im Beispielsfall für entweder das Standardprodukt oder für die Mitversicherung der Abwasserleitungen außerhalb des Gebäudes darf nicht durch ein finanzielles Interesse des Maklers beeinträchtigt werden – man muss wohl hinzufügen: nicht beeinträchtigt werden **können**. Das ist eine hohe Hürde.

Unterschiedliche Abteilungen, »spanische Wände«, können helfen, einen Interessenkonflikt auszuschließen oder »einzudämmen« Solche Überlegungen passen aber eher zu Großunternehmen.

Kleinere Unternehmen müssen z. B. durch Schulungen sicherstellen, dass sich ihre Mitarbeiter mit Kundenkontakt der Gefahr einer Einflussnahme bewusst sind, einen möglichen Konflikt mit dem Kunden ansprechen und dies auch dokumentieren.

2.6 Sanktionen

Grundsätzlich wurden Sanktionen bereits im Kapitel 1.12 ausführlich behandelt. Dort sind die einzelnen Sanktionsarten und ihr Verhältnis zueinander beschrieben.

Für den Vertrieb bedeutsam dürften vor allem zivilrechtliche Sanktionen sein. Hier kommen besonders Unterlassungsklagen in Betracht. Solche auch »Wettbewerbsklagen« genannte Instrumente können so wirken, wie es das folgende Beispiel veranschaulicht.

Beispiel !

Der Vertrieb/die Vertriebssteuerung eines Unternehmens »Paul GmbH« gewährt den Versicherungsmaklern, die für Paul arbeiten, einen Bonus, wenn sie besonders viele Verträge zum Standardprodukt ohne Mitversicherung der Abwasserleitungen außerhalb des Gebäudes vermitteln.

Der Konkurrent »Meyer KG« erfährt davon. Meyer glaubt, dass Paul durch seine Bonusgewährung die Grundsätze des §48a VAG verletzt und sich damit nicht im bestmöglichen Interesse seiner Kunden verhält.

Meyer kann nun

- bei Gericht eine Unterlassung nach dem Wettbewerbsrecht beantragen,
- auf Schadenersatz klagen,
- bei der Aufsichtsbehörde eine Beschwerde über Paul einlegen.

Über die Unterlassungsklage kann auf Antrag ohne mündliche Verhandlung entschieden werden. Dann bekommt Paul »aus heiterem Himmel« die gerichtliche Anordnung, seine Vertriebssteuerung sofort (!) umzustellen. Meist wird jeder Fall der Zuwiderhandlung mit einer Geldbuße geahndet, die auch schon einmal sechsstellig sein kann. Schlimmstenfalls – aus Sicht von Paul – geht diese Geldbuße an seinen Konkurrenten Meyer.

Für die Schadenersatzklage muss zunächst ein konkreter Schaden bewiesen werden.

Die Beschwerde bei der Aufsicht kann gravierende Folgen haben: Ein Verstoß gegen das Kernstück der neuen Vertriebsrichtlinie, gegen die Wohlverhaltensregel, kann Fragen nach der Zuverlässigkeit (bei Vermittlern) oder der Geeignetheit (bei Versicherern) auslösen und im Extremfall zum Entzug der Erlaubnis führen. Jedenfalls aber kommt es zu einer Prüfung bei Paul.

Außerdem wird die Aufsichtsbehörde überlegen, ob eine Bußgeldvorschrift zur Anwendung kommen könnte:

- War die tatsächlich handelnde Person entsprechend aus- und weitergebildet, §34d GewO i.V.m. §48 Abs. 2 VAG? Wenn nein, könnte ein Bußgeld für den mit diesem Makler zusammenarbeitenden Versicherer von bis zu 500.000,- Euro drohen.[202]
- Waren die Angaben zum Produkt möglicherweise unrichtig, §1a VAG? Wenn ja, könnte auch insoweit ein Bußgeld bis zu 500.000,- Euro drohen.[203]

Vor allem die Unterlassungsklage hat sehr abschreckende Wirkung, denn sie ist sofort (!) umzusetzen. Je größer das Unternehmen Paul ist, desto schwieriger wird es für Paul, entsprechend zu reagieren.

Natürlich sind auch die Bußgeldandrohungen erheblich. Noch haben wir in Deutschland mit so hohen Bußgeldern wenig Erfahrung.

Fazit !

Die Anforderungen an den Vertrieb sind gewaltig gestiegen.

202 §332 Abs. 3 Nr. 3 i.V.m. Abs. 5 Alternative 3.
203 §332 Abs. 3 Nr. 3a i.V.m. Abs. 5 Alternative 3.

3 Vergütung

Überblick

- **Für wen dieses Kapitel wichtig ist:**
  Für alle — Versicherer, Versicherungsmakler, Versicherungsvertreter, Versicherungsberater
- **Wer/welche Abteilung damit zu tun hat:**
  Personal (und Mitarbeitervertretungen, Betriebsrat), Vertrieb (und Vertriebssteuerung), Controlling, Compliance
- **Wo im Kapitel 1 die rechtlichen Aspekte erläutert werden:**
  Kapitel 1.7 und 1.8
- **Was die rechtliche Basis ist:**
  §§25, 48a VAG, §1a VVG, VersVergV, Art. 275 VO (EU)2015/35

Für welche Unternehmen ist dieser Bereich von Bedeutung? Welche Abteilung sollte sich mit dem Thema befassen?
Dieses Kapitel betrifft **alle** Versicherungsvertreiber und in ihren Unternehmen viele unterschiedliche Bereiche/Abteilungen. Das ist selbstverständlich, weil »Versicherungsvertrieb« ja eine wirtschaftliche und auf Gewinn ausgerichtete Tätigkeit ist.

Die Grundzüge der IDD – und dementsprechend auch die Umsetzung der IDD in deutsches Recht – gehen jedoch über diese Selbstverständlichkeit hinaus, weil sie zum einen die Vergütung koppeln an »Wohlverhalten« und weil sie zum anderen die Vergütung (damit) zu einem wesentlichen Teil der Geschäftsorganisation machen.

»Vergütung« im Sinne der neuen gesetzlichen Vorschriften meint nicht nur Provisionen und Courtagen, sondern auch alle anderen Zahlungen wie Boni und sonstige verkaufsorientierte Entgelte – auch an eigene Angestellte. Gemeint sind auch alle nicht-finanziellen Anreize, extern wie intern.

Deshalb ist es wichtig, diesem Thema ein eigenes Kapitel zu widmen. Soweit sinnvoll, wurden und werden die Erkenntnisse dieses Kapitels verkürzt in den anderen Kapiteln aufgegriffen.

Zusammenfassung !

Das »bestmögliche Kundeninteresse« steht im Vordergrund. Es darf nicht durch Fehlanreize im Vergütungssystem beeinträchtigt werden. Viele Details der Überlegungen der verschiedenen Gesetzgeber finden sich zwar überwiegend in Rege-

lungen, die »nur« für den Versicherungsanlagebereich gelten; es ist jedoch sinnvoll sich an ihnen zu orientieren.
Gefordert ist damit eine Geschäftsorganisation, die durch alle Bereiche der Unternehmen hindurch eine stringente Vergütungspolitik betreibt und das Auftauchen von Interessenkonflikten möglichst verhindert.
Am Schluss des Kapitels wird versucht mithilfe einer Tabelle zu verdeutlichen, welche Zuwendungen – extern wie intern – wahrscheinlich möglich, welche fraglich, und welche voraussichtlich nicht mehr möglich sind.

3.1 Was ist eine »Vertriebsvergütung«?

Die Definition ist in §7 Nr. 34b VAG zu finden:

> *Vertriebsvergütung: alle Arten von Provisionen, Gebühren, Entgelten oder sonstigen Zahlungen, einschließlich wirtschaftlicher Vorteile jeglicher Art, oder finanzielle oder nicht finanzielle Vorteile oder Anreize, die in Bezug auf Versicherungsvertriebstätigkeiten angeboten oder gewährt werden, ...*

Das ist eine sehr weite Definition. Wahrscheinlich ist es kein Fehler, den europäischen Beamten und dem deutschen Umsetzungsgesetzgeber zu unterstellen, dass sie **alles** erfassen wollten, was einen Anreiz setzen könnte – denn das Schutzobjekt, um dass es letztlich geht, ist ja das Kundeninteresse!

Im Einzelnen werden im Folgenden die verschiedenen Vergütungssysteme daraufhin überprüft, ob und in welchem Umfang sie noch zulässig sein können.

3.1.1 Externe Vergütungen

Zunächst sind damit die klassisch in Courtagevereinbarungen (meist mit Maklern) oder Provisionsabsprachen (normalerweise mit Vertretern) niedergelegten Entgelte gemeint. Sie werden üblicherweise im Falle des Abschlusses eines Versicherungsvertrags fällig und zumeist in prozentualen Anteilen der Prämie bemessen. Sie können als einmalige, reine Abschlussprovision ausgestaltet sein – diese Variante trifft man vorwiegend im Lebens- und Krankenversicherungsbereich an – oder als »laufende« Provision, die über die Laufzeit des Vertrages gezahlt wird und damit das Betreuungselement stärker hervorhebt.

Das Gesetz spricht im neuen §48c VAG insoweit von »Zuwendungen«. Man kann sie in Abgrenzung zu Gehältern und Boni – so wie in diesem Buch – auch als »externe Vergütungen« bezeichnen.

Gemeint sind aber auch alle anderen Arten von Zuwendungen wie Bürokostenzuschüsse, Kostenzuschüsse für Produkt- und Vertriebsschulungen, Incentives wie z.B. Reisen, andere Geschenke oder Einladungen, Marketingzuschüsse, Messegebühren und Ähnliches. Nimmt also z.B. ein Versicherer an einer von einem Makler veranstalteten Messe teil und zahlt er hierfür einen Teilnahmebeitrag, gehört auch diese Zahlung zur »Vertriebsvergütung«. Gleiches gilt für die Zahlung von Versicherern an Makler für die Nutzung von Kundendaten oder Kundenerhebungen und Ähnlichem. Natürlich gilt auch das Umgekehrte: Der Makler bekommt Geld vom Versicherer für den Besuch einer vom Versicherer veranstalteten Messe oder eines sonstigen Events.

Diese Aufzählung ist natürlich nicht erschöpfend. Sie soll zunächst nur verdeutlichen, dass der Begriff der Vertriebsvergütung allein schon im externen Bereich sehr weit ist. Eine ganz andere Frage ist, ob in einigen dieser Zahlungen möglicherweise ein Compliance-Probleme liegen könnten. Dieser Frage wird im Kapitel 8 »Compliance« nachgegangen.

3.1.2 Interne Vergütungen

Der Begriff »Vertriebsvergütung« umfasst auch die »internen Vergütungen«: Von Gehältern über Boni und sonstigen, vertriebsabhängigen Entgelten ist auch hier wieder alles gemeint, was dem Empfänger einen wirtschaftlichen oder nicht-wirtschaftlichen Vorteil verschafft. Dass die Vertriebsvergütung auch den internen Bereich umfasst, ergibt sich aus §48a Abs. 1 VAG:

> *Die Vertriebsvergütung von Versicherungsunternehmen und deren Angestellten …*

3.1.3 Sicht der Aufsicht

Der Anwendungsbereich ist also allumfassend und das wird auch von der Aufsicht so gesehen: Die prinzipienbasierte Aufsicht hat dabei einen neuen prozessorientierten Prüfungsansatz und prüft im Rechnungswesen. Dort lässt sie sich das Konto des Vermittlers zeigen. Im Rechnungswesen sind aber natürlich alle Buchungen verzeichnet, auch solche für »Kostenersatz«, »Messegebühren«, »Marketingzuschuss« u. ä. Und so bekommt die Aufsicht einen ganzheitlichen Überblick über die Finanzströme zwischen Versicherer und Vermittler oder Berater.

3.1.4 Noch einmal im Detail und konkret: Was ist Vertriebsvergütung?

Was Vertriebsvergütung ist, kann wohl niemand bis ins genaueste Detail sagen. Zumindest soll hier der Versuch einer Aufzählung und Einteilung – beides nicht abschließend – gemacht werden:

1. Provision/Courtage/Boni
1.1 Basisvergütung
1.1.1 abschlussorientiert
1.1.2 laufend/betreuungsorientiert
1.2 quantitatives Element
1.3 verlaufsabhängiges Element
1.4 Incentives
2. Abhängig von einer Dienstleistung
2.1 Policierung
2.2 Risikobewertung
2.3 Marktbefragung
2.4 Meistbegünstigung
3. Organisationskosten
3.1 Produktschulungen
3.1.1 kostenfrei
3.1.2 zusätzliche Kostenerstattung
3.2 Bürokostenzuschuss
3.3 Marketing-/Messezuschuss

In der Tabelle am Schluss des Kapitels werden diese beispielhaften Vergütungen bzw. Vergütungselemente auf die Bereiche »extern« und »intern« aufgeteilt und jeweils bewertet. Auch das ist aber eine sehr subjektive Herangehensweise.

Entscheidend ist, ob die Vergütung in Konflikt mit dem »bestmöglichen Kundeninteresse« geraten **kann**. Dann widerspricht sie der Wohlverhaltensregel des §1a VVG.

Dafür spielt sicher die Summe der Zuwendung eine wesentliche Rolle. Und natürlich ist wichtig, welches Verhältnis diese Summe der Zuwendungen zum Wert des vertriebenen Versicherungsproduktes hat.

3.2 Gelten die neuen Regeln auch für Versicherungsmakler, -vertreter und -berater?

§48a VAG richtet sich von seiner Stellung und seinem Wortlaut her zunächst ausschließlich an Versicherungsunternehmen, also an den Versicherer/Risikoträger. Das ist ja auch sinnvoll, weil üblicherweise der Versicherer externe Vergütungen, also Provisionen und Courtagen, auslobt.

Makler und Vertreter sind einerseits betroffen, weil sie sich über diese externen Vergütungen der Versicherer finanzieren. Wenn sich die Struktur dieser Zahlungen ändert und deshalb Courtage- oder Provisionsvereinbarungen neu verhandelt werden, ist das für die Vermittlerunternehmen von großer Bedeutung. Das ist die passive Seite.

Die neuen Vorschriften haben aber auch einen direkten Einfluss auf die Versicherungsvermittlerunternehmen: Wenn sie selbst Angestellte oder selbstständige Handelsvertreter (»84er«) haben, die sie bezahlen. Auch deren Vergütung unterliegt den Grundsätzen des §48a VAG, obwohl das VAG für Versicherungsmakler, -vertreter und -berater nicht direkt gilt.

In §48a VAG hat der Gesetzgeber »Wohlverhalten« so eng mit Vergütungsfragen gekoppelt, dass eine Befolgung dieser Kardinalpflicht ohne Befolgung der Vergütungsvorgaben nicht vorstellbar ist. Und die »Wohlverhaltensregel« des §1a VVG gilt für alle, §59 VVG Abs. 1 S. 2 und 3 für Makler und Vertreter, Abs. 4 S. 2 und 3 für Berater.

Diese, auch als Kardinalpflicht bezeichnete Regel verlangt Ehrlichkeit, Redlichkeit und Professionalität von allen Versicherungsvertreibern und deren Fokussierung auf das »bestmögliche Kundeninteresse«. Anders ausgedrückt: Ein Makler, der in seinem Unternehmen Boni und sonstige vertriebsabhängige Zahlungen vereinbart, die nicht den Kriterien des §48a VAG entsprechen, handelt nicht im bestmöglichen Kundeninteresse und nährt Zweifel an seiner Zuverlässigkeit, die Voraussetzung für seine Erlaubnis und Eintragung in das Register ist.

Die Antwort zur Frage, ob die neuen Regeln auch für Versicherungsmakler, -vertreter und -berater gelten, lautet also: Ja, auch für Versicherungsmakler und -vertreter gelten die neuen Regeln. Passiv, weil sie Empfänger von Provisionen und Courtagen sind, und aktiv, weil auch die Vergütungssysteme in ihren Unternehmen diese Grundsätze beachten müssen.

Auch Versicherungsberater müssen sich mit den Vergütungsregeln auseinandersetzen. Zum einen gilt für sie das Gleiche wie für Vermittlerunternehmen: Wenn sie über eigene Angestellte verfügen, so muss deren Bezahlung den Grundsätzen des §48a VAG entsprechen, weil dies Teil der Wohlverhaltensregel ist. Boni für besonders zahlreiche Abschlüsse wären da kritisch!

Zum anderen müssen Versicherungsberater das Verbot befolgen, keine Vergütung von Dritten anzunehmen, §34d Abs. 2 S.3 GewO. Da der Begriff »Vertriebsvergütung« in §7 Nr. 34b VAG sehr weit gefasst ist, müssen Versicherungsberater sehr sorgfältig darauf achten, dass sie nicht gegen dieses Gebot verstoßen. Die Bagatellgrenzen sind für Zuwendungen im Sinne des §48a VAG weit geringer als für Geschenke, Einladungen oder Ähnliches im Rahmen der üblichen Compliance-Prüfung.

3.3 Welche weiteren Regularien gibt es zum Thema Vergütung?

Die Frage ist – leider! – mit der Aufzählung der Rechtsgrundlagen zur vorherigen Frage noch nicht beantwortet. Die beiden eben besprochenen Vorschriften, also §7 Nr. 34b und §48a VAG, sind aber die Grundlage aller Überlegungen und natürlich §1a VVG. Für die internen Vergütungen kommt §25 VAG hinzu.

Daneben gibt es noch die »Versicherungsvergütungsverordnung«[204], die regelt, wie die Grundsätze der internen Vergütung auszusehen haben.

Die Solvency 2 Richtlinie beinhaltet eine Ermächtigung an die europäische Kommission zum Erlass einer Verordnung, von der die Kommission am 10. Oktober 2014 Gebrauch gemacht hat. Artikel 275 dieser »VO (EU) 2015/35« beschreibt die aus Sicht des europäischen Gesetzgebers richtigen Grundsätze einer Vergütungspolitik. Natürlich geschieht das diesmal vor dem Hintergrund der richtigen Risikoeinteilung – denn das ist der Zweck von Solvency.

Schließlich sind die Überlegungen der europäischen Kommission zu berücksichtigen, die im Bereich »Interessenkonflikte« eine delegierte Verordnung ent-

204 Die VersVergV vom 18. April 2016. Vgl. auch Kapitel 1.7.3.

worfen hat. Verordnungen sind in Deutschland unmittelbar geltendes Recht und stehen als europäische Rechtsakte im Rang über den deutschen Normen.

Damit ist die Interpretation dessen, was eine noch erlaubte Vergütung sein kann, nicht einfacher geworden,

Ob dennoch weitere Überlegungen einbezogen werden sollten, die bei der Interpretation helfen könnten? Das wären dann die kapitalmarktrechtlichen Regularien, die teilweise Pate gestanden haben bei der Formulierung der IDD und deren Berücksichtigung im Gesetzgebungsprozess zur Umsetzung der IDD immer wieder eingefordert wurde. Damit käme in erster Linie das Wertpapierhandelsgesetz (WpHG) ins Spiel.

Aber zunächst zur Praxis der Vergütungen.

3.3.1 Was muss gemacht werden? Blickpunkt: Vertriebsvergütung!

Alle gerade genannten Regularien fordern, dass die Vertriebsvergütung nicht dazu führen darf, dass der Vertrieb das Interesse des Kunden aus dem Blick verliert. Also müssen alle Vergütungssysteme der Wohlverhaltensregel entsprechen, wonach der Versicherungsvertreiber sich stets ehrlich, redlich und professionell verhält und immer im bestmöglichen Interesse des Kunden handelt.

Wie stellt man das sicher?

- Finanzielle (Fehl-)Anreize müssen vermieden werden.
- Zu vermeiden ist ein möglicher Interessenkonflikt zwischen Kunde, Vermittler und/oder Versicherer, der auf unterschiedlichen Interessen bezüglich eines bestimmten Abschlusses des Vertriebsprozesses beruht.

3.3.2 Wie muss die Vergütung gestaltet sein? Wie darf sie nicht gestaltet werden? Und wird das irgendwo im Detail beschrieben?

Der Gesetzgeber hat das in §48a Abs. 1 geregelt:

> *Die Vertriebsvergütung von Versicherungsunternehmen und deren Angestellten darf nicht mit ihrer Pflicht, im bestmöglichen Interesse der Kunden zu handeln, kollidieren. Versicherungsunternehmen dürfen keine Vorkehrungen durch Vertriebsvergütung, Verkaufsziele oder in anderer Weise*

> *treffen, durch die Anreize für sie selbst oder Versicherungsvermittler geschaffen werden könnten, einem Kunden ein bestimmtes Versicherungsprodukt zu empfehlen, obwohl sie ein anderes, den Bedürfnissen des Kunden besser entsprechendes Versicherungsprodukt anbieten könnten.*

Es geht also um das bestmögliche Kundeninteresse. Dies darf durch die Art der Vergütung nicht aus dem Fokus verloren werden. Und dann spezifiziert das Gesetz noch einmal, dass das empfohlene Versicherungsprodukt den Bedürfnissen des Kunden entsprechen muss und nicht durch ein anderes Produkt, das eventuell mit einer höheren Provision versehen ist, ersetzt werden darf.

Das bleibt aber alles noch immer recht schwammig, man kann es nicht genau fassen.

Hier hilft die europäische Kommission mit Interpretationen dazu, wie das Kundeninteresse gewahrt werden sollte. Leider betrifft die insoweit einschlägige »delegierte Verordnung«[205] den ohnehin viel stärker regulierten Bereich der Versicherungsanlageprodukte. Hier allerdings finden wir dann Auslegungsgrundsätze. Warum man diese auch auf den Vertrieb von »normalen« Versicherungsprodukten anwenden sollte, wird später erläutert. Zunächst zu den Auslegungsgrundsätzen selbst:

In erster Linie geht es um den Begriff des »**Interessenkonfliktes**«. Mit ihm wird erläutert, was eine Vertriebsvergütung darf und was sie nicht darf.

3.4 Interessenkonflikte

3.4.1 Was ist ein »Interessenkonflikt«? Warum muss er vermieden werden?

Der Gesetzgeber hat in §48a Abs. 3 definiert, was ein Interessenkonflikt ist:

> *Interessenkonflikte ... sind solche, die bei Versicherungsvertriebstätigkeiten zwischen Versicherungsvermittlern und Versicherungsunternehmen ... und ihren Kunden oder zwischen ihren Kunden untereinander entstehen können.*

205 Diese ist im Kapitel 1.10 genau beschrieben.

Es geht also um die Beziehungen

- zwischen Versicherer und Vermittler
- zwischen Vermittler und Kunde
- zwischen Versicherer und Kunde
- zwischen Kunde und Kunde

Neben den Unternehmen sind jeweils die handelnden Personen gefordert – das ergibt sich, wenn man die Vorschrift komplett zitiert:

> *Interessenkonflikte ... sind solche, die bei Versicherungsvertriebstätigkeiten zwischen Versicherungsvermittlern und Versicherungsunternehmen* ***selbst, einschließlich ihrer Geschäftsleitung und ihrer Angestellten, oder anderen Personen, die mit ihnen direkt oder indirekt durch Kontrolle verbunden sind,*** *und ihren Kunden oder zwischen ihren Kunden untereinander entstehen können.*

Besteht ein solcher Interessenkonflikt oder ist er auch nur wahrscheinlich, so könnte dies das »bestmögliche Interesse des Kunden« beeinträchtigen. Allein diese Gefahr ist es, welcher der Gesetzgeber vorbeugen will.

In ihrer im Entwurf vorliegenden »delegierten Verordnung« spezifiziert die europäische Kommission, was denn nun ein Interessenkonflikt ist. Artikel 3 sagt, dass ein Interessenkonflikt zu befürchten ist, wenn der Versicherungsvertreiber ein Interesse am Ergebnis der Vertriebsbemühung hat, das

- entweder unterschiedlich von dem Interesse des Kunden ist oder
- das Potenzial hat, sich schädlich für den Kunden auszuwirken.

Das ist immerhin schon etwas klarer. Aber die Kommission wird noch deutlicher:

Ein unterschiedliches Interesse ist in der Regel dann anzunehmen, wenn

- der Versicherungsvertreiber einen finanziellen Gewinn zu erwarten hat, wenn er ein dem Kunden schädliches Produkt vorschlägt oder
- wenn ein Versicherungsvertreiber ein finanzielles oder nicht-finanzielles Incentive hat, einen Kunden anders/besser zu behandeln als einen anderen Kunden, oder
- wenn die Person, die tatsächlich mit dem Kunden spricht, auch im Produktentwicklungsprozess, besonders bezüglich der Preisgestaltung, involviert ist.

Diese Grundsätze werden dann noch auf Gruppen von Versicherern ausgedehnt.

Damit ist die Frage beantwortet, was zu vermeiden ist: ein möglicher Interessenkonflikt zwischen Kunde, Vermittler und/oder Versicherer, der auf unterschiedlichen Interessen bezüglich eines bestimmten Abschlusses des Vertriebsprozesses beruht. In erster Linie spielen hier finanzielle (Fehl-)Anreize eine Rolle.

3.4.2 Wie vermeidet man Interessenkonflikte?

Auch hier hilft uns die Kommission weiter und natürlich geht es wieder um die Geschäftsorganisation:

Es muss ein Prozess eingerichtet werden, der sicherstellt, dass Interessenkonflikte möglichst vermieden werden. Erst wenn das nicht geklappt hat, muss der (dann dennoch) entstandene Interessenkonflikt offengelegt werden.

Natürlich muss ein solcher Prozess zur Vermeidung von Interessenkonflikten schriftlich niedergelegt, umgesetzt, genutzt und regelmäßig überprüft werden. Die Leitungsebene des Versicherungsvertriebsunternehmens ist regelmäßig zu informieren und muss die Geschäftsorganisation genehmigen. Der Prozess sollte mindestens folgende Punkte umfassen:

- Detaillierung der möglichen Interessenkonflikte für jedes Produkt/jeden Vertriebsprozess,
- Strukturierung/Verhinderung der Kommunikation solcher Personen untereinander, deren Zusammenwirken zu dem Interessenkonflikt führen könnte,
- unterschiedliche Aufsicht/Führung über solche Personen/Gruppen,
- Verhinderung einer kausalen Beziehung zwischen Zahlung/Zahlungsanweisung und anderen Aktivitäten, sofern hierdurch ein Interessenkonflikt zu besorgen ist,
- Reduzierung der Möglichkeit zur Einflussnahme auf diejenigen natürlichen Personen, die den Vertrieb beim Kunden tatsächlich durchführen,
- Verhinderung einer Verantwortungsübernahme für verschiedene Vertriebsaktivitäten (gleichzeitig oder hintereinander), sofern hierdurch Interessenkonflikte zu besorgen sind,
- Implementierung einer Compliance-gerechten Geschenke- und Einladungs-Richtlinie.

Sodann wird klargestellt, dass die Vertriebsunternehmen diesen Prozess selbst aufstellen und überwachen müssen und dass sie verpflichtet sind, Schwachstellen dieses Prozesses den Aufsichtsbehörden mitzuteilen! Letzteres ist schon eine sehr weitgehende Auslegung der prinzipienbasierten Aufsicht!

Schließlich, als letztes Mittel, soll der Interessenkonflikt, soweit er doch nicht vermieden werden konnte, dem Kunden offengelegt werden.

Der Prozess/die Geschäftsorganisation, die all das leisten soll, muss natürlich gelebt, dass heißt auch regelmäßig überprüft werden. Die Leitungsebene des Versicherungsvertreibers, der diesen Prozess aufgebaut hat, ist regelmäßig einzubeziehen; es sind regelmäßige, schriftliche Bericht abzufassen. Die Leitungsebene muss diese Geschäftsorganisation auch absegnen.

Die gleichen Überlegungen gelten für Vertriebsvergütungssysteme. Hier kommt es vor allem darauf an, ob lediglich quantitative Überlegungen im Vordergrund stehen, die das bestmögliche Interesse der Kunden bedrohen könnten, ob die in den Anreizsystemen verborgenen Werte angemessen sind und ob ausreichende Vorsorge für Storni getroffen wurde. Auch die Frage von Abschluss- und Bestandsprovision kann in der Bewertung des Schemas eine Rolle spielen.

3.5 Wer ist gefordert? Welche Abteilung?

Auch diese Fragen sind leider nur vielschichtig zu beantworten.

3.5.1 Interne Vergütungen

Für die internen Vergütungen, also vor allem für Boni und sonstige vertriebsgesteuerte Zuwendungen an (Innendienst-)Angestellte, ist natürlich das Personalwesen zuständig. Mit im Boot sind Mitarbeitervertretungen, also Betriebsräte, soweit sie gebildet wurden. Bei Aktiengesellschaften ist auch der Aufsichtsrat gefragt, bei GmbHs können ähnliche Aufsichtsgremien gebildet werden, die dann ähnliche Verpflichtungen haben. Diese Gremien haben über die Vergütung der Vorstände bzw. der Geschäftsleitung zu bestimmen.

Natürlich müssen die Vergütungen auch risikogerecht unter dem Aspekt von Solvency 2 sein. Es geht also nicht »nur« darum, Boni und andere Leistungs anreize so zu gestalten, dass sie das bestmögliche Kundeninteresse nicht verletzen. Die Vergütungen dürfen auch das eigene Unternehmen nicht überfordern, müssen auf nachhaltigem Erfolg des Anspruchsberechtigten beruhen und auch sonst den Anforderungen der Verordnung zur Solvency-2-Richtlinie genügen. Diese Richtlinie gibt auch vor, dass die Vergütungspolitik von demjenigen Managementorgan verantwortet wird, das die (internen) Vergütungen derjenigen Mitarbeiter bestimmt, die das Risikoprofil des Unternehmens maßgeblich prägen. Insofern ist § 25 VAG von Bedeutung.

Der Blickwinkel »risikogerechte Vergütung«, also der Solvency-Ansatz, wird in diesem Buch jedoch nur insoweit behandelt, als er wichtig ist, um den geforderten Gesamtprozess zu verstehen.

3.5.2 Externe Zuwendungen

Für die externen Zuwendungen ist der Vertrieb zuständig oder besser: diejenige Stelle, die für Vertriebssteuerung zuständig ist. Das können für den Maklervertrieb, die Vertreterorganisation oder Angestelltenvergütung durchaus unterschiedliche Stellen sein.

3.5.3 Den Vergütungsprozess insgesamt betrachten

Ganz wichtig wird sein, dass alle diese verschiedenen Abteilungen **gemeinsam** an dem Prozess arbeiten, der dafür sorgt, dass es keinen Konflikt gibt mit dem bestmöglichen Interesse des Kunden. Wären die Prozesse nicht ähnlich, nicht aufeinander abgestimmt, würde das darauf hindeuten, dass sich die Leitungsebene des Versicherungsunternehmens nicht ausreichend informiert hat. Und das wäre ein Missstand, der die Aufsicht zum Eingreifen nötigen würde. Ob dabei der Grund zum Eingreifen mehr bei den Solvency-2-Richtlinien oder mehr bei der IDD liegt, ist für das betroffene Unternehmen von geringem Interesse.

Nochmals mit wenigen Worten zusammengefasst:

Die Vergütungen müssen sich innerhalb des Rahmens

- des bestmöglichen Kundeninteresses und
- des Risikomanagements des Versicherungsunternehmens

bewegen.

! **Beispiel**

Die Kriterien, nach denen interne Boni vergeben werden, müssen mit den Kriterien zusammenpassen, nach denen externe Provisionen und Courtagen berechnet werden. Dabei darf weder die eine noch die andere Zuwendung das »bestmögliche Kundeninteresse« außer Acht lassen!
Deshalb kann weder intern noch extern ein Bonus/eine Provisionssteigerung ausgelobt werden, der/die ausschließlich quantitative Ziele hat:
»Ab 1.000 vermittelten Verträgen gibt es X,- Euro mehr/steigt die Provision/der Bonus um Y %«.
Eine solche Vereinbarung wäre wohl nur in seltenen Grenzfällen mit dem »bestmöglichen Kundeninteresse« zu vereinbaren.

Das ist ein einfaches Beispiel dafür, was die Koordination zwischen »extern« und »intern« angeht, weil ein solches, rein quantitatives Ziel in beiden Bereichen nicht (mehr) möglich sein wird.
Anders ist die Frage hingegen möglicherweise für erlaubte Boni zu stellen: Dürfen intern andere Regeln gelten als für die Zuwendungen an Vertreter oder Makler (hinsichtlich des gleichen Versicherungsprodukts natürlich)? Das ist sehr fraglich und muss gut begründet sein – z. B. kann die Reisekostenerstattung für Schulungen für die eigenen Angestellten sinnvoll, für Makler aber schon ein Compliance-Problem sein.
Diese, unbedingt nötige Koordination zwischen externen und internen Boni könnte sich als der wichtigste Teil aller Überlegungen zur Vergütung herausstellen. Damit ist hier wahrscheinlich das gesamte Leitungsorgan, also der Gesamtvorstand, die Gesamtgeschäftsleitung angesprochen – eine eher seltene Konstellation.

3.6 Was bedeutet »nachteilig/schädlich/abträglich für das/dem Kundeninteresse«?

Die Begriffe »nachteilig«, »schädlich« oder »abträglich« tauchen an einigen Stellen der deutschen Fassung der Richtlinie auf und sind dann jeweils Übersetzungen des englischen Wortes »detrimental« oder »to the detriment«. In der Umsetzung, also im deutschen Gesetzestext, taucht das Wort »nachteilig« nur an einer Stelle auf, in § 48a Abs. 6. Dort wird gesagt, dass sich eine Provision oder ein Vorteil **nicht nachteilig auf die Dienstleistung** auswirken darf.

Der deutsche Gesetzestext sagt an den Stellen, welche die Begriffe aus der deutschen Fassung der Richtlinie nutzen – also nachteilig, schädlich, abträglich –, dass ein bestimmtes Verhalten »nicht dem Kundeninteresse zuwiderlaufen darf«.

In der delegierten Verordnung – die zum Zeitpunkt der Drucklegung nur im Entwurf, also nur auf Englisch vorlag – ist häufig von »detrimental« die Rede; die bedeutendste Stelle ist wohl Artikel 3 Abs. 1 Buchstabe b:

> *Conflict of interest may arise when a situation »has the potential to influence the outcome of the distribution activities to the detriment of the customer«*

Auf Deutsch etwa:

> *Ein Interessenkonflikt kann in einer Situation entstehen, in welcher das Ergebnis des Vermittlungsprozesses dem Kunden zum Nachteil gereichen könnte.*

Katalogartig beschäftigt sich Artikel 8 dieser delegierten Verordnung mit dem Begriff »detrimental«. Schädlich, nachteilig oder dem Kundeninteresse abträglich ist danach:

- wenn es ein besseres als das vermittelte Produkt gegeben hätte,
- wenn ausschließlich quantitative Elemente die Zuwendung bestimmen,
- wenn das Verhältnis zwischen Zuwendung und Produktpreis unverhältnismäßig ist,
- wenn durch die Zahlung ausschließlich zu Beginn des Vertrages ein Interessenkonflikt zu befürchten ist,
- wenn eine Stornobeteiligung für den Zuwendungsempfänger fehlt,
- wenn die Zuwendung volumenabhängig ist.

Es ist schade, dass sich diese Begrifflichkeiten nicht stringent durch die verschiedenen Gesetzestexte ziehen – dann hätte es der Rechtsanwender einfacher!

Die delegierte Verordnung gilt, wie mehrfach gesagt, nur für den Vertrieb von Versicherungsanlageprodukten. Da sie aber klare Aussagen darüber macht, was der Richtliniengesetzgeber als »schädlich, nachteilig oder den Kundeninteressen abträglich« ansehen könnte, werden ihre Inhalte hier als Hilfestellung zur Interpretation wiedergegeben.

Das eben Erläuterte lässt sich mit folgenden Worten zusammenfassen:
Alles, was für die Interessen des Kunden schädlich/nachteilig oder abträglich sein kann, löst einen Interessenkonflikt aus.

3.7 Strengere Regeln für Versicherungsanlageprodukte auf »normale« Produkte anwenden?

Geht es in diesem Abschnitt tatsächlich darum, **ob** man die – strengeren – Regularien für Versicherungsanlageprodukte auf »normale« Versicherungsprodukte anwenden sollte? Eigentlich geht die Frage deutlich darüber hinaus, eigentlich lautet sie, **warum** man das tun sollte. Die einfache Antwort: Weil es keine anderen Auslegungsregeln gibt.

Zudem stehen auch im deutschen Recht – also nicht nur in der IDD – die Regeln zur »richtigen« Vertriebsvergütung für »normale« und für Versicherungsanlageprodukte in der gleichen Vorschrift, nämlich in § 48a VAG.

Die Detaillierung beschränkt sich dann zwar nur auf den Vertrieb von Versicherungsanlageprodukten. Man kann also – mit Recht! – argumentieren, dass diese Detaillierungen nicht für den Vertrieb »normaler« Versicherungsprodukte zu gelten haben. Nur – dann hat man gar keine Hilfestellung.

Aufsichtsbehörden und Gerichte werden ähnliche Überlegungen anstellen: Sie werden feststellen, dass sich die Kommission zur Vermeidung von Interessenkonflikten detailliert nur geäußert hat, was den Vertrieb von Versicherungsanlageprodukten angeht. Sie werden aber auch feststellen, dass die vorbereitenden Papiere der EIOPA eine Übertragung dieser Überlegungen auf normale Versicherungsprodukte für möglich und sogar wünschenswert gehalten haben. Dann stehen im Zweifel die nach dem Gesetzeswortlaut richtige Auslegung und die Interpretation der höchsten europäischen Aufsichtsbehörde einander gegenüber. Jetzt wird der Anwender darlegen müssen, dass seine Interpretation – welche? – richtiger ist als die der EIOPA.

Ein solches Unterfangen sollte nur starten, wer genau begründen kann, dass und warum er einen anderen Weg eingeschlagen hat. Unstreitig muss auch ein abweichendes Modell einen Geschäftsprozess vorweisen, der verhindert, dass finanzielle und nicht finanzielle Fehlanreize zu einem Vertriebsergebnis führen, das nicht dem bestmöglichen Kundeninteresse gerecht wird. Sogar die Gefahr eines solchen Ergebnisses darf nicht entstehen.

3.8 Steuerfragen

Steuerfragen sind durch den §4 Nr. 11 UStG eigentlich erledigt. Diese Vorschrift besagt im Ergebnis, dass die Zahlungen für die Tätigkeit als Versicherungsvermittler von der Mehrwertsteuer befreit sind. Aber eben nur diejenigen, die »aus der Tätigkeit als Versicherungsvermittler« resultieren!

Hier soll nur auf ein Detail hingewiesen werden: Gelegentlich wird versucht, die Zuwendungen, meist für Makler, mit einer Dienstleistung zu begründen, die diese Makler dem Versicherer gegenüber erbringen. Wenn dafür aber eine separate »Gebühr« fällig wird, kann man fragen, ob es noch eine Tätigkeit eines Versicherungsvermittlers ist – denn für diese bekommt der Makler ja Courtage, der Vertreter bekommt Provision. Wenn es keine Tätigkeit eines Versicherungsvermittlers ist, entfällt der Befreiungstatbestand des §4 Nr. 11 UStG – mit der Folge, dass wieder Mehrwertsteuer fällig wird.

Auf diesen Aspekt ist in der Vergangenheit wenig geachtet worden. Mit den sehr viel einfacheren, elektronischen Überwachungsmechanismen, die der Finanzverwaltung mittlerweile zur Verfügung stehen, kann sich die Überwachung verstärken. Und dann wären eventuell 19% Umsatzsteuer nachzuzahlen. Zunächst müsste der Empfänger, also der Makler, diesen Betrag an das Finanzamt abführen. Ob er dann diese Beträge noch von seinem Vertragspartner, dem Versicherer, nachfordern kann, ist eine Frage der Formulierung in seinen Verträgen. Aber selbst wenn der Versicherungsmakler vorausschauend Regelungen mit seinem Versicherer getroffen haben sollte, könnte ihm die Verjährung einen Streich spielen – die Finanzämter dürfen länger Steuer nachfordern, als die zivilrechtliche Verjährungsfrist läuft!

3.9 Sanktionen

Was sind die Folgen, wenn Vergütungsregeln nicht oder nicht richtig angewandt werden?

Sanktionen sind im Grundsatz im bereits in Kapitel 1.12 behandelt worden. Sie können in vielfältiger Gestalt auftreten. Zunächst sind da die staatlichen Sanktionen, mit denen der Staat hoheitlich gegen Verstöße oder Missachtungen seiner Regeln vorgeht.

Neben den strafrechtlichen Sanktionen, den Ordnungswidrigkeiten und den Verwaltungssanktionen – also den hoheitlichen Maßnahmen des Staates – gibt es auch im Zivilrecht Sanktionen. Das heißt, auch gleichgeordnete Personen und Unternehmen, z. B. Wettbewerber, können Sanktionen beantragen, auch wenn diese natürlich erst durch Gerichte bestätigt werden müssen.

Für die Vergütungsregeln gilt:

Keine strafrechtlichen Sanktionen, keine Ordnungswidrigkeit
Weder §48a noch sonstige Vorschriften, die sich mit Vergütungen befassen, sind in den Katalog der Straf- oder Bußgeldvorschriften des VAG oder der GewO aufgenommen worden, §§332, 333 VAG und §§144-147c GewO. Also stehen keine straf- oder ordnungswidrigkeitsrechtlichen Sanktionen zu befürchten. Natürlich gilt das »normale« Strafrecht weiterhin: Betrug, Nötigung, Unterschlagung usw. sind und bleiben strafbar.

Allerdings sind – wie bereits ausführlich im Kapitel 2 beschrieben – die Informationen und Werbemaßnahmen, die einem Versicherungsnehmer zur Verfügung gestellt werden, in den Sanktionskatalog aufgenommen worden. Wenn also Vergütungsfragen in solche Informationen und/oder Werbemaßnahmen münden und diese Informationen nicht »redlich und eindeutig« sind, kann es zu einem Bußgeld kommen, das bis 500.000,- Euro reichen kann.

Aufsichtsrechtliche Sanktionen äußern sich sehr wahrscheinlich in Ermahnungen nach §303 VAG und in Zuverlässigkeitsfragestellungen nach §35 GewO Vergütungsfragen konkretisieren und stabilisieren die Wohlverhaltensregel. Sie werden als größte Gefahr dafür angesehen, dass sich der Vermittlungsprozess nachteilig auf die Interessen des Kunden auswirken könnte.

Vergütungsregeln sind deshalb ein Kernelement der IDD. Dementsprechend deutlich werden die Aufsichtsbehörden die Befolgung dieser Regeln erwarten.

Fast hätte es sogar Verschärfungen gegeben: vom Verbot, Provisionen überhaupt zu zahlen (wie in weiten Teilen Skandinaviens), bis zur verpflichtenden Offenlegung (hard disclosure) hat es viele Vorschläge gegeben. Und natürlich hat eine solche Diskussion Bedeutung. Die Administration, also die BaFin und IHK, registrieren genau, ob die rechtssetzende Seite (das Parlament, der Bundesrat) Verschärfungen diskutieren. Und auch die Entwicklungen in anderen europäischen Ländern bleiben den Behörden nicht verborgen. Deshalb und nicht nur wegen des europäischen Drucks wird es den Aufsichtsbehörden ein Anliegen sein, diesen Teilbereich der IDD-Umsetzung wirksam zu überwachen.

Etwas versteckt – im §51 VAG – ist zudem die Verpflichtung der Versicherungsunternehmen aufgenommen, Beschwerden von Kunden über (andere) Versicherungsvertreiber[206] zu beantworten. Kommt es zu wiederholten Beschwerden ...

> *[...], die für die Beurteilung der Zuverlässigkeit erheblich sein können, müssen [die Versicherungsunternehmen] die für die Erlaubniserteilung nach § 34d Abs. 1 GewO zuständige Behörde davon in Kenntnis setzen.*

Ausdrücklich bekommen diese Beschwerdemöglichkeit nun auch Verbraucherschutzverbände. Es ist schwer vorstellbar, dass die BaFin und IHK dann nicht reagieren; indirekt haben sie durch diese Vorschrift eine (weitere) Tätigkeitspflicht bekommen.

Die Pflicht, eine Vergütungsstrategie einzurichten, zu nutzen und ständig zu überprüfen ist Teil der Geschäftsorganisation und damit eine Pflicht, die den Versicherungsvertreibern gegenüber der Aufsicht obliegt. Es gibt hier also ein ganz direktes Verhältnis.

206 Bei der schnellen Abfassung ist ein Redaktionsversehen geschehen: Die Vorschrift, die bislang nur für Beschwerden über »Versicherungsvermittler« galt, sollte auf Beschwerden über alle Versicherungsvertreiber ausgedehnt werden. Dabei ist nur herausgekommen »oder andere Versicherungsunternehmen«; gemeint sind aber »oder andere Versicherungsvertreiber«.

Schließlich tritt Deutschland mit dem neuen VAG (seit Juli 2016) und dem jetzt geltenden VVG in das Zeitalter einer »prinzipienbasierten Aufsicht« ein. In einem solchen Aufsichtsregime sind Geschäftsprozesse das entscheidende Prüfkriterium. Es ist kaum vorstellbar, dass dann der Kernprozess »Vergütung« negiert werden könnte.
Es gibt die zwei bekannten Aufsichtsstrukturen:

1. Gegenüber Versicherern agiert die BaFin
Vergütungsfragen werden unter zwei Aspekten betrachtet werden:

- Sind sie nachhaltig im Sinne eines guten Risikomanagements (Solvency – §25 VAG) und
- sind sie angemessen im Sinne des Kundeninteresses (Wohlverhaltensregel – §48a VAG).

Aufsichtsrechtliches Eingreifen ist zu erwarten für den Fall, dass Versicherer eine der beiden Maßgaben missachten.

2. Gegenüber Versicherungsvermittlern agieren die IHKs
Auch wenn die Einnahmestruktur der Versicherungsvermittler durch Maßnahmen der BaFin gegenüber den Versicherern tangiert wird, kann man im Bereich Vergütung nicht von einer zweiten, indirekten Aufsicht sprechen.

Versicherungsmakler, -vertreter und -berater unterliegen nicht dem Regime von Solvency 2. Ob ihre internen Vergütungen »richtig bemessen« sind, wird erst bei Wucherfragen oder im Falle der Zahlungsunfähigkeit relevant. Zum letzteren Bereich hat es in der Vergangenheit eine Reihe von Fällen gegeben, in denen Vermittler die ihnen anvertrauten Gelder unrechtmäßig vereinnahmt hatten. Das ist ein Fall des Strafrechts; Untreue und Betrug kommen hier in Betracht. Aber nicht risikogerechte interne Vergütungen sind bei Versicherungsvermittlern kein Fall der aufsichtsrechtlichen Ermahnung.

Werden Boni für Angestellte (oder »84er«) eines Vermittlerunternehmens ausgelobt, die unangemessen im Sinne des §48a VAG sind, kann das in letzter Konsequenz die Frage nach der Zuverlässigkeit auslösen.

Gleiches gilt, wenn der Versicherungsvermittler anreizbezogene Vergütungen annimmt, die geeignet sind, das Kundeninteresse zu beeinträchtigen.

Zivilrechtliche Sanktionen sind möglich wie z.B. wettbewerbliche Unterlassungsansprüche
Natürlich ist eine ungemessene Vergütung kein rechtmäßiges Verhalten, denn sie verletzt (mindestens) die Wohlverhaltensregel des §1a VVG. Solche Anreize

haben, wenn sie im Vertrieb gewährt werden, einen wettbewerblichen Hintergrund. Der vertriebliche Vorgang wird dann insgesamt wettbewerbswidrig.

Also kann ein Wettbewerber auf Unterlassung klagen. Ist eine solche Klage erfolgreich, muss das beklagte Unternehmen sein Vertriebssystem sofort (!) umstellen. Entsprechende strafbewehrte Unterlassungsverfügungen sind vorstellbar.

Fazit !

Vergütungsfragen konkretisieren die Wohlverhaltensregel. Das Thema Vergütung ist ein Kernstück der neuen Regulierung. Da die prinzipienbasierte Aufsicht besonders auf die Einhaltung von Geschäftsprozessen zu achten hat, sind aufsichtsrechtliche Verwaltungssanktionen zu erwarten.
Eine Missachtung der Vergütungsvorschriften erhöht die Chancen für Abmahnungen und Schadenersatzansprüche.
Bußgelder sind nur bei fehlerhaften Informationen an den Versicherungsnehmer, Strafen nur bei Untreue und Betrug zu erwarten.
Bemerkenswert ist durchaus, dass die Vergütungsvorschriften keinen Eingang gefunden haben in den Katalog der Verwaltungssanktionen oder der Bußgelder. Das ist nur im Hinblick auf die in diesem Buch nicht betrachteten Solvency-Regelungen geschehen.

Die nachfolgende Tabelle zeigt abschließend beispielhafte Vergütungen und ihre mögliche Bewertung als »zulässig oder nichtzulässig«:

Tabelle Vergütung

	extern	**intern**	**ja/nein**
1. Provision/Courtage/Boni			
1.1 Basis	Entsprechender Wert des Vertriebserfolgs[1]	Festes Gehalt/Fixum[2]	ja
1.1.1 Abschlussorientiert	Stornohaftung?[3]	Stornohaftung?	Ja
1.1.2 Betreuung	Wettbewerbsregeln?[4]	Wettbewerbsregeln?	ja
1.2 Quantitatives Element	»ab 1.000 Abschlüssen mehr«	»ab 1.000 Abschlüssen mehr«	?
1.3 Verlaufsabhängiges Element	»bei weniger als 50% Schadenquote mehr«	»bei weniger als 50% SQ mehr«	nein
1.4 Incentives	Wofür?[5]	Vergleich zu extern?	??

Tabelle Vergütung

	extern	intern	ja/nein
2. Abhängig von der Dienstleistung	Vorsicht: MwSt?[6]		Grds. ja
2.1 Policierung	Wert?[7]	nicht anwendbar	ja
2.2 Risikobewertung	Outsourcing?[8]	nicht anwendbar	ja
2.3 Marktbefragung	Wert?[9]	nicht anwendbar	?
2.4 »Meistbegünstigung«	Wettbewerblich ok?[10]	nicht anwendbar	???
3. Orga-Kosten	Vorsicht: MwSt?		
3.1 Produktschulungen	Grds. Sogar gefordert, §23 Abs. 1 a-d	Grds. Sogar gefordert, §23, Abs. 1 a-d	
3.1.1 Kostenfrei	Keine Gebühren	Keine Gebühren	ja
3.1.2 Zus. Kostenerstattung	Anfahrt, Hotel etc	Anfahrt, Hotel, etc[11]	??
3.2 »Bürokostenzuschuss«	Wofür[12]	nicht anwendbar	??
3.3 Marketing-/Messezuschuss	Wofür?		

1 Je nach Sparte möglicherweise unterschiedliche Prozentsätze. Fraglich, ob die Höhe einer Prüfung auf Angemessenheit zugänglich ist.
2 Gehört die Altersversorgung dazu? Auch dann, wenn sie außergewöhnlich hoch ist?
3 Art. 8 No. 2 lit. E des Entwurfs einer delegierten Verordnung.
4 Übertragung auf einbrechenden Wettbewerber möglich?
5 Transparenz! §1a VVG.
6 Die Befreiung in §4 UStG gilt nur für »Maklerdienstleistungen«. Alle anderen Dienstleistungen sind mit MwSt zu fakturieren!
7 In Zeiten elektronischer Abarbeitung fraglich.
8 §32 VAG.
9 Im Vergleich zu den Ergebnissen eines Marktforschungsinstituts.
10 Darf ein VR mit einem Versicherungsmakler vereinbaren, dass dieser VR immer angefragt wird? Und darf der VR dem Makler dafür Geld bezahlen?
11 Hier wäre wohl ein Unterschied zu den externen Dienstleistern möglich.
12 Nicht jede Zuwendung muss begründet werden, aber sie muss begründbar sein!

4 Weiterbildung, Qualifikation

Überblick

- **Für wen das Kapitel wichtig ist:**
  Versicherer, Vertriebe, Pools, Makler- und Vermittlerunternehmen, Versicherungsmakler, -vertreter und -berater
- **Wer/welche Abteilung damit zu tun hat:**
  Personalabteilungen bzw. alle, die Personalverantwortung im Vertrieb und in der Verwaltung von Versicherungsverträgen und der Schadenbearbeitung haben
- **Wo im Buch die rechtlichen Aspekte erläutert werden:**
  Kapitel 1.6
- **Was die rechtliche Basis ist:**
  Art. 10 IDD, Gesetz zur Umsetzung der Richtlinie (EU) 2016/97 [...], §34d GewO, §7 VersVermV-E

Für welche Unternehmen ist dieser Bereich von Bedeutung? Welche Abteilung sollte sich mit dem Thema befassen?

Dieses Kapitel ist für alle Personalabteilungen von Versicherungen, Vertrieben und Maklerunternehmen, Vertriebsabteilungen von Pools und die §34d Erlaubnisinhaber wichtig, die Personalverantwortung tragen und den Vertrieb sicherstellen müssen. Da die Erfüllung einer regelmäßigen Weiterbildungspflicht neu ist und im Vergleich zum reinen §34d Erlaubnisverfahren auch neue Personenkreise hinzukommen, sind noch Organisationsabteilungen angesprochen, die neue effiziente und professionelle Prozesse organisieren und installieren müssen.

Zusammenfassung !

Ab dem 23.2.2018 müssen sich alle, die sich mit Versicherungsvermittlung befassen, 15 Zeitstunden pro Jahr weiterbilden. Dabei ist zu beachten, dass der zur Weiterbildung verpflichtete Personenkreis sehr groß ist, da der Begriff der Versicherungsvermittlung auch auf die Verwaltung von Versicherungsverträgen sowie die Schadenbearbeitung ausgeweitet wurde. Diese Weiterbildungsverpflichtung gilt auch für Angestellte der Gewerbetreibenden und Versicherungsunternehmen. Der Gewerbetreibende muss die Erfüllung der Weiterbildungsverpflichtung (auch für seine Mitarbeiter) an die aufsichtsführende IHK melden. Dabei muss er darauf achten, dass die Anbieter von Weiterbildungen umfangreichen Anforderungen unterworfen sind, damit deren Teilnahmezertifikate Anerkennung finden.

4.1 Wie ist die Ausgangslage?

Vielleicht geht es Ihnen ja auch so: Als das Thema »regelmäßige Weiterbildungsverpflichtung« durch die IDD aufkam, dachten viele, dass sie diesen Punkt dank ihrer »gut beraten Weiterbildungspunkte« bereits angegangen hätten und sich ein Weiterbildungs- oder Punktepolster für die Zukunft angelegt hätten. Stimmt das bzw. was ist mit den bereits erworbenen »gut beraten Weiterbildungspunkten«?

Fakt ist: Ab dem 23.2.2018 müssen sich Vermittler 15 Zeitstunden pro Jahr weiterbilden. Der Gesetzgeber erwähnt das System »gut beraten« weder im Gesetz noch in seiner Begründung. Es wird also ein System unter vielen werden, was Weiterbildungszeiten erfasst. Sogar eine Umrechnung in Punkte ist nicht mehr nötig.

Vor dem Gesetz sind alle gleich. Daher werden auch keine bisher erworbenen »gut beratenen Weiterbildungspunkte« in die neue IDD-Welt überführt. Jede Vermittlerin, jeder Vermittler fängt weiterbildungstechnisch gegenüber dem Gesetzgeber ab 2018 bei Null an. Doch der Reihe nach.

4.2 Was ist das Ziel der IDD?

Das Ziel der IDD ist es, ein gleichbleibendes Verbraucherschutzniveau zu schaffen – und zwar unabhängig vom jeweiligen Vertriebskanal. Hier fordert die EU-Richtlinie u.a. ein »hohes Maß an Professionalität und Kompetenz«. Die beruflichen Kenntnisse von Vermittlern müssten der Komplexität der Tätigkeiten entsprechen. Dazu sollen die Mitgliedsstaaten eine laufende Schulung sicherstellen (Gründe 28 und 29 der IDD). Die rechtliche Grundlage für die entsprechende Umsetzung in deutsches Recht ist kurz vor der Sommerpause 2017 noch verabschiedet worden (»Gesetz zur Umsetzung der Richtlinie (EU) 2016/97 des Europäischen Parlaments und des Rates vom 20. Januar 2016 über Versicherungsvertrieb und zur Änderung weiterer Gesetze«).

4.3 Rechtsgrundlagen

Der Ursprung der Weiterbildungsverpflichtung liegt in der »Richtlinie (EU) 2016/97 des Europäischen Parlaments und des Rates« vom 20. Januar 2016 über Versicherungsvertrieb (Neufassung), kurz IDD genannt, was wiederum eine Abkürzung für den englischen Originaltitel ist: Insurance Distribution Direcitve.

In dieser Brüsseler-Richtlinie heißt es in Artikel 10 »Berufliche und organisatorische Anforderungen«:

> *Abs. 1: Die Herkunftsmitgliedstaaten stellen sicher, dass Versicherungs- und Rückversicherungsvertreiber sowie Angestellte von Versicherungs- und Rückversicherungsunternehmen, die die Tätigkeit des Versicherungs- oder Rückversicherungsvertriebs ausüben, über die* ***angemessenen Kenntnisse und Fertigkeiten verfügen****, die sie zur ordnungsgemäßen Erfüllung ihrer Aufgaben benötigen.*
> *Abs. 2: Die Herkunftsmitgliedstaaten tragen dafür Sorge, dass Versicherungs- und Rückversicherungsvermittler sowie Angestellte von Versicherungs- und Rückversicherungsunternehmen und Angestellte von Versicherungsvermittlern den Anforderungen* ***ständiger beruflicher Schulung und Weiterbildung*** *genügen, um ein angemessenes* ***Leistungsniveau aufrechtzuerhalten****, das den von ihnen wahrgenommenen Aufgaben und dem entsprechenden Markt entspricht.*
> *Hierfür richten die Mitgliedstaaten Mechanismen zur wirksamen Kontrolle und Bewertung der Kenntnisse und Fähigkeiten von Versicherungs- und Rückversicherungsvermittlern sowie Angestellten von Versicherungs- und Rückversicherungsunternehmen und Angestellten von Versicherungs- und Rückversicherungsvermittlern auf der Grundlage von* ***mindestens 15 Stunden beruflicher Schulung oder Weiterbildung pro Jahr*** *ein und veröffentlichen sie. Dabei berücksichtigen sie die Art der verkauften Produkte, die Kategorie der Vertreiber, die Aufgaben, die sie wahrnehmen, und die Tätigkeit.*

Der deutsche Gesetzgeber hat diese Anforderungen u.a. wie folgt umgesetzt:

> *Gewerbetreibende (...) und die unmittelbar bei der Vermittlung oder Beratung mitwirkenden Beschäftigten müssen sich in einem Umfang von 15 Stunden je Kalenderjahr weiterbilden. (§ 34d Abs. 9 ab 23.02.2018)*

Ein »neuer« §34e GewO, der bereits in Kraft ist, gibt dem Bundeswirtschaftsministerium eine Ermächtigung, Details zur Weiterbildungspflicht in Form einer Verordnung zu erlassen. Dafür wird die Versicherungsvermittlungsverordnung (VersVermV-E) überarbeitet. In der VersVermV-E können dann Vorschriften erlassen werden über »die Verpflichtung des Gewerbetreibenden und der beschäftigten Personen nach §34d Abs. 9 S.2 zu einer regelmäßigen Weiterbildung, die Inhalte der Weiterbildung sowie die Überwachung der Weiterbildungsverpflichtung, ...« Diese Überarbeitung läuft gerade im Bundeswirtschaftsministerium und zum Zeitpunkt des Redaktionsschlusses (17.11.2017) konnten betroffene Verbände wie zum Beispiel der Bundesverband Finanzdienstleistung AfW eine Stellungnahme abgeben.

4.4 Betroffener Personenkreis

Das Ziel der IDD ist es, ein gleichbleibendes Verbraucherschutzniveau zu erreichen – und zwar unabhängig vom jeweiligen Vertriebskanal. Dieses Ziel schlägt sich daher auch im Personenkreis nieder, der sich regelmäßig 15 Stunden pro Jahr weiterbilden muss.

Der Personenkreis, der sich ab 23.2.2018 regelmäßig weiterbilden muss, umfasst dabei mehr Personen, als zurzeit in der öffentlichen Diskussion wahrzunehmen ist. Nämlich:

- **Angestellte von Versicherungsunternehmen**, die unmittelbar oder maßgeblich am Versicherungsvertrieb beteiligt sind (§48 Abs. 2 VAG in der Fassung ab 23.2.2018),
- **Versicherungsvermittler**, die unmittelbar an der Vermittlung oder Beratung beteiligt sind (gem. §34d Abs. 1 GewO). Somit jeder, der
  - zu Versicherungsverträgen berät, diese abschließt oder vermittelt,
  - bei der **Verwaltung, Erfüllung von Versicherungsverträgen, insbesondere im Schadenfall**, mitwirkt,
  - Informationen bereitstellt über Versicherungsverträge aufgrund von Kriterien, die ein Kunde über eine Website oder andere Medien wählt,
  - eine Rangliste von Versicherungsprodukten erstellt, einschließlich eines Preis- und Produktvergleichs.

Das sind somit Versicherungsmakler und -vertreter, Versicherungsberater, gebundene Versicherungsvermittler und deren unmittelbar bei der Vermittlung und Beratung mitwirkende Beschäftigten. Auch fallen alle Personen, die in der Leitung des Gewerbebetriebs für die Versicherungsvermittlung verantwortlich sind, unter die Weiterbildungspflicht.

Kommentar: Sicher wird es in der Praxis ein Abgrenzungsproblem bei Innendienstkräften geben, wenn geklärt werden muss, ob sie der 15-stündigen Weiterbildungspflicht unterliegen oder nicht. Die Frage wird sein: Wie ist die »Mitwirkung bei der Verwaltung von Versicherungsverträgen« definiert – wo fängt sie an, wo hört sie auf?

Ausnahmen von der Weiterbildungsverpflichtung

Nicht unter die Weiterbildungsverpflichtung fallen die sogenannten nebenberuflichen Annexvermittler, wenn

- diese Versicherungen eine Zusatzleistung zur Lieferung einer Ware oder zur Erbringung einer Dienstleistung darstellen und
- diese Versicherungen das Risiko eines Defekts, eines Verlusts oder einer Beschädigung der Ware oder der Nichtinanspruchnahme der Dienstleis-

tung oder die Beschädigung, den Verlust von Gepäck oder andere Risiken im Zusammenhang mit einer bei dem Gewerbetreibenden gebuchten Reise abdecken.

Dabei ist zu beachten, dass die Prämie bei zeitanteiliger Berechnung auf Jahresbasis einen Betrag von 600,- Euro oder die Prämie je Person einen Betrag von 200,- Euro nicht übersteigen darf (§34d Abs. 8 GewO).

4.5 Umfang der Weiterbildungsverpflichtung

Der Gesetzgeber spricht im §34d Abs. 9 GewO von »einem Umfang von 15 Stunden je Kalenderjahr«. Mit 15 Stunden sind gesetzgeberisch übrigens Zeitstunden à 60 Minuten gemeint und dieser Wert bildet die geforderte Untergrenze. Mehr Stunden können natürlich absolviert werden.

Oft wird bei Weiterbildungen jedoch von »Unterrichtsstunden« gesprochen, die dann nur 45 Minuten dauern. Daher komm es, dass z.B. die Initiative »gut beraten« von 20 statt von 15 IDD-Pflicht-Weiterbildungsstunden spricht, weil gut beraten halt von 45-Minuten-Stunden ausgeht.

Dieser Umfang von 15 Zeitstunden gilt übrigens nicht nur für die gewerblich tätigen Versicherungsvermittler, sondern auch für die in einem Versicherungsunternehmen **angestellten Vertriebsmitarbeiter**. Denn mit §48 Abs. 2 VAG in der Fassung ab 23.2.2018 übernimmt der Gesetzgeber auch für die angestellten Vertriebler die Anforderungen der VersVermV-E. So heißt es im §48 Abs. 2 VAG: »Inhalt, Umfang sowie Dokumentation von nachzuweisenden Qualifikationsmaßnahmen haben Abschnitt 1 der Versicherungsvermittlungsverordnung zu entsprechen.«

Die 15 Zeitstunden beziehen sich übrigens immer auf ein vollständiges Kalenderjahr. Ausnahmen für Teilzeitbeschäftigte, Personen in der Elternzeit oder Langzeiterkrankte gibt es nicht. Darüber hinaus hat der Verordnungsgeber noch folgende Regelungen getroffen:

1. Wer bis inkl. 30.9. eines Jahres seine Tätigkeit aufnimmt, muss in diesem Kalenderjahr die vollen 15 Zeitstunden Weiterbildung absolvieren/nachweisen. Wer ab 1.10. eines Jahres startet, muss sich in diesem Kalenderjahr nicht weiterbilden. Eine zeitanteilige Berechnung der Weiterbildungsanforderung wird es somit nicht geben.
2. Da die Weiterbildungsverpflichtung im Jahre 2018 erst ab dem 23.2.2018 gilt, schafft der Verordnungsgeber hier eine Ausnahme und fordert für 2018 nur 12,5 Stunden Weiterbildung.

4.6 Inhalte

Bei der Frage, welche Weiterbildungsinhalte von den Aufsichtsbehörden anerkannt, also auf die 15 Zeitstunden angerechnet werden, bezieht sich der Verordnungsgeber auf die Inhalte der Sachkundeprüfung gem. §34d GewO für den »geprüften Versicherungsfachmann IHK«. Somit sind alle Weiterbildungsinhalte anrechnungsfähig, die unter einen der in der Anlage 1 der VersVermV-E genannten Punkte fallen. Die inhaltliche Spannbreite ist wie folgt festgelegt:

- Kundenberatung,
- rechtliche Grundlagen,
- Vorsorge,
- Unfallversicherung,
- Krankenversicherung/Pflegeversicherung,
- Sach-/Vermögensversicherung.

Nicht übernommen hat der Verordnungsgeber in seinem ersten Vorentwurf die Verpflichtungen zur Schulung in »Ethik im Geschäftsverkehr« und in »Finanzfragen«.

Zusätzlich gilt auch der Erwerb einer der in §5 VersVermV-E aufgeführten Berufsqualifikationen als Weiterbildung. Somit würde der Besuch eines Studiengangs zum Fachberater für Finanzdienstleistung (IHK) auf die 15 Stunden Weiterbildungsverpflichtung angerechnet.

Die Weiterbildung muss dazu dienen, die »berufliche Handlungsfähigkeit zu erhalten, anzupassen oder zu erweitern« und sie muss der »Komplexität der Tätigkeiten« des Verpflichteten entsprechen sowie die »Aufrechterhaltung eines angemessenen Leistungsniveaus gewährleisten« (§7 VersVermV-E).

Dabei reichen jedoch rein produktbezogene Weiterbildungsinhalte nicht aus. Vielmehr kommt es auch auf kunden- und beratungsbezogene Kenntnisse, auf wirtschaftliche und organisatorische Grundlagen der Versicherungswirtschaft sowie auch auf wesentliche rechtliche Kenntnisse an. Neu, und das ergibt sich aus der Umsetzung der IDD, sind auch Kenntnisse der Beratungsgrundsätze entsprechend dem Wertpapierbereich für Vermittlung von und Beratung zu Versicherungsanlageprodukten.

Da die Details der nationalen Umsetzung noch unbekannt sind und somit viele Fragen daher leider unbeantwortet bleiben müssen, hilft folgende Übersicht, die wird aufgrund der uns aktuell vorliegenden Informationen zu der Anerkennung von »Randthemen« erstellt haben:

Als Weiterbildung anerkannt?	Ja	Nein	Vielleicht
Lesen von Zeitungen und Fachpublikationen		x	
Reine Verkaufs-veranstaltungen		x	
Produktschulungen			x
Weiterbildungen rund um das Thema offene Invest-mentvermögen	x		

Kommentar: Wahrscheinlich wird es auch sehr stark auf den jeweiligen Titel der Weiterbildungsveranstaltung ankommen. Reißerische Seminartitel (»Fußball schauen und Punkte bekommen« oder »Der Verkaufs-Turbo im Jahresendgeschäft«) werden nicht nur nicht als gesetzeskonforme Weiterbildungszeit anerkannt werden, sondern sicher auch in Ministerien und bei Verbraucherschutzorganisationen Reaktionen provozieren, die schlussendlich zu bürokratischen Verfahren beim Anerkennungs- oder Prüfverfahren führen können. Solche »Bürokratiemonster« kennen wir ja bereits und sie sollten zukünftig vermieden werden. Die Branche täte also sehr gut daran, die Weiterbildungsverpflichtung sehr ernst zu nehmen. Schließlich profiliert sie dann auch durch die höhere Beratungskompetenz und Rechtssicherheit der Vermittler.

4.7 Form der Weiterbildung

Weiterbildungen können in folgenden Formen (auch innerbetrieblich) belegt werden:

- Präsenzveranstaltungen,
- E-Learning,
- Blended Learning (also die Kombination verschiedener Lernmethoden),
- Selbststudium.

Eine Weiterbildung im Sinne der VersVermV erfordert jeweils, also auch beim selbstgesteuerten Lernen, eine »nachweisbare Lernerfolgskontrolle«. Wie diese aussehen kann, hat der Verordnungsgeber nicht definiert. Bei eLearning-Angeboten könnten Verständnisfragen in die Online-Weiterbildung eingebaut werden. Nur wer diese richtig beantwortet, kann die Weiterbildung letztlich erfolgreich absolvieren und somit eine entsprechende Zeitgutschrift erhalten.

Somit könnte neben dem Lernerfolg auch die Anwesenheit »verbindlich und nachvollziehbar archiviert« werden.

Bei Präsenzveranstaltungen ist hingegen noch unklar, wie eine Lernerfolgskontrolle aussehen könnte: Muss ein Test geschrieben werden oder reichen Verständnisfragen aus, die per Handzeichen beantwortet werden könnten? Hier bleibt zu hoffen, dass der Verordnungsgeber noch präzisere Anforderungen definiert, um das Niveau der Lernerfolgskontrollen auch bei Präsenzveranstaltungen zu gewährleisten bzw. ein mit eLearning-Angeboten vergleichbares Niveau sicherzustellen.

4.8 Nachweis

Natürlich müssen die Gewerbetreibenden ihrer Aufsichtsbehörde nachweisen, dass sie und ihre Mitarbeiter, die ebenfalls unter die Weiterbildungspflicht fallen (s. Kapitel 4.4 »Betroffener Personenkreis«), sich im letzten Kalenderjahr mindestens 15 Zeitstunden weitergebildet haben. Hier hat der Gesetzgeber aber eine sehr pragmatische Lösung gefunden. Damit die Aufsichtsbehörden nicht mit Teilnahmenachweisen überschüttet werden, müssen die Erlaubnisinhaber lediglich eine Erklärung abgeben, dass er und seine zur Weiterbildung verpflichteten Mitarbeiter die Weiterbildungspflicht erfüllt haben. Ein entsprechendes Musterformular hat der Verordnungsgeber gleich mit entworfen und Sie finden es als Anlage 4 zur VersVermV-E.

Das bedeutet für den Versicherungsvermittler: Er muss alle Teilnahmezertifikate für Weiterbildungen, die entweder er selbst oder seine zur Weiterbildung verpflichteten Mitarbeiter besucht haben, sammeln und archivieren. Im Januar des Folgejahres muss er dann gegenüber seiner Aufsichtsbehörde eine Erklärung über die Erfüllung der Weiterbildungspflicht (seiner eigenen sowie der seiner Mitarbeiter) abgeben. Die Teilnahmenachweise muss er lediglich bei einer Prüfung durch die Aufsichtsbehörde vorzeigen können.

Es ist geplant, dass diese Erklärung zukünftig elektronisch abzugeben ist. Sie kann auch von den Weiterbildungsanbietern wie der GOING PUBLIC! Akademie für Finanzberatung AG übernommen werden, um den Gewerbetreibenden sowie den IHKs Arbeit zu ersparen.

Oben genannte Anforderungen gelten nicht für gebundene Vermittler gem. §34d Abs. 7 Satz 1 Nummer 1 GewO. Hier übernimmt – wie schon bei der Sachkunde – das haftungsübernehmende Versicherungsunternehmen die Gewähr dafür, dass die Weiterbildungsverpflichtung eingehalten wird, und es muss dies auch der BaFin gegenüber nachweisen können.

4.9 Anforderungen an das Weiterbildungsunternehmen

Ein Weiterbildungsnachweis wird nur dann auf die Weiterbildungsverpflichtung angerechnet, wenn der Anbieter der Weiterbildung bestimmte Anforderungen an die Qualität der Weiterbildung erfüllt. Es ist somit vor Buchung eines Weiterbildungsangebotes auf jeden Fall darauf zu achten, dass der Anbieter u. a. folgende in der Anlage 3 zur VersVermV-E aufgeführten Anforderungen erfüllt:

- Planung der Maßnahme
  Die Maßnahme muss mit zeitlichem Vorlauf zu ihrer Durchführung konzipiert und für die Teilnehmer nachvollziehbar beschrieben sein. Es liegt eine Ablaufplanung vor.
- Systematische Organisation der Maßnahme
  Die Teilnehmer erhalten vorab eine Information/Einladung. Daraus müssen die erwerbbaren Kompetenzen sowie der Umfang (in Zeitstunden) hervorgehen. Zusätzlich muss bei jeder Durchführungsform die Anwesenheit verbindlich dokumentiert und nachvollziehbar archiviert werden.
- Anforderungen an den Durchführenden der Weiterbildungsmaßnahe
  Dozenten-/Trainerprofile sind zu erstellen und es müssen systematische Prozesse vorgehalten werden, die die Einhaltung dieser Anforderungen sicherstellen.

Gewerbetreibende, die eine Weiterbildung für sich und Ihre zur Weiterbildung verpflichteten Mitarbeiter suchen, sollten daher zum Beispiel darauf achten, dass der Weiterbildungsanbieter ein testiertes Qualitätsmanagement (zum Beispiel LQW) eingeführt hat, das die Einhaltung der o. g. Punkte sicherstellt. Damit läuft er nicht Gefahr, dass erworbene Teilnahmezertifikate aufgrund von Mängeln beim Anbieter nicht auf seine 15 Stunden angerechnet werden.

4.10 Zeitplan

Die Weiterbildungsverpflichtung gilt ab dem Inkrafttreten des IDD-Umsetzungsgesetzes und damit des überarbeiteten §34d GewO, also ab dem 23.2.2018. Die in diesem Kapitel häufig angesprochenen Details zur Umsetzung der Weiterbildungsverpflichtung (also zum Beispiel die Inhalte, Nachweis, Meldeverfahren etc.) werden in der Versicherungsvermittlungsverordnung (VersVermV-E) geregelt, die somit ebenfalls zum 23.2.2018 in Kraft treten muss. Dass dies noch rechtzeitig geschieht, ist hingegen äußerst unwahrscheinlich. Denn dazu müsste die Verordnung spätestens in der Sitzung am 2.2.2018 im Bundesrat verabschiedet werden, was aber voraussetzte, dass sie 6 Wochen vor dem 2.2.2018 dort eingereicht worden ist. Denn auch der Bundesrat möchte Zeit für Beratungen und die Ausschüsse haben.

Abb. 14: Zeitplan

Da der überarbeitete Entwurf zunächst noch zwischen den Ministerien abgestimmt werden muss, die Ministerien aber aufgrund der laufenden Koalitionsverhandlungen zurzeit gar keine entscheidungsfreudige »Hausleitung« haben, wird der Entwurf der VersVermV-E sicher nicht bis Mitte November dem Deutschen Bundestag vorgelegt. Der in der Grafik aufgezeigte »Musterablauf« ist daher nicht mehr zu halten.

Der Gesetzgeber wird wohl die Weiterbildung erst ab einem späteren Zeitpunkt als verpflichtend erklären. Konsequenterweise muss er dann die 15 Zeitstunden nur anteilig für das Restjahr 2018 verlangen.

4.11 Was ist nun für Sie zu tun?

Sie haben oben gesehen, dass sehr viele Personen unter die Weiterbildungsverpflichtung fallen. Für diejenigen, die bisher schon viel Weiterbildung betrieben haben, wird sich wahrscheinlich nichts ändern. Außer, dass die Veranstaltungen vielleicht jetzt voller werden und die Teilnahmezertifikate nun zuverlässiger erstellt werden.

Versicherungen, große Vertriebe und Pools werden an ihren Präsenzseminaren festhalten – auch um die emotionale Bindung zu ihren Vertriebspartnern nicht zu verlieren. Dabei werden diese Unternehmen darauf achten, dass ihre wichtigen Vertriebspartner die 15 Stunden Weiterbildung pro Jahr auch einhalten. Denn nur so bleiben sie ihnen auch in Zukunft erhalten.

Dennoch sind Präsenzseminare ein Kostenblock und es stellt sich ab Inkrafttreten der IDD die Frage, wie die Backoffice-Mitarbeiter/Sachbearbeiter (Verwaltung und Schadenbearbeitung) weitergebildet werden? Hier bieten sich

Online-Schulungen, insbesondere Web Based Trainings an, die terminunabhängig und ohne Reisekosten absolviert werden können.

4.12 Unternehmen

Unternehmen benötigen somit eine professionelle Seminarmanagementlösung, die die Anforderungen der IDD (und evtl. auch der WpHGMaAnzV bei Wertpapierdienstleistungsunternehmen oder »Haftungsdächern«) berücksichtigt. Ebenfalls sollte eine – im Idealfall verknüpfte – eLearning-Lösung bereitstehen, die die Inhalte anbieten und steuern kann. So könnte auch eine größere Anzahl von Teilnehmern (s. Back-Office) darüber weitergebildet werden. Darüber hinaus sollte sie jederzeit Auskunft über die erreichten Weiterbildungszeiten geben, um die Erreichung der 15 Stunden Zeitvorgabe über das gesamte Jahr hinweg gleichmäßig steuern zu können sowie eine Meldung über die absolvierten Weiterbildungsstunden an die Aufsichtsbehörde zum Ausdruck anbieten bzw. elektronisch übertragen können.

4.12.1 Besondere Aufgabe für Versicherungsunternehmen

Für Versicherungsunternehmen gelten sogar organisatorische Vorschriften, die in §48 Abs. 2a VAG stehen:

> *Versicherungsunternehmen stellen durch geeignete Maßnahmen sicher, dass die Anforderungen nach den Absätzen 1 und 2 durch ihre Angestellten und Vermittler nach Absatz 1 Nummer 1 und 2 und deren am Versicherungsvertrieb unmittelbar oder maßgeblich beteiligten Angestellten erfüllt, überwacht und dokumentiert werden, soweit die Erfüllung dieser Anforderungen nicht bereits durch Erlaubnisverfahren nach der Gewerbeordnung gewährleistet wird. Zu diesem Zweck erlassen sie entsprechende interne Leitlinien, schaffen angemessene interne Verfahren und richten hierfür eine Funktion ein, die die ordnungsgemäße Umsetzung sicherstellt.*

4.12.2 Vermittler

Auf der anderen Seite sollten sich Vermittler bei ihren Partnern oder am Weiterbildungsmarkt umschauen, welche Lösungen für ihre (15 Stunden) Weiterbildung angeboten werden. Vermittler sollten sich zumindest einmal im Jahr die Zeit nehmen und ihren Weiterbildungsbedarf entlang ihrer Unternehmensentwicklung planen. Das heißt: Welche Qualifikationen benötige ich, um meinen Vermittler-/Maklerbetrieb sicher durch diese turbulenten Zeiten zu steuern, und welche sollte ich mir aneignen, um mittel- bis langfristige Unternehmensziele (zum Beispiel neue Geschäftsfelder) zu erreichen? Anhand dieser Planung sollten die Seminare und Trainings gewählt werden. Dann werden sich die 15 Stunden schon von fast allein ergeben. Jeder sollte darauf achten, dass er wirklich sinnvolle Veranstaltungen besucht und nicht nur nach den Stunden/Punkten schaut. Denn wenn sich Vermittler die 15 Stunden Zeit im Jahr nehmen, dann sollen sie auch einen echten Mehrwert davon mitnehmen und nicht nur die Stunden absitzen. Das wäre dann verschenkte und damit teure Zeit, die nicht beim Kunden verbracht wird.

4.13 Sanktionen

Der Verordnungsgeber legt die Sanktionen in §26 der VersVermV-E fest. Ordnungswidrigkeit sind demnach Verstöße gegen die Pflicht,

- Nachweise über die Teilnahme zu sammeln sowie
- jährliche Erklärungen über die Erfüllung der Weiterbildungspflicht richtig und vollständig **abzugeben**.

Sie können mit einer Geldbuße bis 3.000,- Euro geahndet werden (§144 Abs. 2 Nr. 1b und Abs. 4 GewO i. V. m §26 Abs. 1 Nr. 1 und 2 VersVermV-E). Bei anhaltenden Verstößen gegen die Weiterbildungspflicht dürfte aber auch ein Widerruf der Erlaubnis nach allgemeinem Gewerberecht möglich sein.

5 Produktfreigabeverfahren

Überblick

- **Für wen dieses Kapitel wichtig ist:**
  Versicherer und Versicherungsmakler
- **Wer/welche Abteilung damit zu tun hat:**
  Arbeitsgruppe unter Führung der Fachabteilung, Vertrieb
- **Wo im Kapitel 1 die rechtlichen Aspekte erläutert werden:**
  Kapitel 1.5
- **Was die rechtliche Basis ist:**
  §23, Abs. 1a-1d VAG; Art. 25 IDD, delegierte Verordnung der Kommission

Für welche Unternehmen ist dieser Bereich von Bedeutung? Welche Abteilung sollte sich mit dem Thema befassen?
Dieses Kapitel richtet sich an diejenigen Unternehmen, die Versicherungsprodukte konzipieren oder/und verantworten, mithin an Versicherungsmakler (sofern sie eigene Bedingungen verwenden) und an Versicherer (die auch Maklerbedingungen mit verantworten).

Da es sich beim Produktfreigabeverfahren um eine gänzlich neue Pflicht handelt, wird es »Produktentwicklungsabteilungen/-stäbe« noch nicht geben. Sinnvoller Ansprechpartner/Verantwortlicher könnte eine Arbeitsgruppe unter Führung der Fachabteilung mit Beteiligung des Vertriebs sein, begleitet von den für Compliance und die Kommunikation mit der Aufsicht verantwortlichen Mitarbeitern.

Zusammenfassung !

Ziel des Produktfreigabeverfahrens ist es, zu einem frühen Zeitpunkt sicherzustellen, dass das Risiko einer Unvereinbarkeit zwischen dem Versicherungsprodukt und den Interessen des Versicherungsnehmers vermindert wird oder gar nicht entsteht – so sagt es fast wörtlich die Kommission in ihrem »Explanatory memorandum«. Es ist ein neues Verfahren, mit dem Versicherungsprodukte, vor allem komplexe Produkte, vor ihrer Markteinführung durchdacht und getestet werden sollen. Es ist damit ein weiterer Ausdruck der Wohlverhaltensregel – Versicherungsprodukte müssen im bestmöglichen Interesse des Kunden gestaltet sein.

5.1 Was ist ein »Produktfreigabeverfahren«?

§23 Abs. 1a S. 1 VAG definiert, was ein Produktfreigabeverfahren ist:

> *Die Unternehmen, die Versicherungsprodukte zum Verkauf konzipieren, haben ein Verfahren für die interne Freigabe zum Vertrieb jedes einzelnen Versicherungsprodukts oder jeder wesentlichen Änderung bestehender Versicherungsprodukte zu unterhalten, zu betreiben und regelmäßig zu überprüfen (Produktfreigabeverfahren).*

Es muss also ein interner Freigabeprozess eingerichtet werden, wenn man Versicherungsprodukte konzipiert.

5.1.1 Was heißt »Versicherungsprodukte konzipieren«? Wen betrifft das? Was ist ein »Versicherungsprodukt«?

Den Begriff »Versicherungsprodukt« ersetzt man am besten mit »Versicherungsbedingungen«. Wer also mit eigenen Versicherungsbedingungen arbeiten möchte, muss für diese Bedingungen einen Produktfreigabeprozess aufstellen, diesen Prozess auch nutzen und ihn regelmäßig überprüfen.

Versicherer haben natürlich immer eigene Bedingungen und brauchen also immer einen Produktfreigabeprozess. Häufig nutzen aber auch Versicherungsmakler eigene Bedingungen, die dann »Maklerbedingungen« genannt werden. Dann brauchen auch diese Versicherungsmakler einen Produktfreigabeprozess.

Vertreter benutzen hingegen die Bedingungen »ihres« Versicherers. Versicherungsberater können nie Bedingungen konzipieren, weil sie ja über vorhandene Bedingungen beraten.

Der Begriff »Versicherungsbedingung« beinhaltet mehr als nur eine Klausel und zielt auf eine gewisse Häufigkeit der Nutzung. Die Anpassung eines Einzelvertrags ist also nicht »Konzipieren von Versicherungsprodukten«. Sehr unwahrscheinlich ist, dass eine einzelne Klausel ein »Versicherungsprodukt« darstellt. Wird aber eine Vielzahl von Klauseln mehr als einmal verwendet, muss dieses »Versicherungsprodukt« vorher einen Produktfreigabeprozess durchlaufen haben.

Die Konzeption von Versicherungsbedingungen für Großrisiken unterfällt nicht dem Produktfreigabeprozess, §23 Abs. 1d VAG erste Alternative. Was

»Großrisiko« bedeutet, wurde bereits in Kapitel 1.14 erläutert – keinesfalls betrifft das nur »große Kunden«!

Rückversicherungsunternehmen sind ebenfalls davon befreit, einen Produktfreigabeprozess durchführen zu müssen, § 23 Abs. 1d, zweite Alternative VAG.

Ebenfalls befreit sind sogenannte »kleine Versicherungsunternehmen«, § 212 Abs. 2 Nr. 1 VAG. Das sind nach § 211 VAG Versicherungsunternehmen, die

- eine jährliche gebuchte Beitragseinnahme von nicht mehr als 5 Millionen Euro haben,
- deren versicherungstechnische Rückstellungen den Betrag von 25 Millionen Euro nicht überschreiten,
- die keine Rückversicherungsgeschäfte betreiben,
- die keine Haftpflicht-, Kredit- oder Kautionsversicherungen anbieten und
- die keine grenzüberschreitende Geschäftstätigkeit ausüben.

5.1.2 Was ist Inhalt und Ziel des Produktfreigabeverfahrens? Wer ist zu beteiligen?

Es geht um die Einrichtung eines Geschäftsprozesses. Es geht also nicht darum, einen bestimmten Qualitätsstandard der Versicherungsbedingungen her- oder sicherzustellen. Allerdings bedeutet diese Aussage nicht, dass man die Pflicht, einen solchen Produktfreigabeprozess aufzustellen und zu nutzen, dann ignorieren kann.

Das Produktfreigabeverfahren ist ein interner Prozess. Es muss also kein Externer beteiligt werden; insbesondere muss der Aufsicht nicht das jeweilige Ergebnis eines Produktfreigabeverfahrens mitgeteilt werden. Allerdings muss der Produktfreigabeprozess als solcher dokumentiert werden; der Aufsicht muss nachgewiesen werden, dass alle Versicherungsprodukte, die Makler oder Versicherer vertreiben, einen solchen Freigabeprozess durchlaufen haben.

Inhaltlich muss

- der Zielmarkt für das Produkt/die Bedingungen bestimmt werden,
- gleichzeitig sollte bestimmt werden, wo diese Versicherungsbedingungen keinesfalls angewandt werden sollten – »Nicht-Zielmarkt«.
- Die üblichen Risiken des Zielmarktes müssen herausgearbeitet und bewertet werden.
- Hieraus sollte sich dann ein Versicherungsprodukt ergeben, das die Risiken des Zielmarktes adressiert.

- Die »richtige Vertriebsstrategie« muss festgelegt werden.
- Verfahren, Strategie und Produkt müssen regelmäßig überprüft werden.
- Diejenigen, die die so entstandenen Versicherungsbedingungen vertreiben sollen, müssen ausführlich informiert und geschult werden

5.2 Wie muss ein Produktfreigabeverfahren konkret gestaltet sein?

Alles fängt mit der Produktidee an: Durch Gespräche mit Kunden, vielleicht auch durch eigene Überlegungen im Unternehmen entsteht die Idee zu einer neuen oder der Veränderung einer bestehenden Deckung. Diese Produktidee muss inhaltlich in Bezug auf den Zielmarkt überprüft werden (s. die folgenden Ziffern 1 bis 6) und hinsichtlich des Vertriebs müssen Vorkehrungen getroffen werden (die anschließenden Ziffern 7 bis 10).

Im Folgenden wird ein mögliches Produktfreigabeverfahren anhand einiger Beispiele denkbarer Produktideen dargestellt. Unter der Ägide einer »prinzipienbasierten Aufsicht« (s. dazu das Kapitel 6 »Verhältnis zur Aufsicht«) kann es keine starren Vorgaben mehr geben; was ein »richtiger Prozess« ist, bestimmt sich aus dem Ergebnis (die Deckung entspricht den Wünschen und Bedürfnissen des Kunden).

Beispiele möglicher Produktideen:
- Eine **Cyber Versicherung** ist sicher ein (fast schon klassisches) Beispiel.
- Es könnte aber auch eine **Deckungserweiterung** sein, z. B. die Mitversicherung von **Abwasserleitungen außerhalb des Wohngebäudes**.
- Auch eine neue, weitergehende Form der **Berufsunfähigkeitsabsicherung** könnte eine neue oder veränderte Produktidee darstellen.
- Oder eine verrückte Idee: eine **Versicherung gegen Regen in den Sommerferien** (die Idee könnte einem im Sommer 2017 durchaus gekommen sein und immerhin hat der GdV-Newsletter vom August 2017 diese Idee besprochen).
- Auch eine Cross-Selling-Idee könnte entstehen, wie etwa eine **Garantieverlängerung oder -erweiterung** (die »Brillenversicherung« ist ein klassisches Beispiel oder die Deckung, die Hersteller von Smartphones, Tablets oder Laptops anbieten, die dann z. B. Bruchschäden an diesen Geräten versichert).

Irgendwo im Unternehmen (Versicherer oder Versicherungsmakler) ist also eine Idee entstanden, die umgesetzt werden könnte
- durch ein neues Versicherungsprodukt,
- durch eine wesentliche Änderung bestehender Bedingungen.

Jetzt beginnt der inhaltliche Teil des Prozesses/des »Produktfreigabeverfahrens«:

1. Was ist der Zielmarkt der neuen Idee?
Mögliche Fragen zu diesem Punkt (aber natürlich nicht erschöpfend aufgeführt) könnten im Zusammenhang mit den oben gewählten Beispielen die folgenden sein:

Beispiel »Cyber«:
- Sollen Verbraucher versichert werden? Oder Gewerbekunden? Oder Industriekunden?
- Soll das Produkt regional/national/oder international angeboten werden?

Beispiel »Mitversicherung von Abwasserleitungen außerhalb des Wohngebäudes«:
- Sollen Einzelhäuser oder Mehrfamilienhäuser versichert werden?
- Soll eine bestimmte Umgebung (städtisch/dörflich) eine Rolle spielen?
- Soll die Deckung als »stand alone« angeboten werden, also auch als Zusatzdeckung einer »fremden« Grunddeckung, oder »nur« als Erweiterung für schon existierende Kunden?
- Soll die Deckung regional/national/oder international angeboten werden?

Bespiel Berufsunfähigkeit:
- Sollen Verbraucher (auch als Einzelperson) versichert werden können? Oder nur Belegschaften?
- Soll die Deckung nur für bestimmte Berufsgruppen gelten?
- Soll die Deckung regional/national/oder international angeboten werden?

Bespiel »Regenversicherung«:
- Welche Reiseziele sollen versichert werden?
- Zu welchen Jahreszeiten soll versichert werden?
- Welche Kundengruppen sollen versichert werden?

Beispiel Garantieverlängerung oder -erweiterung:
- Natürlich: Welches Produkt soll versichert werden?
- Soll jeder Besitzer des Produkts die Deckung kaufen können? Oder nur »Neukäufer«?
- Soll die Deckung regional/national/oder international angeboten werden?

Bei der Definition des Zielmarktes könnte sich ergeben, dass ein Produktfreigabeverfahren nicht nötig ist, dann nämlich, wenn das Versicherungsprodukt »aus einer Versicherung für Großrisiken im Sinne des §210 Abs. 2 VAG besteht« (§23 Abs. 1d VAG). Allerdings ist dann sicherzustellen, dass das Produkt auch wirklich nur an den Zielmarkt vertrieben wird und nicht doch (auch) dem Gewerbekunden angeboten wird, der aber eben nicht »Großrisiko« ist!

2. Was ist *nicht* der Zielmarkt der neuen Idee?

Das sind die gleichen Fragen wie unter 1., nur anders herum: In welchen Markt will ich nicht verkaufen? Welche potenziellen Versicherungsnehmer sollen nicht Vertragspartner werden? Das ist aber nur die Sichtweise desjenigen, der die Produktidee hatte.

Zusätzlich muss aus Kundensicht gefragt werden, für welches Marktsegment die neue Produktidee überflüssig, sinnlos, sogar schädlich wäre? Das »bestmögliche Kundeninteresse« (§1a VVG) muss hier im Vordergrund stehen. Die Frage nach dem »Nicht-Zielmarkt« ist nach den Überlegungen der Kommission in ihrem Entwurf zu einer delegierten Verordnung in erster Linie für komplexe Versicherungsprodukte gedacht, wie etwa für Versicherungsanlageprodukte.

3. Was sind die typischen/einschlägigen Risiken des Zielmarktes? Können und sollen alle versichert werden?

Mögliche Gedanken zu diesem Punkt (aber natürlich nicht erschöpfend aufgeführt) könnten im Zusammenhang mit den oben gewählten Beispielen die folgenden sein:

Beispiel Cyber:

- Risiken des Datenverlustes inklusive Wiederherstellung der Daten,
- Risiken aus der unbefugten Nutzung des betroffenen Gerätes (Haftpflicht!).

Bespiel Abwasserleitung:

- Rückstau inklusive Schäden an Gebäude und Hausrat,
- Leitungsbruch inklusive Wiederherstellung.

Beispiel Berufsunfähigkeit:

- Prozentuale Berufsunfähigkeit in der ausgewählten Gruppe,
- Gründe für die Berufsunfähigkeit,
- Absicherungsniveau der gesetzlichen Kassen (Sozialversicherung).

Bespiel »Regenversicherung«:

- Definition des versicherten Ereignisses, d.h., ab wann ist »Regen« wirklich »Regen« (Liter pro Quadratmeter/pro Tag?),
- Übertragung der Definition auf verschiedene Jahreszeiten und Reiseorte.

Beispiel Garantieverlängerung oder -erweiterung:

- Was ist Gegenstand der gesetzlichen Garantie/was geht darüber hinaus?
- Welche Risiken drohen dem Produkt (bei Smartphones außer Beschädigung z.B. Datenverlust)?

4. Welche der typischen Risiken sollen versichert werden und welche nicht?
Diese Frage kann hier natürlich nur abstrakt beantwortet werden; die konkrete Antwort wird auch wirtschaftliche Aspekte zu betrachten haben (die in den 1950iger Jahren tatsächlich angebotene »Reisewetterversicherung« hat ein Vielfaches der Prämie gekostet).

Viele der zu beachtenden Punkte sind im Gesetz definiert, vor allem in §23 VAG. Andere ergeben sich aus dem Gesamtzusammenhang (die Kardinalpflicht des §1a VVG ist immer zu beachten), wieder andere werden sich aus den delegierten Rechtsakten der Kommission ergeben. Die folgende Aufzählung ist daher beispielhaft und keinesfalls erschöpfend:

- Was sind die Bedürfnisse des Zielmarktes (ausdrücklich erwähnt in §23 Abs. 1b S.2 VAG)?
- Könnte das Produkt auch schädliche Wirkungen haben? Das ist in den Entwürfen zu den delegierten Rechtsakten der Kommission erwähnt – z.B. eine Berufsunfähigkeitsdeckung für Rentner.
- Ist das Produkt im »bestmöglichen Interesse des Kunden« – §1a VVG?
- Was passiert, wenn sich die Risikosituation ändert (das ist in §23 Abs. 1b VAG erwähnt – z.B. durch neue Haftungsbestimmungen für Smartphones)?

5. Wie sieht jetzt die konkrete Ausgestaltung der Produktidee aus?
Nach Prüfung der Punkte 1 bis 4 ergibt sich, wie das Produkt, wie die Versicherungsbedingungen konkret aussehen sollte, um in dem angestrebten Zielmarkt Erfolg zu haben und den Bedürfnissen und Wünschen der Kunden zu entsprechen. Derjenige, der das Produkt bis hierher entwickelt hat, hat »ehrlich, redlich, professionell im besten Interesse des Kunden« gehandelt und so der Kardinalpflicht des §1a VVG entsprochen.

6. Ist das Produkt auch noch nach einem gewissen Zeitablauf »zielmarktgerecht«? Überprüfung nach einem gewissen Zeitablauf.
Welcher Zeitrahmen für diese Überprüfung richtig ist, wird im Gesetz nicht gesagt. Der Produktfreigabeprozess muss sich mit der Festlegung eines sol-

chen zeitlichen Rahmens für die Überprüfung des Produktes beschäftigen und nachvollziehbare Annahmen machen. Diese können durch nicht erwartete Ereignisse (z. B. die Entwicklung einer nicht brechbaren Oberfläche von Smartphones) verändert werden; auch hierfür muss der Prozess Vorkehrungen treffen.

Bis hierher (Ziffern 1 bis 6 dieses Abschnitts) sind inhaltliche Fragen zum neuen oder wesentlich abweichenden (Wohngebäude mit/ohne Abwasserleitungen außerhalb des Gebäudes) Versicherungsprodukt gestellt und im Produktfreigabeprozess beantwortet worden.

In einem zweiten Schritt ist nun die Vertriebsstrategie zu entwickeln. Diese soll sicherstellen, dass die inhaltlichen Überlegungen umgesetzt werden, dass also das den Wünschen und Bedürfnissen der Kunden des Zielmarkts entsprechende Produkt auch tatsächlich bei diesen Kunden – und nicht etwa denen des »Nicht-Zielmarktes« – ankommt, dem Produktentwickler das richtige Feedback gegeben wird und natürlich das Produkt auch abgesetzt wird. Hierzu gehören demnach auch Überlegungen zur Provision oder, wie das Gesetz in § 48a VAG sagt, zur »Vertriebsvergütung«.

7. Was ist die richtige Vertriebsstrategie im Hinblick auf den Zielmarkt?
Was muss der Produktentwickler tun, damit das Produkt auch tatsächlich bei dem Kunden ankommt, für den es entwickelt wurde, von diesen Kunden gekauft wird und so zu einer »Win-win-Situation« führt?

Wie kann eine Werbekampagne aussehen?

Wie müssen Provision und gegebenenfalls Boni ausgestaltet werden, damit eigene Mitarbeiter und externe Vertriebspartner »mitmachen«? Aber Vorsicht: Vergütungsschemata dürfen nie mit der Verpflichtung der Vertriebsmitarbeiter kollidieren, im besten Kundeninteresse zu handeln! Das steht genauso in § 48a VAG und sichert so die »Wohlverhaltensregel« des § 1a VVG ab. Vergleiche hierzu die Kapitel 2 »Vertrieb und Vertriebssteuerung« und 3 »Vergütung«.

Müssen Vorkehrungen getroffen werden, damit nicht »der falsche Markt« bedient wird?

Gibt es Dinge, die man im Hinblick auf den Wettbewerb überlegen muss? Eine besondere Frage in wettbewerblicher Hinsicht – Beschränkung auf bestimmte Vertriebswege – wird in Ziffer 10 ausführlich diskutiert.

Gibt es weitere Ziele, die jenseits eines hohen Umsatzes mit der Produktidee an sich liegen, also z. B. die Unterstützung für ein anderes Produkt? Ein solcher Gedanke liegt bei der Erweiterung der Wohngebäudeversicherung um Abwasserleitungen außerhalb des Gebäudes nahe; die Erweiterung steigert möglicherweise die Attraktivität eines ansonsten nicht mehr so gut verkäuflichen Produktes. Aber auch ein Cyber-Produkt für Verbraucher könnte einen Nebeneffekt haben und andere Verbraucher-Deckungen des Anbieters attraktiver machen. Und natürlich bestimmen solche Überlegungen die Vertriebsstrategie; sie müssen im Produktfreigabeverfahren adressiert werden.

Das sind nur einige der möglichen Fragen. Im Folgenden sollen sie anhand der Beispiels-Produktideen konkretisiert werden – natürlich kann auch diese Aufstellung nicht erschöpfend sein:

Beispiel »Cyber«:

- Wenn die Entscheidung getroffen wurde, nur einen Teilbereich des Marktes zum Zielmarkt zu machen (also z. B. das Produkt auf Verbraucher abzustellen und nicht auf Gewerbe und Industrie), wie muss die Vertriebsstrategie ausgestaltet sein, um sicher diesen Zielmarkt zu erreichen?
- Ist eine Verbindung mit anderen Produkten sinnvoll (wenn das Cyber-Produkt auf Verbraucher abgestellt wurde, sollte es dann zusammen mit anderen Verbraucherprodukten vertrieben werden)? Soll das Cyber-Produkt zum Kauf anderer Produkte anregen?
- Kann über den Vertrieb die Beibehaltung des Zielmarktes sichergestellt werden? Oder geht das nur über den Fachbereich, also die Ausgestaltung der Versicherungsbedingungen? Ist letzteres nicht viel aufwendiger? Und ist die Lösung über die Versicherungsbedingungen rechtssicher? Beispiel: Es sollen nur nationale Verbraucher bedient werden – wie muss der Vertrieb ausgestaltet sein, damit nicht internationale Gewerbekunden das Produkt angeboten bekommen?

Beispiel »Abwasserleitungen«:

- In diesem Beispiel gibt es nur wenig zu überlegen; es handelt sich um einen zusätzlichen Deckungsbaustein, der die bestehende Wohngebäudeversicherung erweitert. Allerdings: Wenn durch die Erweiterung eine Umsatzsteigerung des ursprünglichen Produktes gewollt sein sollte, müsste das jetzt adressiert werden.
- In dieser Konstellation müsste man auch sicherstellen, dass nicht Altkunden benachteiligt werden. Wie kann man also sicherstellen, dass wirklich alle Kunden der bisherigen Deckung das Angebot bekommen?

Bespiel Berufsunfähigkeit:

- Vor allem, wenn der Zielmarkt auf bestimmte Berufsgruppen oder Personen mit besonderen Merkmalen (Zugehörigkeit zu einer Belegschaft, Verbraucher) beschränkt wurde, ist die Vertriebsstrategie wichtig. Wird die »falsche« Zielperson akquiriert, führt dies zu Frustration bei der Zielperson, zu einem Reputationsschaden für Vertrieb und Produktgeber und es ist kostspielig.
- Ganz wichtig ist in diesem Bereich die Vergütung: Berufsunfähigkeitsversicherungen fallen unter die Vorschriften für die Lebensversicherung, §176 VVG. Sind dann auch die besonderen Informationspflichten nach §2 der VVG-InfoV zu beachten? Wahrscheinlich wohl ja; sicherheitshalber sollte man also die für Lebensversicherungen geltenden Informationspflichten beachten.
- Das »bestmögliche Kundeninteresse« ist nicht so einfach zu bestimmen: Zwar ist in der inhaltlichen Abwägung des Produktes bereits die bestehende gesetzliche Sozialversicherung einbezogen worden – aber wie werden diese Überlegungen in die Vertriebsstrategie einbezogen und wie in dem jeweiligen Vertriebsvorgang zur Geltung gebracht?

Bespiel »Regenversicherung«:

- Auch bei dieser Produktidee ist die richtige Art der Ansprache ganz wichtig; andernfalls ist der Versicherungsnehmer und Kunde frustriert und der Reputationsschaden ist hoch.
- Wie eindeutig werden Risiken und Kosten des Produktes beschrieben?
- Soll der Absatz eventuell nur im Zusammenhang mit der Buchung einer Reise erfolgen (dürfen)? Dann sind die Regeln der »Querverkäufe« zu berücksichtigen, §7a VVG (vgl. auch Kapitel 1.10). Insbesondere muss überlegt werden, wie dem dann erhöhten Beratungsaufwand (§7c Abs. 2 S.3, Abs. 3 S.3 VVG) Rechnung getragen werden kann.
- Zur Vertriebstätigkeit gehört auch die »Mitwirkung im Schadenfall«, §1a VVG (vgl. Kapitel 1.2). Also sollten die für die Vertriebsstrategie zuständigen Mitarbeiter auch überlegen, wie Schadenfälle bearbeitet werden können. Dieser Geschäftsprozess muss »im bestmöglichen Kundeninteresse« gestaltet sein, also effizient, transparent und die – hier besonders vorherzusehenden – Abgrenzungsschwierigkeiten vermeidend.

Beispiel Garantieverlängerung oder -erweiterung:

- Inhaltlich wurde die Frage geklärt, ob jeder Produktbesitzer die Zusatzversicherung kaufen können soll. Wenn die Frage verneint wurde, also nur der Neukäufer die Deckung erwerben können soll, stellt sich die Frage nach den Regeln zum Querverkauf, §7a VVG (vgl. Kapitel 1.10). Hieraus ergibt sich dann eine besondere Beratungspflicht (§7c Abs. 1 S.3, Abs. 2 S.3 VVG).

- Auch bei dieser Produktidee ist es wichtig, sich zu erinnern, dass zur Vertriebstätigkeit ebenso die »Mitwirkung im Schadenfall« gehört, §1a VVG (vgl. Kapitel 1.2). Also sollten die für die Vertriebsstrategie Zuständigen auch hier überlegen, wie Schadenfälle »im bestmöglichen Kundeninteresse« bearbeitet werden können.

Bis hierher stand inhaltlich die Vertriebs**strategie** im Fokus der Betrachtung. Im Folgenden sind nun die »richtigen« Vertriebs**partner** auszusuchen und es ist die richtige, d.h. in diesem Fall: erlaubte Vergütungssteuerung zu wählen. Anschließend wird zu überlegen sein, wie dem Vertriebspartner, aber auch der »eigenen Mannschaft« die notwendigen Informationen gegeben werden können.

8. Welcher Vertriebspartner ist für die Umsetzung der Produktidee und der Vertriebsstrategie besonders geeignet (und welcher nicht)?
Beide Seiten des Vertriebsprozesses müssen ihren Partner mit Bedacht auswählen:

- Hat der Versicherungsmakler eine Produktidee bis hierher entwickelt, muss er überlegen, welcher Risikoträger die inhaltlichen und vertrieblichen Überlegungen am besten wird begleiten können. Möglicherweise hat der Versicherungsmakler die eine oder andere Produktidee auch entwickelt, um sie mit einem Partner/Kunden durchzuführen – die Garantieerweiterungsidee beispielsweise ist dafür sicher prädestiniert. Also muss jetzt überlegt werden, wie der Partner in seine eigene Vertriebsstrategie einbezogen wird.
  Aber auch der zu diesem Zeitpunkt vom Versicherungsmakler einbezogene Versicherer muss prüfen, ob der Versicherungsmakler eine ausreichende Geschäftsorganisation hat, die einen Produktfreigabeprozess einschließt. Nur wenn das gegeben ist, kann der Versicherer das Produkt zeichnen, ohne es seinerseits einem (erneuten) Freigabeverfahren zu unterziehen. Andernfalls verletzt er seine Verpflichtungen gegenüber der Aufsicht, §23 Abs. 1c S.2 VAG (vgl. Kapitel 1.5).
- Hat hingegen der Versicherer eine Produktidee entwickelt, muss er jetzt überlegen, welcher Vertriebsweg der Beste ist, um Inhalt und Vertriebsstrategie der Produktidee umzusetzen. Es könnte der echte Direktvertrieb sein, ein reiner Onlinevertrieb, der Vertrieb über das Vertreternetzwerk, eine Kooperation mit Maklern oder sogar eine Kombination von einigen/allen diesen Möglichkeiten. Neben den inhaltlichen und vertrieblichen Umsetzungsüberlegungen – die ja schon das Kundeninteresse im Blick hatten – ist immer darauf zu achten, dass der Vertriebsweg dem bestmöglichen

Kundeninteresse dient, § 1a VVG. Der Versicherer muss natürlich auch überlegen, wie er mit dem Vertriebsweg »Versicherungsberater« umgeht (der auch die Beratung von Verbraucherzentralen etc. umfasst) und den er wenig steuern kann.

Im Einzelnen könnten folgende Überlegungen eine Rolle spielen:

Beispiel »Cyber«:
- Hier können alle vorstellbaren Vertriebswege eingesetzt werden.
- Man könnte aber auch daran denken, das Produkt als »Türöffner« für ausschließlich online angebotene Deckungen zu verwenden. Soll es dann nur online erwerbbar sein? Kann man das dadurch steuern, dass die Prämie online günstiger ist?
- Wenn die üblichen Vertriebswege zum Zuge kommen sollen, was muss man beachten, damit nicht ungewollte Effekte eintreten, also das Produkt nicht in den »Nicht-Zielmarkt« gegeben wird?

Beispiel »Abwasserleitungen«:
- Auch bei dieser möglichen Produktidee können eigentlich alle Vertriebswege beteiligt werden.
- Falls aber die Stärkung des Vertreternetzwerks ein Ziel der Einführung dieses Produktes sein sollte, muss genau überlegt werden, ob der Versicherer andere Vertriebswege ausschließen kann.

Bespiel Berufsunfähigkeit:
- Zunächst einmal sind die Vorschriften über die Lebensversicherung anzuwenden, § 176 VVG. Das bedeutet, der Risikoträger braucht eine Erlaubnis für die Lebensversicherung, § 8 Abs. 4 VAG[207] – eine bedeutsame Überlegung, wenn die Produktidee von einem Versicherungsmakler stammen sollte!
- Ansonsten können auch bei dieser Produktidee wieder alle Vertriebswege zum Einsatz kommen, wenn nicht weitere Ziele der Produkteinführung etwas anderes vorgeben.

Bespiel »Regenversicherung«:
- Hier wird man überlegen wollen, ob man mit Reiseveranstaltern zusammenarbeitet. Dann ist zu prüfen, ob diese ausreichend aus- und weiterge-

207 In der BerVersV – Versicherungsberichterstattungs-VO – ist in der Anlage 1, Abschnitt C, Ziff. 01.1.4 die Berufsunfähigkeitsversicherung ausdrücklich der Ziff. 19 der Anlage 1 zum VAG – Leben – zugeordnet. Die neue BerVersV gilt seit dem 1.8.2017.

bildetes Personal vorhalten und gegebenenfalls die notwendigen gewerberechtlichen Erlaubnisse haben.

- Falls eine Koppelung mit der Reisebuchung gewünscht wird, ist sicherzustellen, dass der Vertriebspartner die verschärften Beratungspflichten des §7c VVG erfüllen kann.
- Auch bei dieser Produktidee könnte man aber auch einen reinen Onlineverkauf erwägen.

Beispiel Garantieverlängerung oder -erweiterung:

- Hier bietet sich die Zusammenarbeit mit dem Verkäufer des Originalproduktes natürlich besonders an (und ist vielleicht sogar die Motivation für die Produktidee gewesen). Dementsprechend muss sichergestellt werden, dass diese Verkäufer über die notwendigen Zulassungen verfügen und ihr Personal ausreichend weiterbilden.
- Gelegentlich werden solche Deckungen aber auch »stand alone« angeboten; dann muss sichergestellt sein, dass der ausgewählte Vertriebspartner die Deckung »kann«.

9. Wie müssen die Vergütungsmodelle aussehen und was dürfen sie keinesfalls beinhalten?

Schließlich muss der Versicherer überlegen, wie er die Vertriebssteuerung umsetzt, wie er also Anreize setzt, die den inhaltlichen und vertrieblichen Zielen dienen, ohne die Wohlverhaltensregel und damit §48a VAG zu verletzen.

An dieser Stelle überschneiden sich 3 Dinge:

- das Produktfreigabeverfahren,
- die Vertriebssteuerung generell und
- die über allem stehende Verpflichtung, eine ausgewogene Geschäftsorganisation aufzubauen, zu nutzen und ständig weiterzuentwickeln.

Rein volumenabhängige Vergütungen (z.B. »ab 1.000 verkauften Policen steigt der Provision um x %«) dürften sich kaum mit den Anforderungen des §48a VAG vereinbaren lassen:

> *Versicherungsunternehmen dürfen keine Vorkehrungen durch Vertriebsvergütung, Verkaufsziele oder in anderer Weise treffen, durch die Anreize für sie selbst oder Versicherungsvermittler geschaffen werden könnten, einem Kunden ein bestimmtes Versicherungsprodukt zu empfehlen, ... (§48a Abs. 1 S. 2 VAG)*

Diese Vorschrift flankiert die Wohlverhaltensregel des § 1a VVG, wonach sich jeder Versicherungsvertreiber **ehrlich, redlich, professionell im bestmöglichen Interesse seiner Kunden** verhalten sollte.

Dem Thema Vergütung ist ein eigenes Kapitel gewidmet, das Kapitel 3. An dieser Stelle soll trotzdem bereits folgender Hinweis gegeben werden:

So kann man etwa überlegen, ob eher eine abschlussorientierte (einmalige) Vergütung oder eher eine betreuungsorientierte, über die Laufzeit der Police zu zahlende Vergütung angemessen ist.

Verlaufsabhängige Vergütungen sind besonders kritisch zu sehen.

10. Kann der Versicherer bestimmte Vertriebswege ausschließen?
Auch diese Frage kann im Produktfreigabeverfahren auftauchen, wenn es darum geht, den »richtigen« Vertriebspartner zu finden und damit automatisch die Frage nach dem »falschen« Vertriebspartner aufkommt.

Grundsätzlich kann jeder am geschäftlichen Verkehr Beteiligte frei entscheiden, mit wem er zusammenarbeiten möchte. Das ist Ausdruck der in Deutschland und Europa geltenden Privatautonomie. Ihre Grenzen findet diese Freiheit in der Freiheit, die der Vertragspartner seinerseits hat. So steht es grundsätzlich jedem Versicherungsnehmer frei, zu entscheiden, ob er selbst oder mittels eines Vertreters mit dem Versicherer in Kontakt treten möchte. Diesen Wunsch muss der Versicherer respektieren.

Weiter ist vorstellbar, dass bestimmte Produktideen den Zweck haben, einen bestimmten Vertriebsweg zu stärken. Eine solche Überlegung ist zunächst nicht verboten. Allerdings darf der Wunsch zur Stärkung eines Vertriebswegs nicht zur Diskriminierung eines oder mehrerer anderer Vertriebswege führen. Das wäre ein wettbewerblich nicht zulässiges Verhalten.

Auch ist vorstellbar, dass eine Produktidee nur von bestimmten Vertriebspartnern durchgeführt werden kann (das kann bei der Produktidee »Garantieverlängerung und -erweiterung« sehr gut möglich sein).

Welche Entscheidung der Versicherer auch trifft, sie
- muss dem bestmöglichen Kundeninteresse entsprechen,
- darf nicht diskriminierend sein,
- darf vor allem nicht zu einem Fehlanreiz in Bezug auf das Versicherungsprodukt führen.

11. Verfügt der Vertriebspartner über alle notwendigen Informationen zur Entwicklung des Produktes? Verfügen auch die eigenen Mitarbeiter über diese Informationen?

Diese Überlegung war dem Gesetzgeber so wichtig, dass sie einen eigenen Absatz (1c) im §23 VAG bekommen hat:

> *Unternehmen, die Versicherungsprodukte konzipieren, haben allen Vertreibern sämtliche sachgerechten Informationen zu dem Versicherungsprodukt und dem Produktfreigabeverfahren, einschließlich des bestimmten Zielmarktes des Versicherungsproduktes, zur Verfügung zu stellen. Vertreibt ein Unternehmen Versicherungsprodukte, die es nicht selbst konzipiert, oder berät es über solche Versicherungsprodukte, muss es über angemessene Vorkehrungen verfügen, um sich die in Satz genannten Informationen zu verschaffen und die Merkmale und den bestimmten Zielmarkt zu verstehen.*

Der Gesetzestext ist so eindeutig und klar, dass er so gut wie keinen Interpretationsspielraum zulässt: Ein Versicherungsvertreiber muss verstehen, was er vertreibt. Er muss über eine angemessene Geschäftsorganisation verfügen, die sicherstellt, dass er die Informationen, die er benötigt, bekommt und versteht.

Nach den noch detaillierteren Vorgaben der Kommission und der sie beratenden EIOPA muss auch sichergestellt werden, dass die eigenen Mitarbeiter ausreichenden Einblick in das Produktfreigabeverfahren bekommen.

Also muss ein Versicherer, der eine Maklerbedingung zeichnet, sicherstellen, dass diese Maklerbedingung entsprechend den Vorgaben des §23 Abs. 1a-c zustande gekommen sind, auch wenn Versicherungsmakler nicht unmittelbar vom VAG angesprochen werden (§1 VAG). Der Versicherer muss sich so detailliert informieren, dass er sicher sein kann, bei der Zeichnung dieser Bedingungen keinen Fehler zu begehen, der zu einer Abweichung vom Zielmarkt und natürlich vom bestmöglichen Kundeninteresse führen könnte.

Umgekehrt müssen Versicherungsvertreter oder Versicherungsmakler, aber wohl auch Versicherungsberater oder beratende Verbraucherzentralen und sonstige Verbraucherschutzorganisationen den Versicherer, wenn er ein Produkt konzipiert hat, befragen, was er mit der Einführung des Produktes beabsichtigt hat und wie sich die Produktidee im Laufe des Produktfreigabeverfahrens entwickelt hat.

Alle Versicherungsvertreiber müssen sicherstellen, dass der beabsichtigte Zielmarkt nicht verfehlt wird, dass das Versicherungsprodukt den Wünschen und Bedürfnissen des Kunden entspricht, und ihr Verhalten dabei ehrlich, redlich und professionell im bestmöglichen Kundeninteresse ist.

Derjenige, der das Versicherungsprodukt konzipiert hat, muss seinerseits sicherstellen, dass nur solche Vertriebspartner das Produkt vertreiben (dürfen), die über eine Geschäftsorganisation verfügen, welche die Informationen über das Produkt aufnehmen und verstehen kann.

12. Existiert eine Vereinbarung über den Vertrieb des neuen Produktes?
Die EU-Kommission geht im Entwurf ihrer delegierten Verordnung davon aus, dass es Vereinbarungen zwischen Risikoträger und Versicherungsvertreiber gibt, welche die Art der Produktfreigabeverfahren, die Art der Beteiligung der Vertriebspartner hieran, mindestens die Information der Vertriebspartner, regeln.

Vorstellbar ist durchaus, solche Vereinbarungen zu standardisieren und z.B. in die Courtagezusagen oder Handelsvertretervereinbarungen mit aufzunehmen. Das allerdings dürfte der Mindeststandard sein; die entsprechenden Vereinbarungen müssen also im Zuge des Produktgenehmigungsverfahrens angepasst und geändert werden.

5.2.1 Wer führt das Produktfreigabeverfahren, wer ist daran beteiligt?

Das Produktfreigabeverfahren beginnt mit einer Produktidee, beschäftigt sich dann inhaltlich mit dem Produkt und seinem Zielmarkt, geht über in die Formulierung einer Vertriebsstrategie und endet schließlich in der Auswahl der geeigneten Vertriebspartner.

Diese eben beschriebene Vorgehensweise bedingt eine Beteiligung der Mitarbeiter von

- Fachabteilung,
- Vertriebssteuerung,
- Recht und Compliance,
- gegebenenfalls Konzernentwicklung.

Je nach Komplexität und Bedeutung der einzelnen Schritte kann die Führung des Prozesses beim Vertrieb oder bei der Fachabteilung liegen.

Das VAG verlangt in §23 Abs. 1a S.5 eine »angemessene Geschäftsorganisation«. Das bedingt, dass die Leitung desjenigen Unternehmens, das Versicherungsprodukte konzipieren will, eingebunden ist und eine klare Verantwortungszuweisung vorliegt. Ob diese verantwortliche Stelle die Leitung des Vertriebs, die Leitung der Fachabteilung, die Leitung der Kundenbetreuung oder die Leitung der Organisation ist, hängt natürlich von den individuellen Gegebenheiten des jeweiligen Unternehmens ab.

Sicher ist, dass es eine solche Leitungsverantwortung geben muss. Diese Verantwortlichkeit muss sich aus der Stellenbeschreibung desjenigen ergeben, der sie ausübt, und sie muss sich aus der Beschreibung der Geschäftsorganisation des Unternehmens ergeben.

5.2.2 Wie ist das Produktfreigabeverfahren zu dokumentieren?

Dokumentation ist (eigentlich) selbstverständlich: Allein schon für die Kommunikation im eigenen Unternehmen ist eine schriftliche Niederlegung des Prozesses notwendig, jedenfalls aber für die Zwecke der Aufsicht.

Der tatsächlich durchgeführte Produktfreigabeprozess muss ebenfalls dokumentiert werden. Andernfalls kann man nicht beweisen, dass die gesetzliche Vorgabe erfüllt wurde, was im Falle von Haftungsfragen zu Schwierigkeiten, gegebenenfalls sogar zu einer Beweislastumkehr führen könnte.

5.2.3 Mit welchen weiteren gesetzgeberischen Akten ist zu rechnen?

Die EU-Kommission hat das Recht, sogenannte »delegierte Rechtsakte« zum Produktfreigabeverfahren zu erlassen. Das ist in Art. 2 Abs. 2 der IDD bestimmt.

Die Kommission wird von der EIOPA beraten. Diese hat umfänglich dazu Stellung genommen, wie das Produktfreigabeverfahren aus ihrer Sicht zu konkretisieren sei.

Die Kommission hat die Empfehlungen der EIOPA weitgehend übernommen. Der Entwurf eines sogenannten »delegierten Rechtsaktes« wird voraussichtlich vom europäischen Parlament und Rat angenommen werden.

Wie im Kapitel 1 erläutert, stehen die »delegierten Rechtsakte« im Rang über dem deutschen Recht. §23 Abs. 1a-c VAG ist also so zu interpretieren, dass er den delegierten Rechtsakten nicht widerspricht. Hierauf bauen die vorstehenden Ausführungen auf.

5.3 Sanktionen

Das Thema Sanktionen ist im Grundsatz bereits im Kapitel 1.12 behandelt. Sanktionen können in vielfältiger Gestalt auftreten. Zunächst sind da die staatlichen Sanktionen, mit denen der Staat hoheitlich gegen Verstöße oder Missachtungen seiner Regeln vorgeht.

Hier gibt es im Wesentlichen drei Bereiche:

- Strafrechtliche Sanktionen richten sich gegen die natürliche Person, die eine ihr obliegende Pflicht verletzt hat. Sie können Freiheits- oder Geldstrafen beinhalten, aber auch zur Einziehung unrechtmäßigerweise erworbener Gewinne führen.
- Ordnungswidrigkeiten können von natürlichen Personen, aber auch von sogenannten »juristischen Personen«, also von Unternehmen, begangen werden. Sie beinhalten Geldstrafen, die hoch ausfallen können.
- Aufsichtsrechtliche oder »Verwaltungssanktionen« können Anweisungen der Aufsichtsbehörden sein, ein bestimmtes Verhalten zu ändern/zu unterlassen. Sie können die Ermahnung und Abberufung von Leitungsorganen beinhalten und letztlich bis zum Entzug der Erlaubnis zum Geschäftsbetrieb führen.

Diese ersten drei Sanktionsarten können und sollen nach dem neuen Recht auch eine »Pranger Funktion« bekommen, d.h., sie sollen veröffentlicht werden. Das gilt besonders für die dritte Sanktionsmöglichkeit, die der sogenannten Verwaltungssanktionen. Damit ist der Reputationsschaden einer solchen Sanktion erheblich. In §329 Abs. 5 VAG ist eine Meldepflicht an die europäischen Behörden vorgesehen.

Neben den strafrechtlichen Sanktionen, den Ordnungswidrigkeiten und den Verwaltungssanktionen – also den hoheitlichen Maßnahmen des Staates – gibt es auch im Zivilrecht Sanktionen. Das heißt, auch gleichgeordnete Personen und Unternehmen können Sanktionen beantragen, die dann natürlich erst durch Gerichte bestätigt werden müssen.

Hier gibt es im Wesentlichen zwei Bereiche:

- Wettbewerbliche Sanktionen können von Wettbewerbern beantragt werden, aber auch von wettbewerblich agierenden Vereinigungen. Wettbewerbliche Sanktionen können von gerichtlich angeordneten Unterlassungsgeboten bis hin zu Geldzahlungen an den Wettbewerber gehen.
- Schließlich gibt es noch die zivilrechtlichen Sanktionen, insbesondere den Schadenersatz oder die Unterlassungsverfügung (insofern ist dies eine Überschneidung zum Wettbewerbsrecht). Die zivilrechtliche Sanktion hat üblicherweise die Form einer Geldzahlung, meist zur Wiedergutmachung eines entstandenen Schadens.

Für das Produktfreigabeverfahren gilt:

a. Keine strafrechtlichen Sanktionen, keine Ordnungswidrigkeit

Weder §23 Abs. 1a-c VAG noch §48a VAG sind in den Katalog der Straf- oder Bußgeldvorschriften des VAG aufgenommen worden, §§332, 333 VAG. Also stehen keine straf- oder ordnungswidrigkeitsrechtlichen Sanktionen zu befürchten. Natürlich gilt das normale Strafrecht weiterhin: Betrug, Nötigung, Unterschlagung usw. sind und bleiben strafbar.

Allerdings sind solche Informationen und Werbemaßnahmen, die einem Versicherungsnehmer in nicht »redlicher und eindeutiger« Form gegeben wurden, in den Sanktionskatalog aufgenommen worden. Wenn also das Produktfreigabeverfahren in solche Informationen und/oder Werbemaßnahmen mündet, kann es zu einem Bußgeld kommen, das bis 500.000,- Euro reichen kann

b. Aufsichtsrechtliche Sanktionen sehr wahrscheinlich

- **Ermahnungen nach §303 VAG**
- **Zuverlässigkeitsfragestellungen nach §35 GewO**

Das Produktfreigabeverfahren wird als eines der Kernelemente der IDD angesehen. Neben der Kardinalpflicht der Ehrlichkeit, Redlichkeit und Professionalität im bestmöglichen Kundeninteresse ist der »richtige Zuschnitt« eines neuen Produktes die Voraussetzung dafür, dass die dann abgeschlossene Deckung den Wünschen und Bedürfnissen des Kunden entspricht. Dementsprechend deutlich erwarten die Aufsichtsbehörden die Befolgung dieser Auflagen; die nationalen Behörden werden hier gegebenenfalls von der europäischen Behörde »zum Jagen getragen« werden.

Auch politisch hat es um das Produktfreigabeverfahren »kein Gerangel« gegeben; alle Parteien, der Bundestag und Bundesrat haben die Vorschriften ohne jeden Widerspruch passieren lassen. Und natürlich hat ein solches Verhalten eine Bedeutung; die Administration, also die BaFin und die IHK, registrieren genau, ob die rechtssetzende Seite (Parlament, Bundesrat) Einwände oder Änderungswünsche vorbringt. In vielen Teilbereichen der Umsetzung der IDD ist das geschehen (Honorarberatung, Weiterbildung, Durchleitungsgebot) und im Produkteentwicklungsprozess eben nicht. Deshalb, und nicht nur wegen des europäischen Drucks, wird es den Aufsichtsbehörden ein Anliegen sein, diesen Teilbereich der IDD-Umsetzung wirksam zu überwachen.

Allerdings ist der Grundsatz der Proportionalität zu wahren – je komplexer das Versicherungsprodukt, desto schärfer die Anforderungen an das Produktfreigabeverfahren, Artikel 4 Nr. 1 des Entwurfs der delegierten Verordnung der Kommission.

Etwas versteckt – im §51 VAG – ist zudem die Verpflichtung der Versicherungsunternehmen aufgenommen, Beschwerden von Kunden über (andere) Versicherungsvertreiber[208] zu beantworten: Kommt es zu wiederholten Beschwerden ...

> *[...] die für die Beurteilung der Zuverlässigkeit erheblich sein können, müssen [die Versicherungsunternehmen] die für die Erlaubniserteilung nach § 34d Abs. 1 GewO zuständige Behörde davon in Kenntnis setzen.*

Ausdrücklich bekommen diese Beschwerdemöglichkeit nun auch Verbraucherschutzverbände. Es ist schwer vorstellbar, dass die IHKs dann nicht reagieren; indirekt haben sie durch diese Vorschrift eine (weitere) Tätigkeitspflicht bekommen. Auch die neue VersVermV wird die Einrichtung eines »Beschwerdemanagements« beim Versicherungsmakler, -vertreter und -berater vorsehen, wohl in §17, im Abschnitt über die Geschäftsorganisation des Gewerbetreibenden.

Die Pflicht, einen Produktfreigabeprozess einzurichten, zu nutzen und ständig zu überprüfen ist Teil der Geschäftsorganisation und damit eine Pflicht, die den Versicherungsvertreibern gegenüber der Aufsicht obliegt. Es gilt hier also ein ganz direktes Verhältnis, d.h., die Aufsicht muss nicht über einen »Umweg« – Verbraucherschutz, Zuverlässigkeit, Beschwerden – agieren. Die Pflicht zu einem ordnungsgemäßen Produktfreigabeverfahren ist ihr selbst gegenüber zu erbringen.

208 Bei der schnellen Abfassung ist ein Redaktionsversehen geschehen: Die Vorschrift, die bislang nur für Beschwerden über »Versicherungsvermittler« galt, sollte auf Beschwerden über alle Versicherungsvertreiber ausgedehnt werden. Dabei ist nur herausgekommen »oder andere Versicherungsunternehmen«; gemeint sind aber »oder andere Versicherungsvertreiber«.

Schließlich tritt Deutschland mit dem neuen VAG (seit Juli 2016) und dem jetzt geltenden VVG in das Zeitalter einer »prinzipienbasierten Aufsicht« ein. In einem solchen Aufsichtsregime sind Geschäftsprozesse das entscheidende Prüfkriterium. Es ist kaum vorstellbar, dass dann der Kernprozess »Produktfreigabeverfahren« negiert werden könnte.

Es gibt zwei Aufsichtsstrukturen:

Erste Aufsichtsstruktur
Gegenüber Versicherern wird es eine »doppelte« Aufsicht geben, eine bezüglich des eigenen Produktfreigabeverfahrens und eine, die sicherstellt, dass auch fremde Produktideen nur entsprechend § 23 VAG umgesetzt werden:

Aufsichtsrechtliche Sanktionen sind zu erwarten für den Fall, dass Versicherer

- bei der Entwicklung eigener, neuer Produkte (oder bei wesentlichen Änderungen bestehender Produkte) kein Produktfreigabeverfahren anwenden oder
- neue Produkte von Versicherungsmaklern übernehmen, ohne sicherzustellen, dass diese Vertriebspartner ein Produktfreigabeverfahren befolgen.

Wahrscheinlich wird die Aufsicht sogar erwarten, dass ganz grundsätzlich ein Produktfreigabeprozess eingerichtet wird; dies gehört zu einer angemessenen Geschäftsorganisation, § 23 VAG.

Die BaFin kann die Einrichtung eines Produktfreigabeverfahrens bzw. die Sicherstellung, dass Vertriebspartner ein solches Verfahren vorhalten, nicht nur verlangen, sondern auch durchsetzen: Nach § 298 VAG kann sie ...

> *[...] gegenüber Erstversicherungsunternehmen, den Mitgliedern ihres Vorstandes sowie sonstigen Geschäftsleitern und den die Erstversicherungsunternehmen kontrollierenden Personen ... alle Maßnahmen ergreifen, die geeignet und erforderlich sind, um Missstände zu vermeiden oder zu beseitigen.*

Die Maßnahmen sind in den §§ 300-310 VAG ausführlich beschrieben; für den Fall der Missachtung der Vorgabe, ein Produktfreigabeverfahren einzusetzen, sind Verwarnungen nach § 303 wahrscheinlich.

Eine solche Ermahnung hätte im Hinblick auf mögliche zivilrechtliche Sanktionen erhebliche Bedeutung.

Zweite Aufsichtsstruktur
Gegenüber Maklern gibt es die direkte Aufsicht durch die IHK und die indirekte durch die BaFin gegenüber den Risikoträgern.

Die Industrie- und Handelskammern haben sich bislang nicht geäußert, wie sie die ihnen zugedachte Rolle ausfüllen wollen. Da sie aber die Aufsichtsbehörden der Versicherungsmakler, der (freien) Versicherungsvertreter und der Versicherungsberater sind, werden sie es sein, welche die ja auch ihnen gegenüber zu erfüllende Pflicht sanktionieren und Bußgeldvorschriften nach GewO und dem Recht der Ordnungswidrigkeiten (OWiG) aussprechen müssen. Die delegierte Verordnung der Kommission wird alle Vorschriften zum Produktfreigabeverfahren auf Versicherungsmakler ausdehnen. Die neue VersVermV wird dem voraussichtlich folgen (derzeit ist der Entwurf hier noch etwas unklar).

Vorstellbar und wahrscheinlich ist, dass Versicherungsmakler das Vorhandensein eines Produktfreigabeprozesses bestätigen werden oder alternativ von der Entwicklung eigener Produktideen Abstand nehmen müssen.

Missachten Versicherungsmakler die gesetzliche Anordnung, so stellen sie damit ihre gewerberechtliche Zuverlässigkeit selbst infrage. Der entsprechende §35 GewO lautet auszugsweise:

> *Die Ausübung des Gewerbes ist von der zuständigen Behörde ganz oder teilweise zu untersagen, wenn Tatsachen vorliegen, welche die Unzuverlässigkeit des Gewerbetreibenden … dartun …*

Natürlich wird es wegen eines nicht eingerichteten Produktfreigabeverfahrens nicht gleich zu einer Gewerbeuntersagung kommen. Vorstellbar ist aber, dass die jeweilige IHK denjenigen Maklern, die keine solche Geschäftsorganisation vorweisen können, die Konzeption von Versicherungsprodukten untersagt. Wie auch bei Rügen der BaFin hätte eine solche Äußerung der zuständigen IHK erhebliche Auswirkungen auf die zivilrechtlichen Sanktionen.

Da ein Versicherungsmakler eine Produktidee ohne die Mithilfe eines Risikoträgers nicht umsetzen kann, ist er zudem auf die Kooperation eines Versicherers angewiesen. Kooperieren kann ein Versicherer aber nur mit einem Versicherungsmakler, der ein Produktfreigabeverfahren eingerichtet hat. Sofern der Versicherer den Versicherungsmakler mit der Entwicklung einer Produktidee beauftragt hat, bekommt die BaFin sogar direkte Rechte gegenüber dem Versicherungsmakler, §299 VAG.

c. Es sind vielfältige zivilrechtliche Sanktionen möglich
- **Wettbewerbliche Unterlassungsansprüche**
- **Leicht durchsetzbare Schadenersatzansprüche**
- **Kündbarkeit des Vertrages?**

Bewirbt ein Versicherungsvertreiber ein neues Produkt, ohne dass dieses durch ein Produktfreigabeverfahren gegangen ist, verhält er sich wettbewerbswidrig. Jeder Wettbewerber und jede Verbraucherschutzorganisation kann dieses Unternehmen abmahnen. Die Folge ist, dass das Produkt sofort vom Markt genommen werden muss; außerdem ist mit empfindlichen Geldforderungen des Abmahnenden zu rechnen.

Noch gravierender dürfte sich auswirken, dass ohne den vorgeschriebenen Produktfreigabeprozess das Versicherungsprodukt einen formalen Fehler hat. Kommt es im Versicherungsfall zu Diskussionen über die Deckungspflicht, hat der klagende Kunde/Versicherungsnehmer/Versicherte bereits einen entscheidenden Vorteil in der juristischen Auseinandersetzung.

Möglicherweise muss nun sogar der Versicherungsvertreiber beweisen, dass der Umstand, dessentwegen der Kunde unzufrieden ist, nicht darauf beruhte, dass das Produkt nicht entsprechend § 23 Abs. 1a-c VAG freigegeben wurde. Eine solche Beweislastverteilung ist häufig der Grund für das Verlieren von Schadenersatzprozessen.

Ob allerdings der geschlossene Versicherungsvertrag wegen des Fehlens des Produktfreigabeprozesses gekündigt werden kann, erscheint zweifelhaft:
- Aus dem VVG hat der Versicherungsnehmer ein weitreichendes Widerspruchsrecht. Man könnte eventuell argumentieren, dass ein nicht entsprechend den gesetzlichen Vorschriften zustande gekommener Vertrag ein dauerndes Widerspruchsrecht in sich trägt. Das ist eine rechtlich schwierige, aber immerhin vorstellbare Argumentation.
- Sonderkündigungsrechte hat nach dem VVG nur der Versicherer. Wahrscheinlich stehen dem Versicherungsnehmer dann die üblichen Rechte aus dem BGB zu. Dann müsste man argumentieren, dass das Durchlaufen eines Produktfreigabeverfahrens eine »zugesicherte Eigenschaft« im Sinne des § 119 BGB sei oder gar der Versicherer sich einer arglistigen Täuschung im Sinne des § 123 BGB schuldig gemacht habe. Dann könnte man den Versicherungsvertrag mit rückwirkender Wirkung anfechten. Auch das ist eine rechtlich schwierige Argumentationslage!

! **Fazit**

Da das Produktfreigabeverfahren ein Kernstück der neuen Regulierung ist und weil die prinzipienbasierte Aufsicht besonders auf die Einhaltung von Geschäftsprozessen zu achten hat, sind aufsichtsrechtliche Sanktionen zu erwarten.
Eine Missachtung der Vorschriften zum Produktfreigabeverfahren macht das Versicherungsprodukt und den Einzelvertrag zivilrechtlich angreifbar und erhöht die Chancen für Abmahnungen und Schadenersatzansprüche.
Bußgelder sind nur bei fehlerhaften Informationen an den Versicherungsnehmer, Strafen sind gar nicht zu erwarten.

6 Verhältnis zur Aufsicht

Überblick

- **Für wen dieses Kapitel wichtig ist:**
  Versicherungsmakler, -vertreter und -berater
- **Wer/welche Abteilung damit zu tun hat:**
  Leitungsebene, Rechtsabteilung und Koordination mit der Aufsicht; bei kleineren Unternehmen der Inhaber
- **Wo im Kapitel 1 die rechtlichen Aspekte erläutert werden:**
  Kapitel 1.12
- **Was die rechtliche Basis ist:**
  §34d GewO

Für welche Unternehmen ist dieser Bereich von Bedeutung? Welche Abteilung sollte sich mit dem Thema befassen?
Dieses Kapitel beschäftigt sich vor allem mit der gewerberechtlichen Aufsicht, also derjenigen, die von den IHKs ausgeübt wird. Die IDD und die sie umsetzenden deutschen Rechtsnormen bringen erhebliche Veränderungen in einen Bereich, der ohnehin wenig gefestigt ist, weil er nur eine sehr junge und kurze Historie hat.

Zusätzlich stehen Versicherungsmakler, -vertreter und -berater quasi unter einer doppelten Aufsicht: einmal unter der originären durch die IHKs und zum anderen unter der indirekten Aufsicht der BaFin. Die Versicherer müssen sicherstellen, dass sie nur mit »geeigneten« Vermittlern zusammenarbeiten. In Folge dieser Verpflichtung fungieren manche Versicherer als »Zusatzaufsicht« über die ihnen zuarbeitenden Vermittler.

Letztlich macht sich dieses Kapitel zur Aufgabe die »Aufsichtssubjekte«, also die Versicherungsmakler, -vertreter und -berater dafür zu sensibilisieren, dass die Aufsicht umfangreicher, »schärfer« werden wird. Das Kapitel will zum Nachdenken darüber anregen, wie man seine Organisation so verbessern kann, dass sie den zukünftigen Anforderungen der Aufsicht genügt. Auch wenn das Wort »Organisation« größere Einheiten zu meinen scheint – gerade kleine Unternehmen mit wenigen oder gar keinen Angestellten sind hier besonders angesprochen.

Und möglicherweise liegt hierin ja auch eine Chance: Gut organisierte Geschäftsorganisationen sind in der Regel auch effizient, also ertragreich.

! **Zusammenfassung**

Die komplexeren Vorgaben des neuen Versicherungsvertriebsrechts machen eine verstärkte Aufsicht sehr wahrscheinlich. Das gilt vor allem für den gewerberechtlichen Bereich.
Die Aufsicht wird sich ausweiten: Zum einen wird das gesamte Leistungsspektrum des neuen §1a VVG berücksichtigt werden, zum anderen werden alle in der neuen VersVermV geregelten Sachverhalte beaufsichtigt werden müssen.
Die gewerberechtliche Aufsicht wird »prinzipienorientiert« sein. Es kommt also vor allem darauf an, dass Versicherungsvertreiber eine **ordnungsgemäße Geschäftsorganisation** nachweisen. Hier sind besonders kleinere Unternehmen angesprochen. Diese haben häufig noch keine definierten Prozesse. Solche Prozesse sind aber notwendig, um der Aufsicht die Einhaltung der Prinzipien nachweisen zu können. Zugleich liegt in der Einführung von Prozessen die Chance (noch) effizienter wirtschaften zu können.

6.1 FAQ zum Thema Aufsicht«

Die gewerberechtliche Aufsicht der IHKs ist doch nur bei der Registrierung wirklich spürbar – warum sollte man sich mit diesem Thema beschäftigen?
Antwort: Die Aufsichtstätigkeit der IHKs wird sich wandeln und dem Niveau anpassen, das die Aufsicht der Bafin hat. Es lohnt sich also, vorbereitet zu sein.

Die Aufsicht über Versicherungsmakler, -vertreter und -berater ist noch jung; erst seit Mitte 2007 sind die Vermittler erlaubnispflichtig. Versicherungsberater unterstanden bis 2007 dem Regime des damaligen Rechtsberatungsgesetzes; ihnen wurde vom jeweiligen Amts- oder Landgerichtspräsidenten die Erlaubnis zur Beratung in Versicherungsangelegenheiten erteilt. Seit 2007 unterstehen auch sie der gewerberechtlichen Aufsicht.

Diese Aufsicht wurde den IHKs übertragen, welche sich erst an diese Aufgabe herantasten mussten. Ähnlich zunächst tastend wird der Umgang mit den Neuregelungen sein, welche durch die IDD und ihre Umsetzung in deutsches Recht erfolgen (werden).

Warum hat die IHK eine Aufsichtsrolle – für die man auch noch einen Zwangsbeitrag bezahlen muss?
Als mit der IMD von 2002 die Notwendigkeit entstand, das Versicherungsvermittlergewerbe zu reglementieren, stand im Raum, diese Aufgabe dem damals noch existierenden BAV (Bundesaufsichtsamt für Versicherungswesen) zu übertragen. Das BAV ging noch 2002 in der BaFin auf. Rückblickend wäre die Übertragung der Aufsicht auf die BaFin vielleicht eine sinnvolle Entscheidung

gewesen; damals wurde argumentiert, dass eine bundeseinheitliche, scharfe Aufsicht die Berufsstände der Versicherungsmakler, -vertreter und -berater unvorbereitet treffen würde und ihnen nicht zuzumuten sei.

Die Alternative zur Aufsicht durch die IHKs wäre eine solche durch die Gewerbeämter gewesen. Das aber hätte die Aufsicht zersplittert. Weder wäre der Aufbau von Know-how in den Tausenden Gewerbeämtern möglich gewesen, noch hätte eine Abstimmung über die Aufsichtsgrundsätze sinnvoll sichergestellt werden können.

Die Aufsicht im Finanzdienstleistungsbereich war immer schon umlagefinanziert und so sollte das auch für die Aufsicht über die Vermittler sein. Gerade also die Tatsache, dass die IHKs sich über den Beitrag ihrer (Zwangs-)Mitglieder finanzieren, macht sie besonders geeignet, diese neue Aufsicht auszuüben. Im Übrigen ist die Aufsicht durch die Gewerbeämter eher teurer als die umlagefinanzierte Aufsicht der IHKs.

Nachdem sie gesetzlich mit dieser Aufgabe betreut wurden, können und müssen die IHKs als Anstalt des öffentlichen Rechts die Aufsichtsrolle übernehmen. Sie können das tun, sofern die entsprechenden Gesetze »öffentlichrechtlich« sind, also in das Gewerberecht übernommen sind. Die VersVermV ist »Gewerberecht«. Deshalb ist die Neufassung der VersVermV so wichtig. Sie wird viele der neuen Vorschriften aus dem VAG und dem VVG in das Gewerberecht transformieren.

Gelten die neuen Regularien auch für kleine Unternehmen?

Die neuen Regelungen gelten, wie die bisherigen, für **alle** der gewerblichen Aufsicht unterstellten Unternehmen, also auch für kleine Unternehmen. Auf sie wird jedoch das Proportionalitätssystem angewandt. Dieses ist ausdrücklich lediglich im §296 VAG beschrieben, gilt aber im Grundsatz auch für das Gewerberecht:

> *Die Aufsichtsbehörde wendet die Vorschriften ... auf eine Art und Weise an, die der Art, dem Umfang und der Komplexität der Risiken angemessen ist, ...*

Die BaFin hat sich in einem Rundschreiben[209] geäußert, was unter dem Proportionalitätsprinzip zu verstehen ist:

209 Rundschreiben der BaFin vom 25.1.2017.

> *Das Proportionalitätsprinzip knüpft also an das individuelle Risikoprofil eines jeden Unternehmens an. Geringe Größe kann ein Indikator für ein schwächer ausgeprägtes Risikoprofil sein – und umgekehrt.*
> *[Und weiter:]*
> *Proportionalität wirkt sich darauf aus, wie Anforderungen erfüllt werden können.*

Die Proportionalität liegt also im »wie«, nicht im »ob« – lediglich in der Art und Weise, in der Art der Umsetzung kann die Größe des Unternehmens eine Rolle spielen.

Es darf auch nicht vergessen werden, dass der Grundsatz der Proportionalität sich auf die *Risiken des jeweiligen Unternehmens* bezieht – und eben nicht auf die Beziehungen zum Kunden. Also müssen alle Vorschriften zum Vertrieb, die dem Kundenschutz dienen, auch von kleineren Unternehmen erfüllt werden. Diesen kleineren Unternehmen ist lediglich zuzugestehen, dass sie vielleicht nicht im gleichen Umfang wie Großunternehmen Prozesse vorhalten müssen. Dann stellt sich aber sofort die Frage, wie die kleinen Unternehmen anders als durch sinnvolle und durchdachte Prozesse den Anforderungen genügen wollen?

Im Ergebnis werden kleinere Unternehmen ähnliche Vorkehrungen treffen müssen wie größere Einheiten. Die Unterschiede sind in der nachfolgenden Tabelle dargestellt.

Welche Neuregelungen sind zu erwarten? Wie werden sie sich auf die Aufsichtspraxis auswirken?
Noch liegen nicht alle Umsetzungen vor; insbesondere ist die VersVermV noch nicht in Kraft gesetzt. Man kann aber aus dem bereits umgesetzten materiellen Recht und vor allem aus der Ermächtigungsnorm §34e GewO für eine Neufassung der VersVermV Einiges ableiten. Auch der Zusammenhang mit anderen Gesetzen und Verordnungen ist aufschlussreich; besonders die FinVermV hat eine ähnliche Struktur, wie sie die neue VersVermV haben wird. Vor allem aber der Katalog der zukünftigen Verpflichtungen »der Gewerbetreibenden« in §34e GewO zeigt auf, mit welchen Inhalten sich die VersVermV beschäftigen wird:

> *Das Bundesministerium für Wirtschaft und Energie kann ... Vorschriften erlassen über ...*
> 2. *den Umfang der Verpflichtungen der Gewerbetreibenden bei der Ausübung des Gewerbes, insbesondere über*
>   a) *die Informationspflichten gegenüber dem Versicherungsnehmer*
>   b) *die Verpflichtung, ausreichende Sicherheit zu leisten...*
>   c) *die Verpflichtung ... zu einer regelmäßigen Weiterbildung ...*
>   d) *allgemeine Anforderungen an die Geschäftsorganisation*

e) die Verpflichtung, Bücher zu führen...
f) die Verpflichtung, Beschwerden zu behandeln...
g) die Verpflichtung, Interessenkonflikte zu vermeiden ...

Es ist anzunehmen, dass der Verordnungsgeber diese Punkte auch tatsächlich aufnehmen wird. Das ist, wie gesagt, nötig, um diese Punkte auch gewerberechtlich beaufsichtigen zu können.

6.2 Die Neuregelungen im Überblick

Nach den Vorgaben, nach denen die neue VersVermV entstehen wird, sind folgende Regelungspunkte zu erwarten:

1. Informationspflichten gegenüber den Versicherungsnehmern
§ 11 VersVermV verlangt auch heute schon, dem VN bei Beginn der Geschäftsbeziehung eine Fülle von Informationen zu geben. Die bisherigen Informationen werden weiterhin gegeben werden müssen. Hinzu kommen Informationen über die Bezahlung des Dienstleisters: Er wird erklären müssen, wie er entlohnt wird (Courtage, Honorar, eine andere Art der Vergütung, eine Kombination aus diesen – Artikel 19 Abs. 1, Buchstabe e. IDD). Auch der Versicherungsberater muss diese Erklärung abgeben.

Was eine Vertriebsvergütung ist, beschreibt § 7a Nr. 34b VAG:
- alle Arten von Provisionen, Gebühren, Entgelten oder sonstigen Zahlungen,
- wirtschaftliche Vorteile jeglicher Art,
- finanzielle oder nicht finanzielle Vorteile oder Anreize.

Es ist also sinnvoll, dass sich Versicherungsmakler, -vertreter und -berater überlegen, welche Informationen sie über ihre Entgelte und Vertriebsvergütungen dem VN geben müssen. Als mögliches Vorbild für die erwartbaren Regelungen in der VersVermV könnten die entsprechenden Passagen (§ 12a) der FinVermV gelten:

> *Der Gewerbetreibende ist verpflichtet, den Anleger vor Beginn der Anlageberatung und -vermittlung und vor Abschluss des Beratervertrages in Textform rechtszeitig und in verständlicher Form darüber zu informieren,*
> 1. *ob er vom Anleger eine Vergütung verlangt und in welcher Art und Weise diese berechnet wird oder*
> 2. *ob im Zusammenhang mit der Anlageberatung oder -vermittlung Zuwendungen von Dritten angenommen oder behalten werden dürfen.*

In den §§17 und 17a der FinVermV sind darüber hinaus Regelungen aufgenommen, die sich mit der Höhe der Vergütung beschäftigen. Die Höhe der Beratungskosten muss im Versicherungsbereich »nur« bei der Vermittlung von Versicherungsanlageprodukten angegeben werden, §7b Abs. 1 Nr. 3 VVG. In der FinVermV ist der Grundsatz negativ formuliert:

> *Der Gewerbetreibende ... darf keine Zuwendungen ... annehmen ..., es sei denn,*
> 1. *er hat Existenz, Art und Umfang der Zuwendung oder, soweit sich der Umfang noch nicht bestimmen lässt, die Art und Weise seiner Berechnung dem Anleger vor Abschluss des Vertrages in umfassender, zutreffender und verständlicher Weise offengelegt und*
> 2. *die Zuwendung steht der ordnungsgemäßen Vermittlung und Beratung im Interesse des Anlegers nicht entgegen.*

Wie gesagt, es handelt sich bei diesen Zitaten um Auszüge aus der für Finanzanlagenvermittler (§34f GewO) geltenden Verordnung. Es ist also keine direkte Anwendbarkeit gegeben. Es ist aber wahrscheinlich, dass der Verordnungsgeber für die VersVermV eine ähnliche Systematik verwenden wird.

Automatisch stellt sich dann die Frage, ob die Entgelte noch erlaubt sind (vgl. dazu das Kapitel 3 »Vergütung«).

Die IHKs werden den Vergütungsbereich genau beaufsichtigen; sie werden auch sehr genau darauf achten, dass die entsprechenden Informationspflichten erfüllt werden.

2. Sicherheitsleistung

Der Umgang mit Kundengeldern ist auch in der »alten« VersVermV schon geregelt, und zwar in §12. Für Versicherungsmakler und -vertreter stellt sich zunehmend die Frage, ob es wirtschaftlich sinnvoll ist, mit Geldern der VN umzugehen. Die in §12 VersVermV heute aufgeführten Verpflichtungen werden nicht weniger werden. Für Versicherungsberater stellt sich die Frage der Handhabung von Kundengeldern in der Regel nicht.

Gleichzeitig werden die Anforderungen der Versicherer steigen, was die Handhabung von Prämien- oder gar Schadengeldern angeht. Die Versicherer werden insoweit Geschäftsprozesse aufbauen und benutzen müssen, die ihrerseits wieder die BaFin kontrollieren wird. So geraten die Versicherungsmakler und -vertreter von zwei Seiten unter Aufsichtsdruck: von ihrer eigenen Aufsichtsbehörde, den IHKs und von den Versicherern, die von der BaFin gedrängt werden.

Wenn Kundengelder angenommen, möglicherweise auf verschiedene Versicherer aufgeteilt oder sonst wie bearbeitet werden müssen, sollte eine komplette Trennung angestrebt werden. Es sollten Fremdgeldkonten eröffnet und genutzt werden. Auszahlungskompetenzen sollten für diese unterschiedlichen Konten getrennt, d.h. auf unterschiedliche Personen verlagert werden. All' das erfordert eine größere Organisation und mitdenkende Banken. Im Detail wird das etwas weiter unten diskutiert.

3. **Weiterbildung**
Der Bereich ist ganz neu und ausführlich in einem eigenen Kapitel dieses Buches beschrieben. Immerhin legt die neue GewO eine Weiterbildungsverpflichtung von 15 Stunden fest, nicht »*mindestens* 15 Stunden«, §34d Abs. 9 S.2 GewO.

Die Weiterbildung ist die einzige Verpflichtung, die in der IDD einen besonderen Umsetzungstermin bekommen hat: Bis zum 23. Februar 2019 müssen die Versicherungsvertreiber nachgewiesen haben (!), dass sie der Pflicht zum Aufbau einer Aus- und Weiterbildungsorganisation nachgekommen sind, Artikel 40 IDD. Dass der Richtliniengeber hier einen eigenständigen Artikel aufgenommen hat, ist bemerkenswert und bindet den deutschen Gesetz- und Verordnungsgeber. Auch die IHKs müssen dementsprechend prüfen. Der während der Drucklegung zu diesem Buch bekannt gewordene Vorentwurf zu einer neuen VersVermV verlangt konsequenterweise die erstmalige Einreichung von Weiterbildungsbelegen zum 31. Januar 2019.

Die Weiterbildungsverpflichtung ist nicht nur für Versicherungsmakler, -vertreter und -berater neu – sie ist auch für die GewO neu: Weder die Finanzanlageberater – §34 f – noch die Immobiliardarlehnsvermittler – §34i – sind zur Weiterbildung verpflichtet.

Die VersVermV wird voraussichtlich Aussagen zum Inhalt der Weiterbildung machen, aber auch dazu, wie man überprüft, ob das vermittelte Wissen auch »angekommen« ist. Hoffentlich werden auch die ganz praktischen Fragen aufgenommen werden, ob und wie man verpasste Weiterbildungsstunden nachholen muss/darf/kann. Das ist natürlich für alle Beteiligten eine gewaltige Herausforderung, wenn Weiterbildungsveranstaltungen nicht notwendig immer dem Jahr zugeordnet werden sollen, in dem sie gemacht werden. Und – wenn man nachholen kann, darf man dann auch »vorarbeiten«? Das wäre sinnvoll: Erziehungsurlaub, ein Sabbatical und möglicherweise andere Abwesenheiten sind im Voraus planbar. Dann sollte man auch die Weiterbildung für diese planbaren Abwesenheiten vorziehen dürfen. Es scheint allerdings, als ob der Verordnungsgeber von solch praktischen Überlegungen Abstand nimmt und einheitlich für alle und jeden die 15 Stunden vorschreiben will.

Was den Inhalt der Weiterbildung angeht, hat die Richtlinie in ihrer Anlage 1 recht klare Mindeststandards gesetzt: Zukünftig gehören auch Mindestkompetenzen in ethischen Standards im Geschäftsleben oder in Finanzen dazu.

Vorbereiten kann sich jedes Unternehmen dadurch, dass man sich überlegt wie die Weiterbildungsstunden in den Jahresablauf eingeplant werden können. Es ist sicherlich empfehlenswert, diese Planung 2018 einem Test zu unterziehen, damit man im Februar 2019 nachweisen kann, dass es eine erprobte Planung/Organisation gibt.

4. Geschäftsorganisation

»Geschäftsorganisation« ist für die meisten Versicherungsmakler, -vertreter und -berater kein selbstverständlicher Begriff, wenn sie ihre tägliche Arbeit beschreiben. Aber es ist möglicherweise ein Schlüsselbegriff für den Umgang mit dem neuen Recht und mit der absehbar neuen Aufsicht:

Geschäftsorganisation ist das wesentliche Element der prinzipienbasierten Aufsicht. »Allgemeine Anforderungen an die Geschäftsorganisation« heißt es vollständig in der Ermächtigungsgrundlage für die neue VersVermV. Genau so ist auch die Überschrift zu §23 VAG formuliert. Auszugsweise lautet diese Vorschrift

> *... müssen über eine Geschäftsorganisation verfügen, die wirksam und ordnungsgemäß ist und die der Art, dem Umfang und der Komplexität ihrer Tätigkeiten angemessen ist. Die Geschäftsorganisation muss neben der Einhaltung der ... zu beachtenden Gesetze, Verordnungen und aufsichtsbehördlichen Anforderungen eine solide und umsichtige Leitung ... gewährleisten.*

So könnte auch ein Textteil in der neuen VersVermV lauten. Und damit würden die IHKs die Grundlage bekommen, eine prinzipienbasierte Aufsicht ausüben zu können. Denn in die »Geschäftsorganisation« wird alles hineingelesen, was in der IDD und in den deutschen Umsetzungsgesetzen steht. Die Anforderungen aus VAG, VVG und GewO können in der Anforderung an eine »ordentliche Geschäftsorganisation« gebündelt werden. Auch wenn der während der Drucklegung dieses Buches bekanntgewordene Vor-Entwurf einer neuen VersVermV die Geschäftsorganisation im Wesentlichen auf

5. Buchführung, Daten über Geschäftsvorgänge und Versicherungsnehmer

Der Teil der VersVermV, der sich hiermit beschäftigt, wird einerseits die Dokumentationsverpflichtungen aus dem VVG, dort §6a, übernehmen. Auch insoweit kann wieder die FinVermV – §18 – als Vorbild dienen:

> *Der Gewerbetreibende muss über jede Anlageberatung unverzüglich nach dem Abschluss und vor m Abschluss eines Geschäftes ein Protokoll in Schriftform anfertigen ...*

Zusätzlich wird den Versicherungsmaklern, -vertretern und -beratern zur Pflicht gemacht werden, Unterlagen und Belege übersichtlich zu sammeln und über ihre Kunden- und Versicherer Kontakte Aufzeichnungen zu machen.

6. Beschwerdemanagement

Beschwerden sollen ernst genommen werden. Deshalb wird die neue VersVermV die Versicherungsvertreiber verpflichten, eine Geschäftsorganisation aufzubauen, die sicherstellt, dass Beschwerden ordnungsgemäß entgegengenommen und abgearbeitet werden.

Vorsicht bei der Nutzung von Standardbriefen im Beschwerdeverfahren! Solche Standardantworten können sicher genutzt werden, um dem Beschwerdeführer zu sagen, dass man seine Mitteilung erhalten hat. Danach sollte aber ein individueller, auf die einzelne Beschwerde eingehender Prozess ablaufen, der dann auch in einer individuellen Antwort mündet.

7. Behandlung von Interessenkonflikten

Interessenkonflikte sind ausführlich im VAG behandelt, §48a. Im Kapitel 1.10 wurde das Thema bereits besprochen. Wichtig ist: Das Gesetz verlangt, dass Versicherungsvertreiber dem Entstehen von Interessenkonflikten vorbeugen. Die Verhinderung von Interessenkonflikten ist ein Merkmal der Wohlverhaltensregel. Ganz knapp gesagt: ehrlich, redlich, professionell im bestmöglichen Interesse des Kunden handelt nur, wer einen Interessenkonflikt vermeidet.

Über die neue VersVermV wird es möglich werden, das Konzept »Interessenkonflikt« auch im Gewerberecht zu nutzen.

Interessenkonflikte können in vier Bereichen der Versicherungsvertriebstätigkeit entstehen:

- zwischen Versicherer und Vermittler
- zwischen Vermittler und Kunde
- zwischen Versicherer und Kunde
- zwischen Kunde und Kunde

Interessenkonflikte können nach der gesetzlichen Definition sowohl zwischen den Institutionen als auch zwischen den sie beschäftigenden Individuen ent- und bestehen.

Besteht ein solcher Interessenkonflikt, oder droht er zu entstehen, so könnte dies das »bestmögliche Interesse des Kunden« beeinträchtigen. Allein diese Gefahr ist es, welcher der Gesetzgeber vorbeugen will.

Die Kommission hat Interpretationen zu den Interessenkonflikten veröffentlicht. Auch wenn diese Interpretationen streng genommen »nur« für die Vermittlung von Versicherungsanlageprodukten gelten, stellen sie eine wichtige Hilfe dar bei der Auslegung der Wohlverhaltensregel.

Mit der Übernahme in die VersVermV wird auch die Gewerbeaufsicht, also die IHKs, die Überlegungen zu Interessenkonflikten in ihre Aufsichtstätigkeit einbringen können. Deshalb ist es auch für diejenigen Marktteilnehmer, die »nur« normale Versicherungsprodukte vertreiben, sinnvoll, sich mit den Überlegungen zu Interessenkonflikten auseinanderzusetzen. Jeder Versicherungsvertreiber sollte sich überlegen, ob ein Aufsetzen solcher Prozesse sinnvoll sein kann. Natürlich muss dabei jeder im Rahmen seiner Möglichkeiten handeln. Sinnvoll ist eine solche Überlegung, um der jeweiligen Aufsicht darzustellen, dass man sich in allen Abläufen, vor allem in der Geschäftsorganisation als Solcher, an die Vorgaben der Kardinalpflicht hält. Bestehen solche Prozesse, so ist damit der erste Beweis für das grundsätzlich ehrliche, redliche und professionelle Verhalten im bestmöglichen Kundeninteresse erbracht.

Eine gute Vorbereitung auf das Thema »Interessenkonflikte« ist sicher die Beschäftigung mit Kapitel 1.10 dieses Buches.

6.3 Wie kann eine »Geschäftsorganisation« in der Praxis aussehen?

Nach so viel Theorie einige ganz praktische Tipps:

Die Antwort auf die Frage, wie eine Geschäftsorganisation gestaltet werden kann, soll im Folgenden nach dem chronologischen Ablauf, wie er typischerweise bei einem Versicherungsvertreiber praktiziert wird, gegliedert werden:

- vom ersten Kundenkontakt,
- über den Abschluss des Vertrages mit dem Kunden,
- über die Antragsaufnahme und -weitergabe

- bis hin zur administrativen Abwicklung des Versicherungsvertrages
- und zur Hilfestellung des Versicherungsvertreibers für seinen Kunden im Schadenfall.

Denn das ist das Spektrum, das der Versicherungsvertreiber leisten muss, so steht es in § 1a VVG.

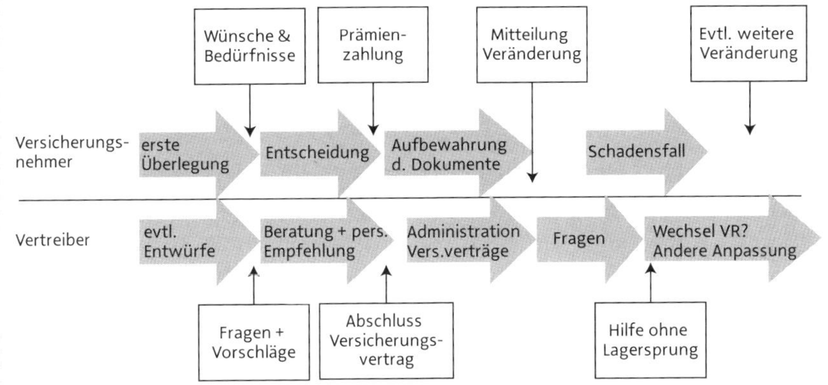

Abb. 15: Leistungsspektrum

In diesem Kapitel soll sich die Antwort auf kleine und mittlere Unternehmen beschränken. Größere Einheiten, die über zentrale Abteilungen wie eine Compliance- und Rechtsabteilung sowie über Einheiten zur Vertriebssteuerung verfügen, können sich an den Vorschlägen für mittlere Unternehmen orientieren und sollten die Kapitel 2, 7 und 8 in ihre Überlegungen einbeziehen. So groß sind die Unterschiede auch gar nicht; es geht ja in erster Linie um organisatorische Fragen. Die stellen sich in einem ganz kleinen Unternehmen zwar anders als in einem großen. Aber eine funktionierende Geschäftsorganisation ist auch und gerade in einem kleinen Unternehmen von eminenter Bedeutung – und sei es nur, weil eine solche Organisation Effizienz und Fehlerfreiheit sichert.

In der folgenden Tabelle möchten wir Ihnen wichtige Stichpunkte geben. Ein Geschäftsprozess sollte diese Punkte berücksichtigen. Er sollte dokumentiert sein und Zweifelsfragen auch benennen. Die Stichworte sind natürlich weder abschließend noch für jeden Einzelfall ausreichend. Betrachten Sie sie als Hinweise darauf, was ein Geschäftsprozess (mindestens) enthalten sollte.

Wer/Was?	Kleines Unternehmen	Mittleres Unternehmen
	Inhaber macht Außendienst Höchstens 1 bis 2 Angestellte im Innendienst	Angestellte Außen- und Innendienstler Noch keine »Zentralabteilungen«
Wohlverhaltensregel	In allen Schriftstücken sicherstellen, dass die Begriffe der Wohlverhaltensregel auftauchen: ehrlich, redlich, professionell im bestmöglichen Interesse des Kunden.	In allen Schriftstücken sicherstellen, dass die Begriffe der Wohlverhaltensregel auftauchen: ehrlich, redlich, professionell im bestmöglichen Interesse des Kunden. Zudem regelmäßige Schulungen vorsehen, in denen dieses Prinzip verinnerlicht wird. Bei der jährlichen Abfrage der Zuverlässigkeit etc. einbauen
Wünsche und Bedürfnisse erfragen	Sicherstellen, dass diese Fragen **immer** gestellt werden. Anordnung an Innendienst, das sicherzustellen (auch wenn das Hierarchieverhältnis eindeutig ist!)	Sicherstellen, dass diese Fragen **immer** gestellt werden. Möglichst technischen Schutz einrichten, der eine Weiterbearbeitung verhindert, wenn die Fragen nicht erfolgt sind. Schulung von Außen- und Innendienst!
Beratung oder Vermittlung ohne Beratung?	Sicherheitshalber nur dann, wenn Kunde auf Beratung verzichtet hat. Form beachten! Checkliste für den Inhaber!	Sicherheitshalber nur dann, wenn Kunde auf Beratung verzichtet hat. Form beachten! (Technische) Anweisung an Innendienst, keine Bearbeitung ohne diese Zustimmung vornehmen.
Beratung – Umfang?	Beschränkung auf bestimmte Risikogebiete? Ehrliche Selbsteinschätzung! Ist das dem Kunden eindeutig mitgeteilt? Sind alle gewollten Beratungsfelder abgedeckt?	Beschränkung auf bestimmte Risikogebiete? Begründung! Erklärung gegenüber dem Kunden! Ist die Beratung vollumfänglich erfolgt?
Beratung – selbst oder durch Dritte?	In Zweifelsfällen Versicherer dazu nehmen. Erkennen eigener Schwachstellen.	Externe Sachverständige? Versicherer, Sachverständige? Welcher Außendienstler hat welche Kompetenz? Vorgaben machen, wer was darf. Absichern dieser Vorgaben durch Innendienst oder/und Technik.

Wer/Was?	Kleines Unternehmen	Mittleres Unternehmen
Beratung – aus der Tiefe des Marktes	Ehrliche Eigenüberprüfung, in welchen Fällen das geht. Technische Unterstützung? Sonst Verzichtserklärung des Kunden. Vorsicht: Einzelfall!	Technische Unterstützung? Reduzierung der Anbieter? Vorsicht, das muss sorgfältig abgewogen werden, sonst ist der Maklerstatus gefährdet! Verzichtserklärung des Kunden nur im Einzelfall.
Beratung – persönliche Empfehlung	Bei vielen Angeboten kann sich die Empfehlung auch auf eine Auswahl beziehen. In der Dokumentation dann beschreiben, warum sich der Kunde für das Angebot x entschieden hat.	Bei vielen Angeboten kann sich die Empfehlung auch auf eine Auswahl beziehen. In der Dokumentation dann beschreiben, warum sich der Kunde für das Angebot x entschieden hat. Bei angestellten Vertrieblern unterscheiden zwischen Empfehlung des Mitarbeiters und des Unternehmens.
Ausnahmen von der Beratung?	Möglichst selten. Anschließend erklärende E-Mail an Kunden. Ggf. vom Kunden bestätigen lassen.	Ausnahme-Tatbestände genau definieren. Wer darf entscheiden? Nicht der einzelne Außendienstler! Sorgfältiger Dokumentationsprozess!
Beratung – elektronisch?	Unterschriften, Mitteilungen etc. dürfen elektronisch erfolgen – müssen aber per E-Mail bestätigt werden!	Unterschriften, Mitteilungen etc. dürfen elektronisch erfolgen – müssen aber per Mail bestätigt werden! Auch personalisierte Websites dürfen genutzt werden
Beratung & freigegebene Produkte	Sicherstellen, dass nur freigegebene Produkte dem Kunden angeboten werden. Hat der Versicherer ausreichend informiert über das Produktfreigabeverfahren«?	Sicherstellen, dass nur freigegebene Produkte dem Kunden angeboten werden. Hat der Produktentwickler ausreichend informiert über Produktfreigabeverfahren Im Falle einer Zusammenarbeit zur Entwicklung von Produkten oder bei Eigenentwicklung: Unbedingt Vorgaben POG beachten! § 23 Abs. 1a-d VAG.

Wer/Was?	Kleines Unternehmen	Mittleres Unternehmen
Beratung – Versicherungsanlage- und sonstige Finanzprodukte	Hier nicht behandelt	Hier nicht behandelt
Abschluss	Sicherstellen, dass keine offenen Fragen mehr bestehen.	Sicherstellen, dass keine offenen Fragen mehr bestehen.
Abschluss + Prämienzahlung	Erfolgt wahrscheinlich direkt mit dem Versicherer Wenn nein, komplexer Prozess. Vorsicht bei der Annahme von Kundengeldern!	Erfolgt wahrscheinlich direkt mit dem Versicherer. Wenn nein, komplexer Prozess. Vorsicht bei der Annahme von Kundengeldern!
Einnahme 1	Courtageeingang sicherstellen.	Courtageeingang sicherstellen. Diskussion mit dem Kunden über Honorar? Dann Durchleitungsgebot beachten!
Einnahme 2	Sicherstellen, dass kein Interessenkonflikt vorliegt.	Sicherstellen, dass kein Interessenkonflikt vorliegt. Zahlungsströme nur durch Innendienst. Aus- und Eingangszahlungen personell trennen.
Admin 1	Überwachung, dass der Vertrag geschlossen ist	Überwachung, dass der Vertrag geschlossen ist.
Admin 2	Überwachung, dass Prämie gezahlt wurde bzw. der VR das Mahnverfahren eingeleitet hat. Dann Nachfrage bei VN.	Überwachung, dass Prämie gezahlt wurde bzw. der VR das Mahnverfahren eingeleitet hat. Dann Nachfrage bei VN
Admin 3	Info an VN über Verpflichtung zu nachvertraglichen Obliegenheiten (automatisierte E-Mail!)	Info an VN über Verpflichtung zu nachvertraglichen Obliegenheiten (automatisierte E-Mail!)
Admin 4	Vor Verlängerung: Gab es bei Auswahl Diskussionen? Dann Aufnehmen dieser Diskussionen vor Verlängerungstermin (30.9.)	Vor Verlängerung: Gab es bei Auswahl Diskussionen? Dann Aufnehmen dieser Diskussionen vor Verlängerungstermin (30.9.). Innendienstaufgabe! Technisch überwachen!

Wer/Was?	Kleines Unternehmen	Mittleres Unternehmen
Admin 5	Befragen des Kunden nach Veränderungen. Sicherstellen, dass das Risikoprofil des Kunden noch stimmt. 1x p. a.?	Befragen des Kunden nach Veränderungen. Sicherstellen, dass das Risikoprofil des Kunden noch stimmt.
Admin 6	Aufbewahren der Dokumente möglich? Mit Kunden besprechen und dokumentieren.	Aufbewahren der Dokumente des Versicherungsnehmers.
Admin 7	Entgegennahme von Kundengeldern vermeiden.	Entgegennahme von Kundengeldern vermeiden. Wenn nicht anders möglich (Nischenprodukt), komplette Trennung, auch der Kontenkreisläufe, anstreben.
Schadensfall	Hilfe für VN gegenüber VR.	Hilfe für VN gegenüber VR. Keine Regulierung in Vollmacht VR!
Schadenfall 2	Sicherstellen, dass der Schadenfall abgeschlossen ist	Sicherstellen, dass der Schadenfall abgeschlossen ist
Störungen des Versicherungsverhältnisses	Erkennen der Ursachen. Offene Diskussion.	Erkennen der Ursachen. Offene Diskussion. Beschwerdemanagement. Regelmäßige interne Prüfungen.
Qualifikation		Regelmäßige Überprüfung sowohl bei Einstellung wie auch laufend.
Weiterbildung	15 Zeitstunden. Rechtzeitig absolvieren. Auch für Innendienstkraft? Aufpassen dass Schulung kein Incentive des Versicherers ist!	Planung + Kontrolle für alle Außendienstler. Haben Innendienstler Kundenkontakt? Vorgabe, was durch wen geschult wird. Schulung darf kein Incentive sein! Kostenkontrolle!
Erreichbarkeit	Welche Medien?	Welche Medien? Wie durch Unternehmen überprüft?

6.4 Welche Konsequenzen ergeben sich aus den Veränderungen?

Warum wird die Aufsicht »schärfer«? Das ist doch keine Vorgabe der IDD!
Richtig – die IDD sagt nicht, dass die Aufsicht »schärfer« werden muss. Aber die gewerberechtliche Aufsicht kennt nur schwarz und weiß. Ihr wesentliches Merkmal ist die »Zuverlässigkeit«. Halb-zuverlässig gibt es nicht. Und das umfangreiche Instrumentarium, das der BaFin zur Verfügung steht, haben die IHKs auch nicht: Das Gewerberecht sieht nur den §35 GewO vor, der den Entzug der Gewerbeerlaubnis wegen Unzuverlässigkeit beschreibt. Weiß ist Zuverlässig, schwarz ist unzuverlässig. Graustufen sind (noch) nicht vorgesehen.

Nun wollen die IHKs nicht die Gewerbeausübung untersagen; sie begreifen sich ja mehr als »Gewerbeermöglichungsbehörden«. Also werden sie versuchen, die Entscheidung »Unzuverlässigkeit« zu vermeiden. Gleichzeitig stehen sie unter dem Druck der Öffentlichkeit, nur »ordentliche« Versicherungsmakler, -vertreter und -berater den (potenziellen) Versicherungsnehmern gegenüberzustellen. Andererseits können die IHKs nur agieren, wenn sie eine gesetzliche Grundlage zum Eingreifen haben. Das Gewerberecht ist mit seinen wenigen Eingriffsmöglichkeiten nicht gut geeignet für gezielte Eingriffe. Das Ergebnis ist wieder der Schwarzweiß-Prozess.

Aus dieser Gemengelage kommen die IHKs nur heraus, wenn sie sorgfältiger prüfen und ihr Instrumentarium nutzen. So können sie vielleicht doch eingreifen, bevor sie in die Prüfung der Zuverlässigkeit einsteigen müssen.

Natürlich weiß auch das Bundeswirtschaftsministerium um diese Schwierigkeiten. Man darf deshalb annehmen, dass die neue VersVermV den IHKs mehr Einwirkungsmöglichkeiten als bisher geben wird – sonst wären die in der IDD vorgegebenen Prüfungen und Auflagen ja auch gar nicht zu erfüllen. Mit anderen Worten: Eine etwas intensivere Prüfung durch die IHKs sollte nicht als etwas Belastendes wahrgenommen werden. Das Gespräch mit der Aufsicht kann eine (plötzliche) Überprüfung der Zuverlässigkeit abwenden.

Was und wie wird die Aufsicht bezüglich der Vergütung prüfen?
Vor allem darf die Vergütung keine Fehlanreize bieten. Das ist in §48a VAG geregelt. Das VAG gilt unmittelbar nur für Versicherer (auch gegenüber ihrem angestellten Außendienst und gegenüber ihren Handelsvertretern). Über den Bezug zur Wohlverhaltensregel gilt dieser Grundsatz auch ohne die zu erwartende VersVermV schon jetzt auch für alle Vermittler. Es ist zu erwarten, dass die neue VersVermV Regelungen treffen wird, die den Grundsatz übernehmen:

Die Vertriebsvergütung ... darf nicht mit (der) ... Pflicht, im bestmöglichen Interesse des Kunden zu handeln, kollidieren. (§ 48a Abs. 1 S. 1 VAG)

Die Aufsicht, also die IHKs, werden prüfen, ob dies gewährleistet ist. Dabei kommt es nicht so sehr darauf an, ob die versprochene, vereinbarte oder erhaltene Vergütung *tatsächlich* zu einer Pflichtverletzung geführt hat. Allein die Gefahr, dass ein Interessenkonflikt bestehen *könnte*, reicht aus. Die Vergütung würde dann gegen die Kardinalpflicht des Versicherungsvertriebsrechts verstoßen. Das wäre sicher ein Grund für die Einleitung einer Zuverlässigkeitsprüfung.

Die FinVermV formuliert negativ, das heißt, der Gewerbetreibende darf eine Zuwendung nur annehmen, wenn sie der ordnungsgemäßen Beratung nicht entgegensteht.

Es ist deshalb den Versicherungsmaklern und -vertretern zu raten, ihre Einnahmen daraufhin zu überprüfen, ob solche Interessenkonflikte zu befürchten sind. Hier wird man sich zunächst vom gesunden Menschenverstand leiten lassen müssen: Wie würden Fremde, Freunde oder auch der Kunde die Vergütung deuten? Würde jemand, der nicht aus dem Versicherungsvertrieb kommt, einen Interessenkonflikt sehen?

Wenn die Gefahr eines solchen Interessenkonflikts gegeben ist, sollte der Versicherungsvertreiber rechtzeitig nach Veränderungen suchen. Das »rechtzeitig« ist der Schlüsselbegriff: Es sollen ja nicht unvermittelt und plötzlich Einnahmen entfallen. Also muss man nach Kompensationen, das heißt anderen Einnahmearten, suchen, die keinen Interessenkonflikt auslösen können.

Welche Vergütung ist angemessen, welche nicht (mehr)? Wann und wodurch wird ein Interessenkonflikt ausgelöst? Wie wird die Aufsicht darauf reagieren?
Ausführlich werden Vergütungen im Kapitel 3 »Vergütung« beschrieben. Deshalb an dieser Stelle nur so viel: Alles, was den Interessen des Kunden schädlich/nachteilig oder abträglich sein kann, löst einen Interessenkonflikt aus.

Schädlich, nachteilig oder dem Kundeninteresse abträglich ist definiert durch eine delegierte Verordnung der EU-Kommission:

- wenn es ein besseres als das vermittelte Produkt gegeben hätte,
- wenn ausschließlich quantitative Elemente die Zuwendung bestimmen,
- wenn das Verhältnis zwischen Zuwendung und Produktpreis unverhältnismäßig ist,

- wenn durch die Zahlung ausschließlich zu Beginn des Vertrags ein Interessenkonflikt zu befürchten ist,
- wenn eine Stornobeteiligung für den Zuwendungsempfänger fehlt,
- wenn die Zuwendung volumenabhängig ist.

Die delegierte Verordnung gilt zunächst und direkt nur für den Vertrieb von Versicherungsanlageprodukten. Da sie aber klare Aussagen darüber macht, was der Richtliniengesetzgeber als »schädlich, nachteilig oder den Kundeninteressen abträglich« ansehen könnte, werden ihre Inhalte im Zweifel von Aufsichtsbehörden und Gerichten als Hilfestellung zur Interpretation genutzt werden. Über die Wohlverhaltensregel ist das auch möglich. Jedenfalls mit der Umsetzung dieser Vorgaben in der VersVermV werden die Überlegungen zum bestmöglichen Kundeninteresse und zur Vermeidung von Interessenkonflikten auch Eingang in die gewerberechtliche Aufsichtspraxis finden.

Die IHKs werden also darauf achten, ob die Vergütung
- sich schädlich auf das Kundeninteresse auswirkt und/oder
- einen Interessenkonflikt befürchten lässt.

Dann stellt diese Vergütung einen Verstoß gegen die Wohlverhaltensregel dar. Ein Verstoß gegen die Kardinalpflicht des neuen Versicherungsvertriebsrechts aber wird die Aufsicht nicht dulden.

Gelten die Regeln auch für Versicherer oder werden die Vermittler und Berater schlechter gestellt?
Alle Regularien gelten auch für die Versicherer; auch Versicherer sind ja »Versicherungsvertreiber«. Deren Aufsicht ist im VAG geregelt und wird von der BaFin ausgeübt. Das aufsichtsrechtliche Instrumentarium der BaFin ist weit vielschichtiger als dasjenige des Gewerberechts. Die Aufsicht ist auch viel etablierter; bereits seit 1902 gibt es eine staatliche Versicherungsaufsicht.

Ein weiterer Unterschied besteht darin, dass die BaFin eine bundeseinheitliche Aufsicht ausübt. Für kleinere Versicherer sind die Landesaufsichtsämter zuständig, die eng mit der BaFin zusammenarbeiten.

Es gibt auch sehr viel mehr Versicherungsmakler, -vertreter und -berater als Versicherer: Den rund 1.400 beaufsichtigten Versicherern stehen rund 47.000 Versicherungsmakler und rund 183.000 Versicherungsvertreter sowie rund 300 Versicherungsberater gegenüber.

Die schiere Menge der »Aufsichtssubjekte«, das sehr viel weniger ausgeprägte Instrumentarium, die geringere Historie sowie die Menge der zu erwartenden Veränderungen vor allem bezüglich der gewerblichen Aufsicht waren die Gründe dafür, den Schwerpunkt dieses Kapitels auf die der Aufsicht der IHKs unterstehenden Vermittler und Berater zu legen.

Aber noch einmal: Ja, alle Regularien gelten auch für die Versicherer.

Was sollte man tun? Soll man aktiv das Gespräch mit der Aufsicht suchen?
Es ist sicherlich weise, nicht ungefragt Behörden aufzusuchen – gehe nicht zu deinem Fürst, wenn Du nicht gerufen wirst[210]. Aber wie vieles, so ist auch die Antwort auf die Frage vom Einzelfall abhängig:

Je professioneller die jeweilige IHK aufgestellt ist, desto eher bietet sich ein Dialog an. Die BaFin ermuntert ihre Aufsichtssubjekte ganz deutlich zu einem solchen Dialog. Wird er geführt, kann das unangenehme und vor allem überraschende Maßnahmen der Behörde verhindern. Der Dialog kann auch Erkenntnisse vermitteln. Eigentlich ist Dialog immer gut.

Zudem können Verbände die Aufgabe des Dialogs übernehmen. Wenn es also »Muster-Geschäftsprozesse« geben sollte oder sonstige Leitlinien, die ein Verband mit der Aufsicht ausgehandelt hat, so entfällt in der Regel die Notwendigkeit einer eigenen, individuellen Kommunikation mit der IHK. Hier offenbart sich allerdings erneut eine Schwierigkeit, die aus der Vielzahl der IHKs herrührt: Mit wem soll ein regional oder sogar bundesweit agierender Verband sprechen? Der DIHK hat seine Koordinierungsfunktion bislang als weitgehend interne Aufgabe verstanden.

Also eine schwierig zu beantwortende Frage. Vielleicht so: Je schwerwiegender das Thema (auch für das einzelne Makler- oder Vertreterunternehmen) und je professioneller die IHK aufgestellt ist, umso eher sollte man den Dialog suchen. Für »Kleinigkeiten« und bei geringem Know-how der zuständigen IHK bietet sich eher die eigene Vorbereitung an, ggf. unterstützt durch Verbände.

Kundengelder ...
Die Sicherheiten, die für den Umgang mit Kundengeldern geleistet werden müssen, sind schon nach dem »alten« Recht erheblich. Die Anforderungen werden sich noch verstärken. Das Thema betrifft eigentlich nur Versicherungsmakler. Versicherungsvertreter sind, da sie im Lager der Versicherer stehen, nicht betroffen, und Versicherungsberater haben dieses Thema eigentlich nicht.

210 »Ad consilium non acesseris antequam voceris« (Erasmus von Rotterdam, 1466–1536).

In diesem Kapitel soll es »nur« um den aufsichtsrechtlichen Aspekt gehen. Das ist einerseits eine wichtige Einschränkung, weil man die Verpflichtung zur Sicherheitsleistung umgehen kann, wenn der Versicherer dem Versicherungsmakler eine entsprechende Vollmacht gibt. Die ist dann aber regelmäßig mit Auflagen und Abhängigkeiten verbunden. Und diese könnten dann wieder zu Interessenkonflikten führen.

Insgesamt ist ohnehin festzustellen, dass die Handhabung von Kundengeldern durch Versicherungsmakler abnimmt. Prämien, aber auch Schadengelder, werden üblicherweise direkt vereinnahmt bzw. ausgezahlt.

Sollten Prämien- oder Schadengelder jedoch vom Versicherungsmakler verwahrt oder aufgeteilt/eingesammelt werden, ist aus Compliance-Gründen eine echte Trennung von eigenen Geldern nahezu verpflichtend. Hier sollte mit den jeweiligen Banken eine klare Abstimmung getroffen werden. Näheres dazu im Kapitel 8, das sich dem Thema Compliance widmet.

6.5 Sanktionen

Welche Möglichkeiten hat die gewerbliche Aufsicht, ihre Anordnungen umzusetzen?

Zunächst sei auf Kapitel 1.12 verwiesen, in dem Sanktionen ausführlich behandelt sind. Zur Vermeidung von Wiederholungen wird hier »nur« die angepasste Tabelle dargestellt:

Sanktionsmöglichkeiten der gewerberechtlichen Aufsicht

Schutzgut	**Straf- und Bußgeldandrohung/ Verwaltungssanktionen**	**Wo beschrieben**	**»Pranger-Funktion«**
Strafrecht	**Strafrecht**	**Strafrecht**	**Strafrecht**
Erlaubnisvorbehalt	5 Jahre Freiheitsstrafe	§ 331 VAG	Ja, § 319 VAG
Verstoß gegen AR-Pflichten mit Vermögensvorteil	1 Jahr Freiheitsstrafe	§ 331 Abs. 2a VAG	Ja, § 319 VAG
Beharrliches Wiederholen von bußgeldbewehrten Verstößen	1 Jahr Freiheitsstrafe	§ 148 GewO	Bedingt öffentlich § 149 GewO

Sanktionsmöglichkeiten der gewerberechtlichen Aufsicht			
Schutzgut	**Straf- und Bußgeldandrohung/ Verwaltungssanktionen**	**Wo beschrieben**	**»Pranger-Funktion«**
Ordnungswidrigkeit	Ordnungswidrigkeit	Ordnungswidrigkeit	Ordnungswidrigkeit
VAG	VAG	VAG	VAG
Redliche Info an VN, §1a III VVG	500.000,- Euro	§332 III Nr. 3a VAG	Ja, §319 VAG
Angemessene Info, §7b VVG	500.000,- Euro	§332 II Nr. 3b VAG	Ja, §319 VAG
Nicht Erfragen der Kenntnisse des VN, §7c VVG	500.000,- Euro	§332 III Nr. 3b VAG	Ja, §319 VAG
»Richtige« Empfehlung, §7c VVG	500.000,- Euro	§332 III Nr. 3b VAG	Ja, §319 VAG
Nichtübergabe Datenträger, §7c VVG	500.000,- Euro	§332 III Nr. 3b VAG	Ja, §319 VAG
Nicht dokumentieren, §7c VVG	500.000,- Euro	§332 III Nr. 3c VAG	Ja, §319 VAG
Zusammenarbeit mit ungeeigneten Vermittlern, §48 VAG	500.000, Euro	§332 III Nr. 3 VAG	Ja, §319 VAG
Verstoß gegen Provisionsabgabeverbot, §48b VAG	50.000,- Euro	§332 I Nr. 2a VAG	Ja, §319 VAG
Verstoß gegen Provisionsdurchleitungsgebot, §48c VAG	50.000,- Euro	§332 I Nr. 2b VAG	Ja, §319 VAG
Gewerberecht	**Gewerberecht**	**Gewerberecht**	**Gewerberecht**
Erlaubnisvorbehalt, §34d I oder II GewO	5.000,- Euro	§144 I Nr. 1 GewO	Bedingt, §149 GewO
Verstoß gegen VersVermV, §18 VersVermV	3.000,- Euro	§144 II Nr. 1b GewO	Bedingt, §149 GewO
Verstoß gegen Provisionsabgabeverbot, §34d, I, S.7 GewO	5.000,- Euro	§144 II Nr. 7 GewO	Bedingt, §149 GewO
Annahme einer Zuwendung, §34d, II, S.4 GewO	5.000,- Euro	§144 II Nr. 7a GewO	Bedingt, §149 GewO

Sanktionsmöglichkeiten der gewerberechtlichen Aufsicht			
Schutzgut	**Straf- und Bußgeldandrohung/ Verwaltungssanktionen**	**Wo beschrieben**	**»Pranger-Funktion«**
Veranlassung unrichtiger Auskehrung, § 34d II S. 6 GewO	5.000,- Euro	§ 144 II Nr. 7b GewO	Bedingt, § 149 GewO
Nichteintragung, § 34d, X GewO	5.000,- Euro	§ 144 II Nr. 8, 9 GewO	Bedingt, § 149 GewO
Nicht Erfragen der Kenntnisse des VN, § 7c VVG	500.000,- Euro	§ 147c GewO	Bedingt, § 149 GewO
»Richtige« Empfehlung, § 7c VVG	500.000,- Euro	§ 147c GewO	Bedingt, § 149 GewO
Verwaltungssanktionen	**Verwaltungssanktionen**	**Verwaltungssanktionen**	**Verwaltungssanktionen**
Missstände vermeiden	Sämtliche erforderliche Maßnahmen	§ 298 I VAG	Ja, § 319 VAG
Richtiger Geschäftsplan	Änderung	§ 300 VAG	Ja, § 319 VAG
Kapitalaufstockung und Beteiligungen	Änderung	§§ 301, 302 VAG	Ja, § 319 VAG
Regelgerechtes Verhalten	Ermahnung und Abberufung von Personen mit Schlüsselfunktion	§ 303 VAG	Ja, § 319 VAG
Erlaubnis	Widerruf	§ 304 VAG	Ja, § 319 VAG
Regelgerechtes Verhalten	Einsetzung eines Sonderbeauftragten anstelle eines Organs	§ 307 VAG	Ja, § 319 VAG
Regelgerechtes Verhalten	Frage- und Durchsuchungsrechte	§§ 305, 306	Nein
Zuverlässigkeit	Untersagung	§ 35 GewO	Bedingt, § 149 GewO

Die Bußgelder sind niedrig. Lediglich Fehler bei der Vermittlung von Versicherungsanlageprodukten sind mit hohen Bußgeldern belegt.

Das gewerberechtliche Instrumentarium ist nicht sehr variantenreich. Das ist deshalb bedauerlich, weil die Gewerbeaufsicht dann immer gleich die Zuverlässigkeit infrage stellen muss.

Neben den Verwaltungssanktionen und den Bußgeldern stehen die zivilrechtlichen Sanktionen. Diese können Unterlassungsklagen oder Schadenersatzansprüche umfassen.

Die zivilrechtlichen Ansprüche können durch Aktionen der Aufsicht befördert werden: Ein Wettbewerber, der mitbekommt, dass die Aufsicht einen Prozess/eine Geschäftsorganisation seines Konkurrenten für nicht rechtmäßig hält, kann diesen Konkurrenten dann auf Unterlassung oder Schadenersatz in Anspruch nehmen.

Diese zivilrechtlichen »Sanktionen« sind Kapitel 1.12 ausführlich beschrieben.

7 Recht – auch für Unternehmen ohne Rechtsabteilungen

Überblick

- **Für wen dieses Kapitel wichtig ist:**
  Für Rechtsabteilungen; ebenso für alle, die externen Rechtsrat einholen müssen
- **Wo im Kapitel 1 die rechtlichen Aspekte erläutert werden:**
  Das gesamte Kapitel 1 beschäftigt sich damit
- **Was die rechtliche Basis ist:**
  Alle Vorschriften

Für welche Unternehmen ist dieser Bereich von Bedeutung? Welche Abteilung sollte sich mit dem Thema befassen?

Alle Maßnahmen eines Versicherungs-Vertriebs-Unternehmens müssen rechtmäßig sein – eine an sich triviale Aussage. Die Komplexität des neuen Rechts macht es jedoch schwer, ihr Folge zu leisten und dabei dennoch wirtschaftlich erfolgreich zu sein.

Es kommt also darauf an, »Recht« in die Abläufe eines Unternehmens dergestalt einzubinden, dass alle Vorgaben effizient und ressourcenschonend, aber effektiv und sicher umgesetzt werden.

Die Rechtsabteilungen der Unternehmen, die im Versicherungsvertrieb tätig sind, werden erhebliche zusätzliche Aufgaben bekommen. Dieses Kapitel möchte versuchen, den Kollegen Ideen und Hinweise zu geben, wie diese zusätzlichen Aufgaben im Sinne von Effizienz einerseits und erwünschtem Ergebnis andererseits umgesetzt werden könnten.

Es gibt aber natürlich auch eine Vielzahl von kleineren und ganz kleinen Firmen, die keine eigenen Rechtsabteilungen vorhalten. Diese Unternehmen – die zahlenmäßig die übergroße Mehrheit stellen – arbeiten meist im Einzelfall und häufig auf Zuruf mit Rechtsanwälten zusammen. Für diese Zusammenarbeit ist das vorliegende Kapitel eine Art »Checkliste«: Was sollte, was muss durch die Rechtsdienstleister erarbeitet werde? Idealerweise kann dieses Kapitel dazu dienen, als eine Art »Leistungsbeschreibung« für die Einholung externen Rechtsrates zu fungieren.

! **Zusammenfassung**

»Recht« bestimmt die Regeln, nach denen die geschäftsorganisatorischen Prozesse ablaufen. Recht interpretiert Gesetze, Verordnungen und Anordnungen der Aufsicht. Recht ist unverzichtbar – aber andererseits eben auch »nur« integraler Bestandteil der Geschäftsorganisation.
Recht bestimmt die Grenzen, innerhalb derer sich ein Versicherungsvertreiber bewegen darf. Deshalb müssen alle organisatorischen Maßnahmen rechtlich richtig sein – nur dann können auch die Einzelmaßnahmen rechtskonform sein. Effizient ist das System aus fachlich abgestimmten, aus der Compliance-Perspektive für notwendig gehaltenen und rechtlich abgesicherten Prozessen nur dann, wenn es sich auf die Geschäftsorganisation bezieht und nicht auf Einzelmaßnahmen.
Wichtig ist vor allem, dass vereinbart und dokumentiert wird, was wirklich gewollt ist bzw. war. All zu häufig bricht die Kommunikation zusammen, bevor diese Eindeutigkeit hergestellt ist; man nimmt an, die jeweils andere Partei habe schon verstanden, was man erreichen/vereinbaren wollte. Recht muss sicherstellen, dass es diese Interpretationsdifferenzen möglichst gar nicht gibt – bzw. ihre Auswirkungen zumindest minimiert werden.
Rechtsnormen im Sinne bestimmter Handlungsanweisungen sind oft nicht einfach zu verstehen. Die Rechtsabteilung bzw. diejenigen Mitarbeiter, die sich um rechtliche Fragen kümmern, sollen unter anderem auch für diese Verständlichkeit sorgen. So sind in diesem Kapitel im Übrigen die Begriffe »Rechtsabteilung« bzw. »Recht« immer zu verstehen: Gemeint sind zum einen die entsprechende Abteilung und zum anderen – sofern es, wie in den meisten kleineren Unternehmen, eine solche Rechtsabteilung nicht gibt – diejenigen Mitarbeiter (der Inhaber!), die sich um rechtliche Belange zu kümmern haben. Sie sollten die hier aufgeführten Punkte bedenken und dann entscheiden, ob sie selbst handeln oder externen Rechtsrat einholen.

7.1 Was ist die Ausgangsbasis für alle rechtlichen Überlegungen?

Wenn man zunächst die individuellen Themenstellungen des einzelnen Versicherungsvertreibers außer Acht lässt, so muss »Recht« sicherstellen, dass sich das Unternehmen rechtskonform verhält. Das europäische Recht hat dabei Vorrang vor deutschen Gesetzen und Verordnungen.

Viele Rechtsnormen bedürfen der Auslegung, bevor man daran gehen kann, sie anzuwenden, also Abläufe und Geschäftsorganisationen nach ihnen auszurichten. Diese Auslegung leistet die Rechtsabteilung.

Für viele kleinere Unternehmen stellt sich zunächst folgende Frage:

Kann man externen Rechtsrat steuern?
Die Antwort lautet: Ja, natürlich!

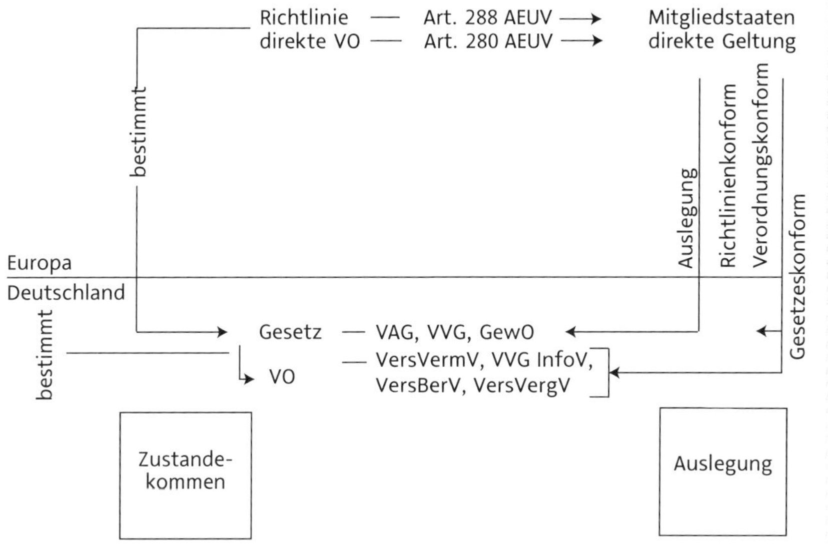

Abb. 16: Europäisches und deutsches Recht

Es geht darum, zu erkennen, wo das Unternehmen Rechtsrat braucht, statt diesen pauschal einzufordern. Man holt ja auch nicht einen Installateur ins Haus, ohne diesen darauf hinzuweisen, wo das Problem liegt (verstopfte Abwasserleitung oder defekte Waschmaschine?). Ebenso sollte sich der Unternehmer darüber im Klaren sein, wofür er welchen Rechtsrat haben möchte oder wo er meint, Rechtsrat zu benötigen.

Beispiel

!

Will der Versicherungsvertreiber auf der Basis der abgefragten »Wünsche und Bedürfnisse« vermitteln, also ohne (weitere) Beratung und ohne persönliche Empfehlung – das ist z. B. vorstellbar beim Onlinevertrieb bestimmter Sparten über seine Website –, so muss er überlegen, ob das ohne Beratungsverzicht geht (vgl. Kapitel 1.3).

Mit einem Beratungsverzicht des Kunden ist die Vermittlung auf Basis der »Wünsche und Bedürfnisse« auf jeden Fall möglich. Wenn also das Unternehmen relativ problemlos einen Prozess »mit Beratungsverzicht« aufsetzen kann und das auch will – man sollte nie den Faktor Reputation außer Acht lassen –, muss die Frage, ob es auch ohne Beratungsverzicht gehen könnte, gar nicht mehr beantwortet werden.

Was dann bleibt ist die Frage nach dem »wie«. Reicht das Setzen eines Häkchens im Onlineformular? Muss der Kunde eine zusätzliche Mail erhalten? Mit welchem Inhalt? Muss der Kunde diese Mail eventuell sogar bestätigen?

Die Antwort ergibt sich in diesem Fall aus §61 Abs. 2 VVG:

»Der Versicherungsnehmer kann auf die Beratung ... durch gesonderte schriftliche Erklärung verzichten, in der er vom Versicherungsvermittler ausdrücklich darauf hingewiesen wird, dass sich ein Verzicht nachteilig auf die Möglichkeit des Versicherungsnehmers auswirken kann, gegen den Versicherungsvermittler einen Schadenersatzanspruch nach § 63 geltend zu machen. Handelt es sich um einen Vertrag im Fernabsatz im Sinn des § 312 des Bürgerlichen Gesetzbuchs, kann der Versicherungsnehmer in Textform verzichten.«

Das bedeutet konkret:

- Die Formulierung »gesonderte Erklärung« verbietet das bloße Setzen eines Häkchens und verlangt eine separate E-Mail.
- Es muss einen Hinweis auf die eingeschränkte Schadenersatzmöglichkeit geben. Auch das verlangt eine separate E-Mail. Inhaltlich schreibt man am besten den Gesetzestext ab.
- Die Schriftlichkeit wird beim Fernabsatz ab dem 23.2.2018 durch »Textform« ersetzt. Eine E-Mail reicht also.

Jetzt bleibt nur noch die Frage nach einer E-Mail-Bestätigung durch den Kunden. Eine solche Bestätigung kann relativ einfach in den Prozess eingebunden werden – wie eine Registrierung, deren Bestätigung Voraussetzung für weitere Schritte ist. Wenn man den Prozess bis hierhin »durchoptimiert« hat, kann auch dieser Schritt noch gegangen werden – und dann gibt es auch die aktive Handlung durch den Versicherungsnehmer, nach der die Formulierung des Gesetzes zu verlangen scheint: *»Der Versicherungsnehmer kann verzichten«*

Das im Beispiel geschilderte Szenario kann zu verschiedenen Ergebnissen führen:

- Ein rechtlich interessierter oder versierter Unternehmer kann sich die Rechtsfrage im Hinblick auf den Beratungsverzicht bei der Vermittlung auf Basis von »Wünsche und Bedürfnissen« weitgehend selbst beantworten.
- Ein nicht so versierter oder zeitlich zu eingespannter Unternehmer kann immerhin vorüberlegen, wie er welche Versicherungsprodukte vermitteln möchte. Anhand der Prozessbeschreibung kann er dann darum bitten, dass ihm der externe Rechtsanwalt die rechtlich problematischen Felder aufzeigt und ihm Lösungsmöglichkeiten vorgibt. So wird die Zusammenarbeit für beide Parteien effizient und vor allem ergebnisorientiert.

Wie würde eine interne Rechtsabteilung/ein ständiger externer Rechtsanwalt im Beispielsfall effizient eingesetzt?

Diese zweite Ergebnisvariante des Beispiels ist wohl auch die geeignete Vorgehensweise für eine interne Rechtsabteilung:

- Die Fachabteilung und/oder Compliance regen einen bestimmten Prozessablauf an.
- Die Rechtsabteilung wird befragt, ob der vorgestellte Ablauf rechtlich einwandfrei ist.
- Die Rechtsabteilung sagt entweder »ja« oder macht konkrete Änderungsvorschläge, die sich möglichst im Rahmen des vorgestellten Ablaufs halten.

Entscheidend für ein gutes Zusammenwirken zwischen Fachabteilung, Compliance und Recht ist das gemeinsame Verständnis dafür, dass Aufgabe der zentralen Abteilungen die Implementierung eines Prozesses, einer Geschäftsorganisation ist. Diese muss so gut und durchdacht sein, dass alle Einzelmaßnahmen dem gewünschten Ergebnis entsprechen, soweit der Prozess eingehalten wurde.

Andernfalls ist man zurück bei der Einfallanalyse. Ein solches Vorgehen ist in Zeiten einer prinzipienbasierten Aufsicht nicht mehr möglich, und es wäre auch sicher nicht effizient.

7.2 Welche rechtlichen Probleme treten im üblichen Vermittlungsprozess auf?

Wenn man sich an den üblichen und aus § 1a VVG sich ergebenden Vermittlungsprozess hält, sollten folgende grundsätzlichen rechtlichen Problem angesprochen werden – wobei die Aufzählung keinesfalls erschöpfend ist!

7.2.1 Kennenlernen

Das Formular zur Erstinformation muss »richtig« sein. Zukünftig werden Angaben zum Honorar gemacht werden müssen.

»Kennenlernen« ist auch der Beginn der Rechtsbeziehung zwischen dem Kunden und seinem Versicherungsvertreiber. Also muss an dieser Stelle der Vertrag überlegt werden, der zwischen dem Versicherungsvertreiber und dem Kunden geschlossen wird. Geschlossen wird der Vertrag übrigens immer; wenn er nicht schriftlich oder in Textform vorliegt, wird er mündlich geschlossen und folgt dann den gesetzlichen Vorgaben.

Natürlich ist es wünschenswert, dass der Makler-/Vertreter-/Beratervertrag mit dem Kunden in nachweisbarer Form, also mindestens in Textform vorliegt.

Was soll in dem Vertrag mit dem Kunden geregelt werden?

- Aufzählung der Rechte und Pflichten? Nur einer Seite oder beider Seiten? Dann muss die Rechtsabteilung überlegen, welche Pflichten auch durchsetzbar sind beziehungsweise welche Folgen sich an diese Rechte und Pflichten knüpfen.
  So können sich beispielsweise folgende Fragen stellen: Kann ein Maklervertrag zeitlich befristet werden? Kann eine Kündigungsfrist vereinbart

werden? Das ist umstritten, weil ein Maklervertrag ein Dienstvertrag (§§611 ff. BGB) mit werkvertraglichen (§§631 ff. BGB) Elementen ist. Er wird üblicherweise als Vertrag über »Dienste höherer Art« gesehen. Ein solcher ist aber jederzeit kündbar, §627 BGB.
Soll man in Kenntnis dieser Rechtslage auf einer Kündigungsfrist bestehen? Hierfür können gute Gründe sprechen, aber dann muss man gegebenenfalls auch bereit sein, diese Gründe zu benennen und durchzusetzen.

- Sollen Haftungsbeschränkungen aufgenommen werden? Dann muss man überlegen, wie eine solche Haftungsbeschränkung rechtssicher formuliert werden kann, welche Höhe sie mindestens haben muss und für welche Tatbestände sie nicht gelten darf. Übersieht man eines dieser Elemente, ist möglicherweise die ganze Klausel unwirksam. Hat man dann die Berufs-Haftpflichtversicherung auf die Haftungsbegrenzungs-Klausel abgestellt, kann das zu einer Deckungslücke führen.
- Wie umfangreich soll der Vertrag Dinge regeln? Was erwartet der Kunde? Was kann man ihm zumuten? Das sind Einzelfallfragen, die vom Kundenportfolio des jeweiligen Versicherungsvertreibers abhängen.
- Sollen dem Vertrag mit dem Kunden allgemeine Geschäftsbedingungen zugrunde liegen? Der Vorteil liegt darin, dass man einmal für eine Vielzahl von Fällen Festlegungen macht. Ändert sich etwas, muss man nicht den eigentlichen Vertrag ändern. Der Nachteil liegt in eben dieser Arbeit – die sorgfältig getan werden muss – und andererseits im Umfang, den der Vertrag dann bekommt.
- Wie wird der Datenschutz geregelt? Ab Mai 2018 gilt die neue »Datenschutz-Grundverordnung – DSGVO« und die entsprechend angepasste Version des Bundesdatenschutzgesetzes. Wie wird sichergestellt, dass nicht nur die richtigen Verzichtserklärungen in den Vertrag mit dem Kunden aufgenommen werden, sondern vor allem auch den Vorgaben dieser Gesetze im Geschäftsprozess des Versicherungsvertreibers Genüge getan wird?
- Auf welche Risiken/Versicherungssparten/Versicherungsverträge soll sich der Vertrag beziehen? Mindestens für Versicherungsmakler geht die Rechtsprechung von einem »Vollmandat« aus. Das bedeutet, dass sich ein Maklervertrag auf alle Risiken und alle Versicherungsverträge des Kunden bezieht – es sei denn, er wird eingeschränkt. Kann man das Maklermandat wirksam einschränken? Geht das über eine AGB-Klausel?
Und wie stellt die Organisation sicher, dass zu allen Risiken des Kunden beraten und alle vorhandenen Versicherungsverträge betreut werden? Wie sollten die Auskunfts- und Informationspflichten des Kunden ausgestaltet sein? Vor allem: Versteht der Kunde, was von ihm erwartet wird?
- Und nicht ganz unwichtig: Wie wird der Versicherungsvertreiber entlohnt? Bekommt er eine Provision/Courtage? Oder ein Honorar? Oder eine sonstige Art von Entgelt? Oder eine Kombination?

In diesem ersten Prozess-Schritt liegt vor allem im Hinblick auf das rechtliche Verhältnis zum Kunden viel Gestaltungspotenzial. Eine intensive Beschäftigung mit den rechtlichen Grundsätzen ist sinnvoll. Besonders die Verständlichkeit ist in der geschäftlichen Beziehung zum Kunden wichtig. Und um so bedeutender wird die Frage, ob alles so besprochen und dokumentiert wurde, wie es gemeint war – hier liegt ein häufiger Fehler!

Je klarer diese Fragen vom Unternehmer bzw. in größeren Einheiten vom Management des Vertriebs vorab gestellt werden, desto sinnvoller wird der Rechtsrat sein.

7.2.2 Befragen und Beraten

In diesem Prozess-Schritt geht es einerseits darum, zwischen einer Vermittlung »ohne Beratung« und einer solchen »mit Beratung und persönlicher Empfehlung« zu unterscheiden. Das ist deshalb nicht ganz einfach, weil der deutsche Gesetzgeber diese Unterscheidung nicht gemacht hat. Besonders misslich ist, dass es von der Beratungspflicht nach deutschem Recht Ausnahmen gibt, die es nach europäischem Recht für die Fragepflicht nicht geben darf.

Das ist also ziemlich sicher ein Thema, mit dem sich die Rechtsabteilung beschäftigen sollte:

- Soll es überhaupt eine Vermittlung ohne Beratung und persönliche Empfehlung geben? Wenn ja, gibt es hierfür einen speziellen Vertriebsweg – z.B. online?
- Wie wird sichergestellt, dass wirklich jeder Kunde nach seinen Wünschen und Bedürfnissen befragt wird – auch wenn er nicht beraten zu werden braucht?
- Was ist eine »persönliche Empfehlung«? Bezieht sich »persönlich« auf den Vertragspartner, also das Versicherungsvertriebsunternehmen, oder auf denjenigen, der den persönlichen Kontakt zum Kunden hat, also den (angestellten) Berater? Muss eine solche Empfehlung nur ein Produkt benennen oder kann sie sich auch auf eine kleine Auswahl beziehen, wenn man eine große Auswahl überprüft hat?

Andererseits wird in diesem Prozess-Schritt die Schwelle zum Versicherer erreicht. Für Versicherungsmakler und -berater stellen sich jetzt Fragen:

- Was ist der geeignete Markt, wen muss man befragen?
- Und zurück zum Maklervertrag – zu was hat sich der Versicherungsmakler verpflichtet? Will/muss der Makler auch Nettotarife anbieten?
- Wenn ein Honorar vereinbart ist – wie stellt man dann sicher, dass dem Durchleitungsgebot des §48c VAG Folge geleistet wird? Gilt das Durchleitungsgebot wirklich nur für Versicherungsberater, wie §34d Abs. 2 S.5 zu suggerieren scheint? Selbst wenn man dem Gesetzeswortlaut folgt – wie stehen die Versicherer dazu und wie deren Aufsicht, die BaFin?

Auch in diesem zweiten Prozess-Schritt gibt es also eine Fülle rechtlicher Fragen. Man kann diese Fragen reduzieren, indem man bestimmte Prozesse gar nicht in Erwägung zieht – wer kein Honorar von seinen Kunden nehmen wird, braucht sich um das Durchleitungsgebot des §48c VAG keine Gedanken zu machen. Aber es bleibt wichtig, den Übergang in die Sphäre des Versicherers sauber umzusetzen.

7.2.3 Empfehlung und Entscheidung

In diesem Prozess-Schritt wird die Schwelle zum Versicherungsvertrag überschritten. Auf der Basis der Vereinbarungen mit dem Kunden (»Maklervertrag«) wird jetzt ein Vertragsverhältnis initiiert, das nur zwischen Kunde und Versicherer bestehen wird. Das ist vor allem für Versicherungsmakler und -berater wichtig; jetzt findet der sogenannte »Lagersprung« statt. Aber auch der Versicherungsvertreter steht vor diesem Phänomen, auch wenn er zum Lager des Versicherers gehört – für ihn findet ein Übergang vom Berater des Kunden zum Boten des Versicherers statt. Lediglich für den Versicherer ändert sich weniger. Auch für ihn beginnt zwar ein neues, anderes Vertragsverhältnis, er bleibt aber mit dem Kunden als eine der beiden Parteien des Versicherungsvertrages verbunden.

Zu klärende Fragen könnten sein:

- Wer stellt wie sicher, dass der Versicherungsvertrag den Wünschen und Bedürfnissen des Kunden entspricht? Das ist nicht das Gleiche wie die Frage, ob der Versicherungsvertrag dem Antrag des Kunden folgt – nur diese Frage ist in §5 VVG geregelt!
- Wie wird sichergestellt, dass der Antrag nicht aufgrund unzulässiger Anreize gestellt wurde, §48a Abs. 1 VAG? Wie also wird sichergestellt, dass der Anreizaspekt der Wohlverhaltensregel angemessen berücksichtigt wurde?
- Wie wird sichergestellt, dass das Produktfreigabeverfahren des §23 Abs. 1a-d VAG eingehalten wurde und dass der Versicherungsvertreiber über ausreichende Informationen verfügt? Ist mit dem Antrag der richtige Zielmarkt bedient worden? Diese Fragen werden dem Versicherungsmakler, -vertreter und -berater in der neuen VersVermV sogar ausdrücklich zur Pflicht gemacht (wahrscheinlich in §14 der neuen VersVermV) und damit wird diese Pflicht auch zur Grundlage der gewerberechtlichen Aufsicht.

Diese Fragen dringen recht tief in das Rechtsverhältnis zwischen dem Versicherungsvertreiber und dem Risikoträger ein. Sie sind auch dann von Belang, wenn der Versicherungsvertreiber der Versicherer selbst ist. Dann sind die internen Verhältnisse zu klären, unabhängig davon, ob es sich bei dem tatsächlich handelnden Außendienstmitarbeiter um einen Angestellten oder einen handelsrechtlichen Vertreter handelt.

7.2.4 Umsetzung

In diesem Prozess-Schritt muss der Kunde die Prämie zahlen und bekommt der Versicherungsvertreiber sein Entgelt, üblicherweise also die Provision/Courtage. Sollte der Versicherungsvertreiber beim Versicherer angestellt sein oder als dessen Handelsvertreter agieren, stellen sich die folgenden Fragen nicht für die Provision/Courtage, sondern für seine Boni bzw. seine Handelsvertreteransprüche.

- Ist die Courtage-Vereinbarung gesetzeskonform geschlossen? Hier kommt einmal wieder die Anreizfunktion der Courtage/Provision ins Spiel, also §48a VAG. Vorsicht: Es geht nicht nur um finanzielle Ansprüche! Auch sonstige wirtschaftliche Vorteile oder, wie es das Gesetz sagt, »nicht finanzielle Anreize« spielen eine Rolle. Ist das Verhältnis zwischen Einmalzahlung und laufender Courtage angemessen? Können aus der Courtage-Vereinbarung Interessenkonflikte abgeleitet werden?
  Falls das zu befürchten ist, soll man eine solche Gefahr auch bei der Vermittlung »normaler« Versicherungsprodukte, also solcher, die nicht Versicherungsanlageprodukte sind, in Kauf nehmen? Oder ist man lieber etwas vorsichtiger, weil die Inkaufnahme eines Interessenkonflikts einen Verstoß gegen die Wohlverhaltensregel beinhalten könnte?
- Andererseits muss überlegt werden, ob die Vereinbarung mit dem Versicherer wirtschaftlich sinnvoll ist. Welche Rechte hat der Versicherer? Beruht der Courtage-Anspruch lediglich auf der Vermittlung oder umfasst er auch Betreuungsleistungen? Wie sind die Kündigungsfristen geregelt?
- Wem »gehört« der Kundenbestand?
- Wie ist der Einbruch von Konkurrenten in die Verbindung geregelt? Ab wann erlischt in einem solchen Fall der Courtage-Anspruch? Hier könnte eine Überschneidung zu der vorhin behandelten Frage der Laufzeit des Maklervertrags gegeben sein.
- Wer hat die Hoheit über das Mahnverfahren? Darf der Vermittler hier mitreden?
- Wie sind bei nettoisierten Verträgen die Steuerfragen geregelt?
- Wofür wird die Courtage bezahlt? Ist sicher, dass dies nur für »Maklerdienstleistungen« im Sinne des §4 Nr. 11 UStG geschieht? Wenn nein, wie ist die Tragung der Mehrwertsteuer im Verhältnis zum Versicherer geregelt?

Jetzt wird das Rechtsverhältnis zwischen Versicherungsvertreiber und Versicherer bedeutungsvoll. Hier werden sehr häufig wirtschaftliche Fragen im Vordergrund stehen – aber sind sie immer rechtlich einwandfrei dokumentiert? Ist das vereinbart, was gewollt wurde? Sind die neuen Regularien, vor allem im Zusammenhang mit der Wohlverhaltensregel, ausreichend beachtet?

7.2.5 Laufende Administration

In diesem Prozess-Schritt geht es um die »Mitwirkung bei Verwaltung und Erfüllung von Versicherungsverträgen«, wie es in §1a VVG heißt. Auch diese administrativen Dinge müssen sauber und rechtlich richtig geregelt sein:

- Wer bewahrt die Dokumente auf? Wer hat Zugriff auf sie?
- Wie werden periodisch zu gebende Auskünfte erfüllt?
- Wenn der Versicherungsvertreiber nicht im Lager des Versicherers steht: Welche Befugnis hat die BaFin, die die Versicherer beaufsichtigt, auch gegenüber dem Vermittler?
- Welche Verpflichtungen zur Administration hat der Versicherungsvertreiber im Vertrag mit dem Kunden übernommen? Sind diese dem Kunden gegenüber zu erfüllenden Pflichten kompatibel mit denjenigen, die sich aus dem Vertragsverhältnis mit dem Versicherer ergeben?

Auch dieser Prozess-Schritt ist ganz stark von dem rechtlichen Verhältnis zwischen dem Versicherungsvertreiber und dem Versicherer geprägt. Bei dessen Ausgestaltung muss die Rechtsabteilung sehr aufmerksam die notwendigen Folgeschritte im Auge behalten. Besonders hier ist also eine enge Zusammenarbeit entweder mit der Organisationsabteilung (»COO«) oder/und den für die Compliance zuständigen Mitarbeitern erforderlich.

7.2.6 Laufende Betreuung des Kunden

Im VVG ist in §6 Abs. 4 die laufende Betreuung des Kunden geregelt; die Rechtsprechung des BGH ist eindeutig, indem sie allen den Kunden direkt betreuenden Stellen die gleiche Verpflichtung auferlegt.

- Wer übernimmt diese Verpflichtung?
- Wie ist die gegenseitige Mitwirkung geregelt?
- Falls sich aus dieser laufenden Betreuung neue Abschlüsse ergeben, wer profitiert davon? Ist das unabhängig von eigenem Zutun?
- Welche Verpflichtungen zur Betreuung hat der Versicherungsvertreiber im Vertrag mit dem Kunden übernommen? Sind diese dem Kunden gegenüber zu erfüllenden Pflichten kompatibel mit denjenigen, die sich aus dem Vertragsverhältnis mit dem Versicherer ergeben?
- Sind die Pflichten des Versicherungsvertreibers gegenüber dem Versicherer so ausgeprägt, dass man von »Outsourcing« im Sinne des §32 VAG sprechen kann? Welche Vorgaben der BaFin sind in einem solchen Fall zu beachten? Hierzu gibt es eine umfangreiche Interpretationshilfe der BaFin vom 25.1.2017: die »Mindestanforderungen an die Geschäftsorganisation von Versicherungsunternehmen (MaGo)«.

Die laufende Betreuung des Kunden wird gerne vergessen: Der Kunde ist ja schon Kunde, man muss sich um ihn eigentlich nicht mehr bemühen. Aus eben diesem Grund hat der Gesetzgeber dem Versicherungsvertreiber diese laufende Betreuung zur Pflicht gemacht. Ihr nicht zu folgen kann z.T. gravierende Sanktionen auslösen.

7.2.7 Betreuung im Schadenfall

Der Versicherungsvertreiber soll – und muss! – den Kunden einerseits im Schadenfall unterstützen. Andererseits muss er sehr aufpassen, seine Kompetenzen nicht zu überschreiten und in den Bereich der unerlaubten Rechtsberatung zu gelangen.

- Was ist mit dem Kunden vereinbart? Was ist mit dem Versicherer vereinbart?
- Wie ist die eigene Organisation auf Schadenfälle der Kunden vorbereitet; was kann der Versicherungsvertreiber überhaupt leisten?
- Der Versicherungsvertreiber muss den Kunden bei der Aufarbeitung des Schadens helfen:
  - Ist er Makler oder Berater, tut er dies gegenüber dem Versicherer. Dann darf er nicht für den Versicherer handeln (Lagersprung). Der BGH ist hier eindeutig.
  - Ist er Vertreter oder sogar noch enger in die Organisation des Versicherers eingebunden, darf er natürlich auch für den Versicherer handeln. Nur in diesem Fall darf z.B. der Geschädigte (in einem Haftpflichtfall) vom Versicherungsvertreiber direkt entschädigt werden.

Die Mitwirkung im Schadenfall berührt also das Grundrecht des Versicherungsvertreibers – steht er im Lager des Kunden oder in dem des Versicherers? Selbst wenn letzteres der Fall ist, darf der eigentliche Betreuer des Kunden seine Betreuungsverpflichtung nicht vernachlässigen. Die rechtlichen Probleme werden also nicht unbedingt geringer, wenn der Versicherungsvertreiber im Lager des Versicherers steht.

7.2.8 Weitere Betreuung und Wechsel des Versicherungsschutzes

Die Rechtsabteilung muss hier in erster Linie sicherstellen, dass keine Marktregeln verletzt werden, also der lautere Wettbewerb eingehalten wird. Im Wesentlichen geht es hier um den Prozess-Schritt, der sicherstellt, dass der Kunde immer einen marktüblichen Versicherungsschutz hat – wenn er dies wünscht.

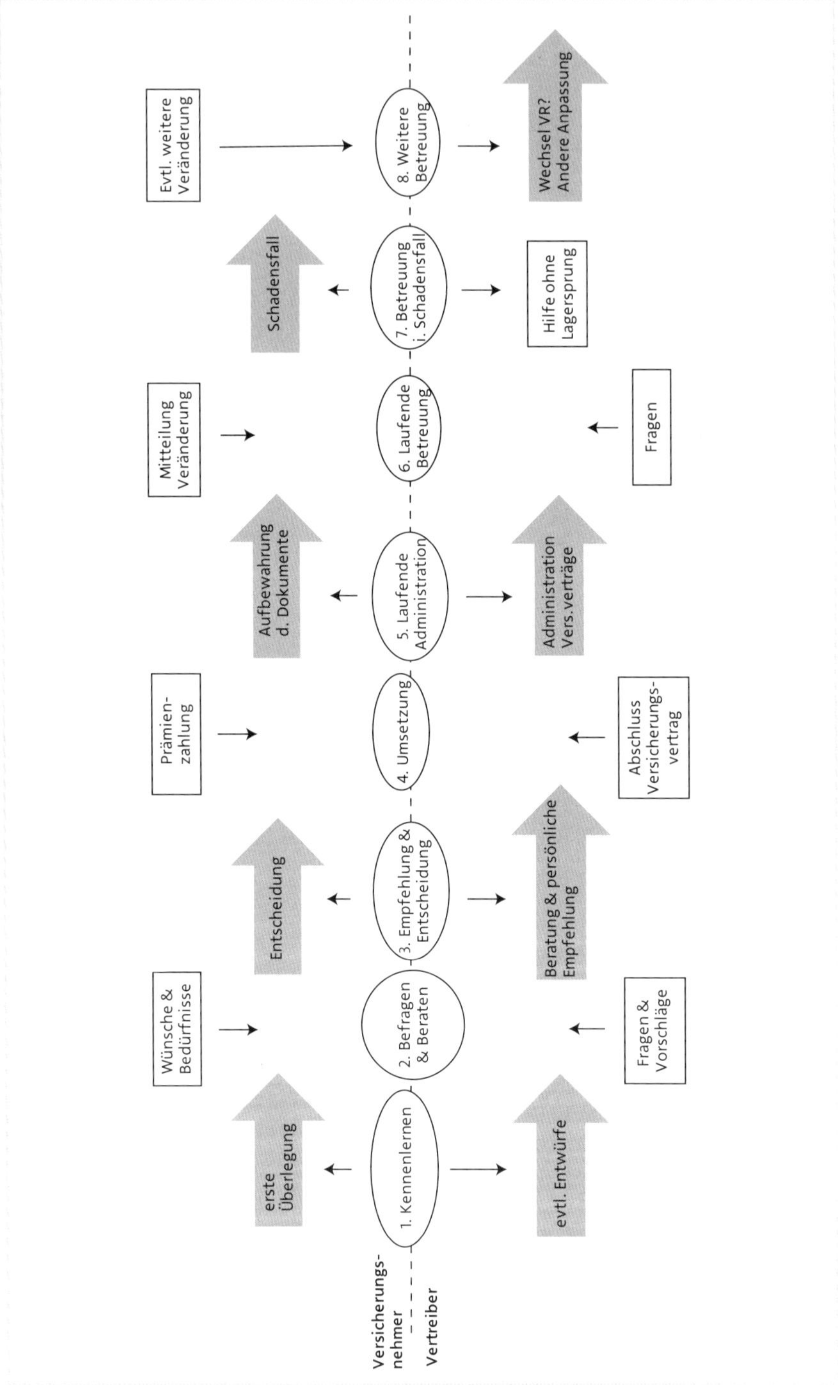

Abb. 17: Rechtliche Folgerungen aus dem Leistungsspektrum

7.3 Welche Rolle spielt die Rechtsabteilung gegenüber der Aufsicht?

»Recht« und damit die Rechtsabteilung oder, wenn es diese nicht gibt (wie meistens), diejenigen Mitarbeiter, die sich um rechtliche Belange kümmern sollen (meist der Inhaber!) spielen eine wesentliche Rolle im Verhältnis zur Aufsicht. Die Rolle hat dabei eher den Charakter der »Einhegung« und der Beschränkung. Recht hilft also dem beaufsichtigten Unternehmen, die Aufsicht zurückzuweisen, wenn diese keine Basis für ihr Tun vorweisen kann.

Die folgenden Beispiele sollen diese Rolle veranschaulichen:

Beispiele: !

Beispiel Produktfreigabeverfahren
Ein Versicherungsunternehmen entwickelt ein neues Versicherungsprodukt gemeinsam mit einem Versicherungsmakler. Also übernimmt der Versicherungsmakler einen Teil der Tätigkeiten des Versicherers bei der Entwicklung eines neuen Produktes. Darf nun die BaFin den Makler prüfen?
Direkt – einfach so – wird das nicht gehen. Aber die BaFin kann argumentieren, dass die (teilweise) Verlagerung von Aufgaben aus dem Bereich des Produktfreigabeverfahrens eine Auslagerung im Sinne des §32 VAG darstelle. Sie hätte dabei den Wortlaut der IDD (Artikel 25) und die delegierte Verordnung der Kommission (im Entwurf Art. 3 Ziffer 4 und Art. 4 Ziffer 5) auf ihrer Seite. Die BaFin hat auch in der vorhin angesprochene MaGo so argumentiert. §32 Abs. 2 Nr. 2 VAG verlangt vom Versicherer, dass er sicherstellt, dass der Versicherungsmakler mit der BaFin zusammenarbeitet. Sollte das nicht geregelt sein – weil es z.B. keine schriftliche Vereinbarung gibt oder weil man es vergessen hat – würde spätestens das Gebot von Treu und Glauben den Versicherungsmakler vertraglich verpflichten, die BaFin »hereinzulassen«.
Mit diesem Wissen wird die Rechtsabteilung dem Versicherungsmakler also raten, dem Überprüfungswunsch der BaFin nicht entgegenzutreten. Besser wäre es natürlich, die Rechtsabteilung wird in die Zusammenarbeitsvereinbarung des Versicherungsmaklers mit dem Versicherer einbezogen. Dann können solche Fragen vorab geklärt und entsprechende Vorkehrungen getroffen werden.
Alle sonstigen Belange – Anmeldungen, die Erfüllung von Auflagen, Anordnungen, Überprüfungen etc. –, die mit der Aufsicht zu tun haben, sind natürlich allesamt »Recht«.
Entweder hat das Unternehmen eine eigene Rechtsabteilung, dann sollte hier eine Spezialisierung für das Aufsichtsrecht aufgebaut sein. Das gilt übrigens nicht nur für die VAG-Aufsicht der BaFin; im Kapitel 6 »Verhältnis zur Aufsicht« ist beschrieben, wie sich auch die gewerberechtliche Aufsicht wandelt und mit welchen z.T. komplexen Themen sich der Gewerbetreibende beschäftigen muss.

Wenn ein Unternehmen ohne eigene Rechtsabteilung mit der Aufsicht zu tun hat, sollte immer ein erfahrener, mit der Materie des neuen Aufsichtsrechts vertrauter externer Anwalt hinzugezogen werden.

Noch ein Beispiel aus dem Produktfreigabeverfahren
Wo beginnt der Herstellereigenschaft eines Versicherungsmaklers? Welche Anforderungen sind an diesen und andere Dienstleister (IT?) zu stellen, die dem Versicherer bei der Erstellung neuer Versicherungsprodukte helfen? Welche Qualität sollten die Vereinbarungen haben, welche die delegierte Verordnung der Kommission von den Beteiligten erwarten wird?
Hier kommt auch eine strategische Überlegung hinzu: Sind die rechtlichen Anforderungen möglicherweise von einem Ausmaß, das die Beteiligung an Herstellerverfahren wenig sinnvoll macht?

Beispiel Weiterbildung
Die prinzipienorientierte Aufsicht wird dem Versicherungsvertreiber einen weiten Spielraum lassen, **wie** er seiner Weiterbildungsverpflichtung nachkommt. Er wird jedoch auf jeden Fall einen Geschäftsprozess vorweisen müssen, der die Planung und systematische Organisation der Weiterbildungsmaßnahmen beschreibt bzw. sicherstellt. Auch Anforderungsprofile für diejenigen, welche die Weiterbildungsmaßnahmen durchführen, werden die Versicherungsvertreiber überlegen und nutzen müssen. Die Materie »Weiterbildung« ist auch aus der rechtlichen Perspektive betrachtet komplett neu. Um sich an das richtige Maß heranzutasten, empfiehlt es sich, die Originalvorschrift, also Artikel 10 der IDD, heranzuziehen. Auch könnte es sinnvoll sein, sich an solchen deutschen Gesetzen und Verordnungen zu orientieren, die sich mit Weiterbildung beschäftigen, z.B. am Berufsbildungsgesetz.
Möglicherweise werden sich Verbände und die IHKs auf Mustertexte bzw. Musterabläufe einigen. Bis das jedoch geschieht, sollte diese Materie individuell rechtlich durchleuchtet werden.

Bespiel Datenschutz
Die ab Mai 2018 geltende DSGVO wurde schon erwähnt. »Recht« muss sicherstellen, dass nicht nur die richtigen Formulare genutzt, sondern vor allem die nach dem neuen Recht verlangten inhaltlichen Kriterien erfüllt werden.
Hier zeigt sich eine andere Schnittstelle von »Recht« in das Unternehmen: Jetzt sind es keine nach außen gerichteten, vertraglichen Vereinbarungen, jetzt sollen Anforderungen der Aufsicht oder eben einzelner Gesetze im Unternehmen des Versicherungsvertreibers umgesetzt werden. Das gilt natürlich auch für andere Bereiche, wie für das Marktverhalten.

Beispiel Marktverhalten
Alle Versicherungsvertreiber müssen sich an geltendes Recht halten. Das gilt unter anderem auch für den »lauteren Wettbewerb«. So dürfen keine Absprachen getroffen werden, die andere Marktteilnehmer benachteiligen. Auch dürfen keine unlauteren Methoden zur Kundengewinnung eingesetzt werden.
Die Rechtsabteilung sollte hier eingebunden sein, um die Konformität der Geschäftsorganisation mit dem Wettbewerbsrecht sicherzustellen.

Auch die Herstellung und der Vertrieb von Werbung gehören hierher. Insbesondere beim Vertrieb von Versicherungsanlageprodukten ist eine unrichtige Werbung mit erheblichen Sanktionen (bis 500.000,- Euro!) belegt.

Fazit !

Nicht besonders überraschend ist das Ergebnis dieses Kapitels: Es gibt kaum einen Bereich, der nicht sinnvollerweise von der Rechtsabteilung durchleuchtet werden sollte. Man kann den Einsatz von Rechtskundigen vor allem dadurch effizient und damit ressourcenschonend gestalten, indem sich das Versicherungsvertriebsunternehmen zum einen über seinen Geschäftsprozess im Klaren ist und zum anderen die mit der Rechtsabteilung zu besprechenden Fragen vorstrukturiert. Eventuell kann ein zweigeteiltes Mandat sinnvoll sein: In einem ersten Schritt wird überlegt, was man überhaupt angehen will, und erst in einem zweiten Schritt werden dann einzelne Prozess-Schritte auf ihre Rechtmäßigkeit überprüft.

8 Compliance – auch für Unternehmen ohne Compliance-Abteilung

Überblick

- **Für wen dieses Kapitel wichtig ist:**
  Für die Compliance-Beauftragten/Abteilungen der Unternehmen und für diejenigen, die »notgedrungen« diese Aufgabe übernehmen müssen
- **Wo im Kapitel 1 die rechtlichen Aspekte erläutert werden:**
  Im gesamten Kapitel 1
- **Was die rechtliche Basis ist:**
  Alle neuen Regularien

Für welche Unternehmen ist dieser Bereich von Bedeutung? Welche Abteilung sollte sich mit dem Thema befassen?
Compliance kommt vom englischen »to comply«, was zu übersetzen ist mit »den Auflagen entsprechen«. Compliance im engeren Sinne ist also das Einhalten von Regeln.

Allgemein wird unter Compliance aber nicht nur die Beachtung gesetzlicher Normen verstanden. Vielmehr geht es vor allem um die Einhaltung derjenigen Regeln, die sich das Unternehmen selbst gegeben hat. Das ist Compliance im weiteren Sinne und so wird es auch in diesem Buch verstanden.

Die Regeln, die sich ein Unternehmen selbst gibt, können dabei durchaus unterschiedlichen Zielen dienen: Neben der Einhaltung der gesetzlichen Grundordnung können dies vor allem wirtschaftliche Ziele sein. Besonders ist hier an die Einhaltung geschäftsorganisatorischer Abläufe gedacht.

Das Kapitel richtet sich damit einerseits an Compliance-Abteilungen und deren Mitarbeiter. Natürlich haben aber längst nicht alle Unternehmen eigene Compliance-Abteilungen. Deshalb richtet sich dieses Kapitel besonders auch an all diejenigen, die »Regeleinhaltung« notgedrungen erledigen müssen – unabhängig davon, wie diese Tätigkeit bezeichnet wird.

Zusammenfassung !

Compliance ist das Implementieren, Aufrechterhalten und Überprüfen von Einzelprozessen sowie deren Bezug zueinander und zum Gesamtprozess.
Ein Unternehmen verhält sich »compliant«, wenn sich alle Abteilungen und Untereinheiten compliant verhalten – und nicht, wenn es eine Compliance-Abteilung gibt!

8.1 Warum braucht man überhaupt »Compliance«?

Compliance braucht man, um den Überblick über die Abläufe im Unternehmen zu behalten.

Selbst in den kleinsten Versicherungsvertriebsunternehmen, den Inhabergeführten mit höchsten 1 bis 2 angestellten Innendienstkräften, muss es eine »Organisation« geben. Der Ablauf eines Vertriebsgesprächs, die Betreuung des Kunden während der Laufzeit des Vertrags und erst recht die Hilfe im Schadenfall funktioniert nicht, wenn es keine festgelegte Ablauforganisation gibt.

Anders ausgedrückt: Die reine Einzelfallbetrachtung reicht nicht (mehr). Ebenso wenig reicht die Berufung auf ein irgendwo, irgendwie vorhandenes »historisches Wissen«. Wer Versicherungen vermitteln und über sie beraten will muss seine Kunden ganzheitlich sehen. Und er muss diese Sichtweise darstellen, für sich, aber auch für seinen Kunden, für den Versicherer und letztlich auch für die Aufsicht.

In den Worten des Gesetzes ausgedrückt heißt so etwas dann »allgemeine Anforderung an die Geschäftsorganisation«. Das ist die Überschrift zu §23 VAG, der auszugsweise lautet:

> *... müssen über eine Geschäftsorganisation verfügen, die wirksam und ordnungsgemäß ist und die der Art, dem Umfang und der Komplexität ihrer Tätigkeiten angemessen ist. Die Geschäftsorganisation muss neben der Einhaltung der ... zu beachtenden Gesetze, Verordnungen und aufsichtsbehördlichen Anforderungen eine solide und umsichtige Leitung ... gewährleisten ...*

Organisation, Ablauf- oder Geschäftsprozess sind bloß andere Worte dafür, dass nur ein organisiert aufgestelltes Unternehmen den Anforderungen an Beratung, Vermittlung und Betreuung genügt.

In produzierenden Unternehmen gab es schon vor langer Zeit den Begriff der »Qualitätskontrolle«. Auch wenn Qualitätskontrolle heutzutage Teil eines Fertigungsprozesses ist, war sie der Beginn von Compliance: Man prüft, ob von Beginn einer Produktionskette an (Zulieferer, Grundstoffe) über die Produktion selbst (Drücke, Massen und Gewichte, Temperatur, Zeit und andere Parameter) bis hin zur Verpackung und dem Versand alles entsprechend den (Produktions-)Vorgaben abgelaufen ist. Das gewünschte Ergebnis ist dann fast garantiert. Erst dann wird das Produkt »freigegeben«.

Vielleicht kann der Versicherungsvertrieb von der erfolgreichen produzierenden Industrie in Deutschland lernen. Effizienzpotenziale sind wahrscheinlich vorhanden.

Eine Geschäftsorganisation kann man aber nur überblicken, wenn man »Compliance« betreibt. Deshalb ist Compliance so essenziell wie ein Telefon oder ein Computer.

8.2 Was bedeutet Compliance für ein Versicherungsvertriebsunternehmen?

Der Versicherungsvertrieb umfasst sämtliche Tätigkeiten vom ersten Kontakt mit dem (häufig noch potenziellen) Kunden über Vorbereitungshandlungen und Beratung bis zur Vermittlung des Versicherungsvertrags und seiner Betreuung. Letztere umfasst die Mithilfe bei der Administration des Vertrags, aber auch die Hilfestellung für den Kunden im Schadenfall. Grafisch kann man das so darstellen:

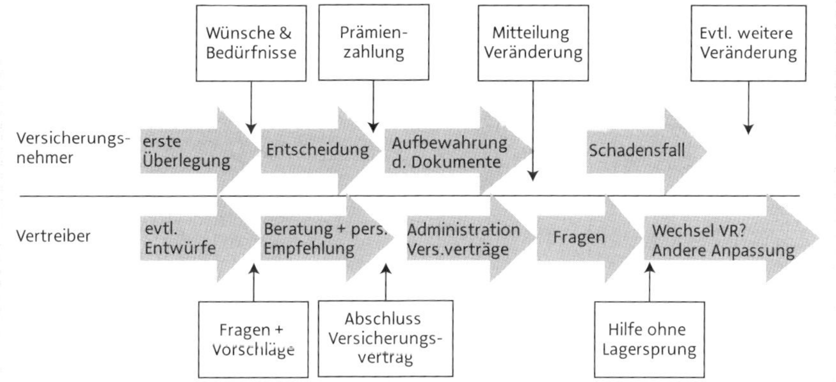

Abb. 18: Umfang der Vertriebstätigkeit

Compliance überprüft jede einzelne Pflicht, genauer formuliert: Sie überprüft den Prozess, die Organisation, mit der jeder einzelnen Pflicht nachgekommen wird. Eventuell müssen Unterprozesse gebildet werden und es müssen Bezüge zwischen den einzelnen Pflichten und ihren Prozessen hergestellt werden.

Jeder dieser Teilaspekte muss von Compliance sichergestellt werden.

Schließlich muss der Gesamtprozess dargestellt und eingehalten werden, was auch wieder eine Aufgabe von Compliance ist.

Grafisch dargestellt kann das so aussehen:

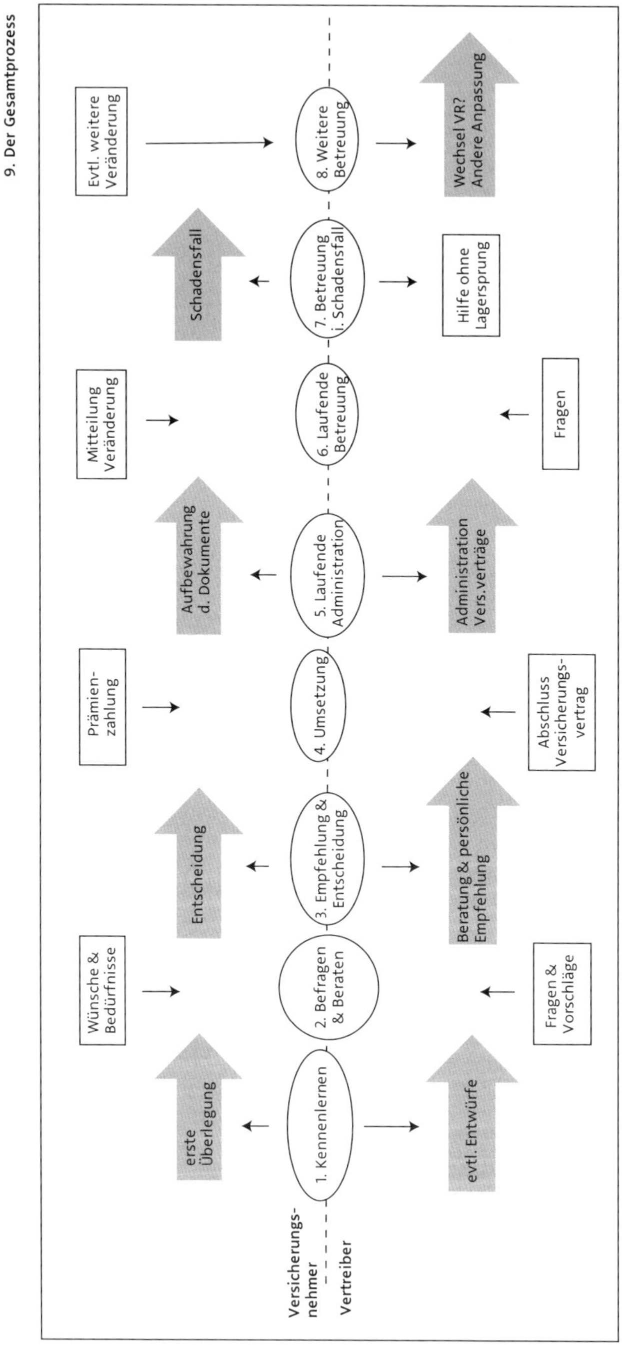

Abb. 19: Beispielhafte Compliance-Prozesse aus der Definition der »Vertriebstätigkeit«

Je mehr Menschen in einem Vertriebsunternehmen arbeiten, desto umfangreicher und detaillierter wird der Prozess. Aber auch in dem schon angesprochenen inhabergeführten und im Wesentlichen Einmann-/-fraubetrieb muss es eine Organisation geben und dieses organisierte Verhalten muss geprüft und eingehalten werden.

Überschneidungen dieser Prozesse sind gewollt und auch unvermeidbar. Die Grenze zum jeweils nächsten Prozess ist oft fließend. Das Zusammenwirken der Prozesse untereinander ist wieder »ein Prozess« für sich. Auch dieses Zusammenwirken muss organisiert werden, und die Organisation muss überprüft und eingehalten werden.

All das ist Compliance bei einem Versicherungsvertreiber.

8.3 Was bedeutet »Compliance« für ein kleines Unternehmen?

Kleinere Versicherungsvertriebsunternehmen haben keine getrennten Abteilungen. Sie bestehen üblicherweise aus dem Inhaber/der Inhaberin, der auch die Kundenkontakte hat, und eventuell ein bis zwei Angestellten, die Innendienstaufgaben erledigen.

Wie soll in einem solchen Umfeld »Compliance« stattfinden?

Wie gesagt, auch im kleinsten Unternehmen muss »organisiert« werden. Je weniger dies durch eine »Organisationsabteilung«, also einen COO – Chief Operating Officer, erledigt wird, um so wichtiger ist es, dass sich der Inhaber darüber im Klaren ist, was die Anforderungen sein könnten. Nur dann kann er/sie **bewusst** über den Prozess entscheiden, statt »aus dem Bauch heraus«. Zugleich hat dieser Inhaber dann die Grundlage gelegt:

- für seine eigene Fehlerfreiheit,
- für eine transparente Handlungsweise gegenüber den Kunden,
- für eine dem Versicherer verständliche Kommunikation,
- für eine der Aufsicht gegenüber nachvollziehbare Dokumentation.

Compliance wird hier also als Organisationshilfe gesehen. Je komplexer das Umfeld ist oder wird, desto eher braucht gerade der Inhaber eines kleinen Unternehmens die Sicherheit eines durchdachten und möglichst abgesicherten Prozesses.

8.4 Was muss und kann »Compliance« tun?

Compliance muss versuchen, die Einzelprozesse und den Gesamtprozess zu steuern, einzuhalten und in das richtige Verhältnis zueinander zu setzen.

Wenn man zunächst die Einzelprozesse betrachtet, kann man die Aufgaben von Compliance beispielhaft – und nicht abschließend – mittels folgender Prozesse beschreiben.

8.4.1 Kennenlernen

Zum Erstgespräch mit einem potenziellen Kunden gehört die Erstinformation nach § 11 VersVermV (gegenwärtige Fassung).

Der Prozess kann z. B. so aussehen, dass jeder Erstbesuch per E-Mail angekündigt wird. Verpflichtend wäre dann, dass der Vertriebler seiner E-Mail die Erstinformation anhängt.

Die Überprüfung dieses Prozess-Schrittes kann technisch erfolgen, z. B. dadurch, dass bei jeder Vergabe einer Neu-/Akquise-Kundennummer der Versand der Erstinformation vom System veranlasst oder jedenfalls zwingend vorgegeben wird.

Man kann das auch »manuell« überprüfen, z. B. dadurch, dass bei der Ablage des Berichts über das Erstgespräch geprüft wird, ob die Erstinformation übergeben wurde.

Man kann auch eine nachträgliche Sicherung einbauen, z. B. dadurch, dass die spätere Antragsweitergabe an den Versicherer (oder im Haus, wenn der Versicherungsvertreiber der Versicherer selbst ist) davon abhängig gemacht wird, dass die Erstinformation beim Kunden angekommen ist.

Die Aufgabe von Compliance ist es, einen für das eigene Unternehmen sinnvollen Prozess zu definieren, zu überlegen, wie er effizient und ressourcenschonend, aber sicher eingehalten wird.

Weiter wird man im Hinblick auf Compliance zu überlegen haben, unter welchen Voraussetzungen vom Prozess abgewichen werden kann (der Kunde ruft z. B. vom Flughafen an und will eine Reise-Krankenversicherung kaufen), wer die Abweichung genehmigen kann und wie Abweichungen dokumentiert werden (technisch/elektronisch/mithilfe der IT oder mit einem Protokoll).

Schließlich sollte Compliance eingebunden sein bzw. sollte im Rahmen von Compliance gemeinsam mit anderen Abteilungen des Unternehmens darüber nachgedacht werden, welche weiteren Überlegungen bei einem Erstbesuch wirtschaftlich sinnvoll sind. Solche Überlegungen könnten u.a. einschließen:

- Risikofragebögen. Hier wäre zu überlegen, ob man eine Brücke zum Prozess 6 – laufende Betreuung – schlägt. Dann kann man den Risikofragebogen vom Kennenlernprozess später wieder nutzen.
- Überlegungen zu vorläufigen Deckungen: Wer darf eine vorläufige Deckung auslösen? Unter welchen Voraussetzungen? Die Brücke geht hier zum Prozess 4 – Umsetzung.
- Überlegungen zur Remuneration: Nach der neuen VersVermV wird der Versicherungsvertreiber wahrscheinlich schon in der Erstinformation erklären müssen, wie er bezahlt wird (Courtage, Honorar, eine andere Art der Bezahlung oder eine Kombination). Dann kann man auch gleich ein Gespräch mit dem Kunden führen, um herauszufinden, wie der Kunde darüber denkt. Die Brücke geht zum Prozess 4 – Umsetzung –, weil hier üblicherweise die erste Einnahme über die Courtage fließt.

Natürlich muss man im Rahmen von Compliance auch bedenken, wie man bewusste oder fahrlässige Abweichungen von den nun definierten Regeln erkennt und abstellt. Ist hier eine Quantifizierung notwendig? Muss man Schwerpunkte setzen und wenn ja welche? Unverzeihlich – und es wäre sofort abzustellen – wäre es sicherlich, wenn die Erstinformation vergessen wird. Das kann man nicht nachholen und es ist ein Verstoß gegen staatliche Regeln. Das Vergessen des Risikofragebogens – wenn man ihn denn will – wäre weniger schlimm: Es ist eine interne Vorgabe und kann nachgeholt werden.

8.4.2 Befragen und Beraten

Fragen muss man immer, beraten nicht notwendigerweise (vgl. Kapitel 1.3).

Die Geschäftsführung/der Inhaber muss entscheiden, wie mit dieser Frage umgegangen wird. Da dies ein rechtliches Problem ist, wird man hier klassischerweise Rechtsrat einholen, intern oder extern. Das ist übrigens auch ein Compliance-Prozess: Wann wird welche Art von externer oder interner Expertise eingeholt?

Nehmen wir an, die Entscheidung lautet, dass immer gefragt werden muss. Dann darf es kein Kundengespräch geben ohne die Abfrage der Wünsche und Bedürfnisse. Dann darf es auch keinen Folgeprozess (Antrag beim Versicherer) geben, wenn die Dokumentation des Frageprozesses nicht vorliegt.

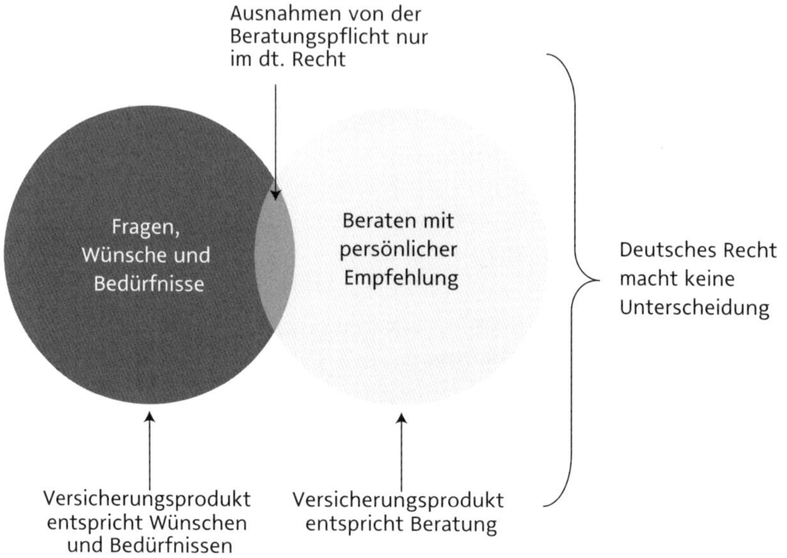

Abb. 20: Befragen und beraten

Schwierig wird in diesem Bereich die Frage, ob man bei der Vermittlung ohne Beratung – also auf Basis der Wünsche und Bedürfnisse – einen Beratungsverzicht fordert. Nach dem Wortlaut von §61 Abs. 2 VVG wäre das notwendig, was aber der Intention der IDD widerspricht. Auch hier muss wieder entschieden werden. Compliance kann insoweit nur auf das Problem aufmerksam machen, es aber nicht lösen.

Nehmen wir an, die Entscheidung fällt zugunsten eines Beratungsverzichts. Dann muss sichergestellt sein, dass ein Beratungsverzicht vorliegt, bevor der nächste Prozessschritt eingeleitet wird. Hierbei ist dann die Form des Beratungsverzichts zu beachten: Ab dem 23. Februar 2018 darf der Beratungsverzicht bei einem Onlineabschluss per E-Mail erfolgen, in allen anderen Abschlussarten – und bis zum 22. Februar 2018 gilt das auch bei Onlineabschlüssen – muss er schriftlich erfolgen. Wie stellt man die Originalunterschrift sicher? Der Beratungsverzicht muss auch den Hinweis enthalten, dass die Möglichkeit der Schadenersatzforderung gegen den Versicherungsvertreiber mit dem Verzicht auf Beratung eingeschränkt wird. Wie stellt man sicher, dass dieser Passus rechtssicher aufgenommen ist? Wie stellt man das im Onlineverkehr sicher? Hier könnte z. B. eine Bestätigungs-E-Mail des Kunden helfen, sofern der Verzicht und der Hinweis auf seine Folgen in der gleichen Urkunde enthalten sind (eine E-Mail ohne Anhänge).

Die Aufgabe von Compliance ist es, einen für das eigene Unternehmen sinnvollen Prozess zu definieren, zu überlegen, wie er effizient und ressourcenschonend, aber sicher eingehalten wird. Weiter wird man im Rahmen der Compliance zu überlegen haben, bei welchen Voraussetzungen vom Prozess abgewichen werden kann (das Beispiel von eben greift wieder: Der Kunde ruft vom Flughafen an und will eine Reise-Krankenversicherung kaufen). Wer darf die Abweichung genehmigen und wie wird sie dokumentiert werden (technisch oder mit einem Protokoll)?

8.4.3 Empfehlung und Entscheidung

Neben dem Prozess »Vermittlung ohne Beratung, aber auf der Basis der Wünsche und Bedürfnisse« gibt es noch den Prozess mit Beratung. Wie wird »persönliche Empfehlung« definiert? Wer gibt diese persönliche Empfehlung ab – das Unternehmen oder der tatsächlich beim Kunden agierende Außendienstler? Darf die persönliche Empfehlung nur ein Produkt umfassen, darf man mehrere Angebote empfehlen oder etwa auch eine Auswahl der besten Angebote?

Wieder nach Priorität geordnet muss jetzt zunächst sichergestellt werden, dass zum Ende des Beratungsprozesses kein Schreiben ohne persönliche Empfehlung versandt wird. Das ist eine gesetzliche Vorgabe – oder jedenfalls hat es der eingeholte externe Rechtsrat so gesehen.

Wieder kann man versuchen, das technisch, also durch die IT-Abteilung und einen von dort gesteuerten technischen Prozess, vorzugeben, allerdings läuft man dann wohl Gefahr, allzu häufig standardisierte Vorgaben zu nutzen. Compliance fragt dann hier zurück an die entscheidungsbefugten Stellen, ob die zu erwartende Standardisierung gewollt ist?

Oder man prüft nachträglich, vor Antragsweitergabe an den Versicherer, ob die persönliche Empfehlung abgegeben wurde.

Eine durchaus sinnvolle Ergänzung des Prozesses könnte darin liegen, zu analysieren, wie oft ein bestimmter Versicherer zum Zuge kommt. So erhält man Anhaltspunkte für mögliche Verstöße gegen das Neutralitätsgebot in der Vergütung, §48a VAG. Oder man erhält im Gegenteil einen Beweis für die saubere und durch Provisionen unbeeinflusste Tätigkeit des Außendienstlers.

Muss man die Entscheidung des Kunden noch einmal überprüfen? Zumeist wohl nicht – aber in welchen Ausnahmefällen ist das geboten? Als Beispiel mag die Situation gelten, in welcher der Kunde eine Entscheidung gegen die ausdrückliche Empfehlung seines Vermittlers getroffen hat. Oder die Situation, in welcher der Kunde im Laufe des Beratungsgesprächs wechselnde und sich widersprechende Gründe für den Abschluss gerade dieses Versicherungsvertrags gegeben hat – will er nun seine Familie absichern oder doch eher seinen nicht ehelichen Kindern eine Ausbildung sichern (§ 1371 BGB)?

Da der Abschluss eines Versicherungsvertrags den Kunden für möglicherweise lange Zeit an den Vertrag bindet, rechtfertigt diese große Bedeutung eventuell einen eigenen Prozess für eine Ausnahmesituation. Ansonsten werden Prozesse ja gerade nicht für Ausnahmesituationen geschaffen, sondern für den Regelfall.

8.4.4 Umsetzung

Der Vertrag wird nun dem Versicherer angetragen und von diesem angenommen. Wie laufen Korrespondenz und Zahlungsfluss? Mit dieser Frage steht und fällt auch die Frage, wie der Versicherungsvertreiber Kenntnis davon erhält, dass der Versicherungsschutz begonnen hat (oder vielleicht abgelehnt wurde). Wann, wenn überhaupt, erfährt der Versicherungsvertreiber, dass sein Kunde mit der Prämie in Verzug ist und die Gefahr besteht, dass der Versicherungsschutz wieder aufgehoben wird?

Aus Sicht des Versicherungsvertreibers erscheint es wünschenswert, wenn er mit dem Versicherer vereinbart, dass dieser ihn informiert, sobald dem Kunden Vertragsunterlagen und die Prämienrechnung zugegangen sind. Dann kann der von Compliance aufzusetzende und zu unterhaltende Prozess ein bis zwei Wochen nach Antragstellung eine Nachfrage veranlassen. Gleiches gilt für die Prämienzahlung.

Wenn wir davon ausgehen, dass der Zahlungsverkehr direkt zwischen Kunde und Versicherer abläuft, erhält der Vermittler Kenntnis vom abgeschlossenen Vertrag durch den Eingang der Courtage. Wie wird deren Zuordnung zum abgeschlossenen Vertrag sichergestellt? Wird die Höhe der Courtage überprüft? Sinnvoll wäre es, wenn der ganze Finanzbereich vom Kundenberater getrennt gehalten wird – jedenfalls sieht die europäische Kommission das so in ihrer delegierten Verordnung zu Interessenkonflikten (vgl. im Detail Kapitel 1.10). Je nachdem, ob die Größe des Versicherungsvertreibers dies zulässt oder nicht, ist es dann eine Compliance-Aufgabe, diese Trennung prozessual zu gestalten, sie umzusetzen und ständig zu überprüfen. Aber auch, wenn eine Trennung aus personellen Gründen nicht infrage kommt, muss die Zuordnung ordentlich organisiert sein, sodass sie auf jeden Fall fehlerfrei gelingt.

Zurück zum Versicherungsschutz des Kunden: Entspricht dieser dem Antrag? Wer kann das prüfen? Kann diese Prüfung elektronisch erfolgen? Kann man die Verantwortung dafür auf den Versicherer delegieren? Die letzte Frage muss der Rechtsabteilung bzw. denjenigen gestellt werden, die für die Verhandlung mit den Versicherern zuständig sind (»Placement Officer«) – wenn sie bejaht werden kann, vereinfacht das den Prozess beim Versicherungsvermittler erheblich.

8.4.5 Laufende Administration

Die Tätigkeit des Versicherungsvertreibers ist nun aber keinesfalls beendet – jetzt kommt die Mitwirkung bei der Administration des Vertrags. Sollen die Dokumente beim Vermittler aufbewahrt werden oder beim Kunden oder beim Versicherer? Dementsprechend müssen Prozesse aufgesetzt werden, die sicherstellen, dass die Dokumente dorthin gelangen, wohin sie sollen.

Wie werden periodisch zu gebende Auskünfte sicher erteilt? Beispiel: Lohn- und Gehaltsummen, Vorratswerte, Transportgüterwerte sind im Verbraucherbereich zwar eher seltene, periodisch abzugebende Auskünfte. Aber im Verbraucherbereich gibt es die Dynamik: beispielsweise Summenanpassungen ohne weitere Risikoprüfung. Es gilt das Gleiche wie oben: Es müssen Prozesse beschrieben werden, die das Ziel erreichen.

In Deutschland sind sich automatisch verlängernde Policen üblich. Ist der Vertrag auch von dieser Art? Ist das dem Risiko angemessen? Oder wäre hier eine begrenzte Laufzeit wünschenswert? Wie muss ein Prozess aussehen, der die Frage beantwortet und das gewünschte Ergebnis liefert, wie wird er überwacht und wie werden Abweichungen festgestellt und beseitigt?

Im Rahmen von Compliance muss dieser Prozess aufgestellt werden. Das kann natürlich auch durch die Fachabteilung geschehen, wenn es eine solche gibt. Ferner muss die Beachtung des Prozesses sichergestellt werden und er muss seiner Wichtigkeit entsprechend überprüft werden. Die Priorität wird in Abstimmung mit der Geschäftsleitung festgelegt und von den rechtlichen Notwendigkeiten geprägt sein.

8.4.6 Laufende Betreuung des Kunden

Nicht nur der Vertrag ist zu administrieren, vor allem der Kunde muss auch während der Vertragslaufzeit beraten und betreut werden, §6 Abs. 4 VVG.

Wie soll das geschehen? Eine Idee könnte sein, dem Kunden den Risikofragebogen, den er zu Beginn der Kundenbeziehung ausgefüllt hat, einmal jährlich zu schicken. Das müsste organisiert werden und möglichst automatisiert ablaufen. Mit einer sinnvollen Dokumentation ist zugleich sichergestellt, dass der Kunde regelmäßig nach einer Veränderung seiner Risikosituation gefragt wurde. Zusätzlich kann man in diesem Zusammenhang überlegen, ob man mitversicherte Kinder zu deren 18ten Geburtstag anschreibt – zum einen sind sie dann volljährig, also selbst Kunde des Versicherungsvertreibers und nicht mehr nur mitversichert, zum anderen verändert sich in der Regel die Ausbildungssituation und damit die Risikoeinstufung bei Personenversicherungen.

Damit wird klar: Eine solche Jahresaktion hat auch einen akquisitorischen Hintergrund.

Im gewerblichen Bereich sind gewisse Überprüfungen (z.B. der elektrischen Licht- und Kraftanlagen) ohnehin verpflichtend. Aber auch dort sollten gewisse Fragen regelmäßig gestellt werden. Hierzu gehört z.B. die Frage nach US-Exporten, weil US-Risiken üblicherweise anders und strenger gehandhabt werden als Exporte in andere Länder. Diese Frage ist besonders wichtig für indirekte Exporte in die USA, weil der Versicherungsnehmer das nicht so ohne weiteres überblickt. Genauso könnte eine Frage nach einer Veränderung in der Zulieferkette berechtigt sein; dort entstehende Risiken könnten dem Kunden eine Versicherung wert sein. Dem Gewerbetreibenden ist die Wichtigkeit dieser Fragen möglicherweise im Laufe eines ereignisreichen Geschäftsjahres entfallen – sein Versicherungssachverständiger muss ihm diese Frage stellen.

8.4.7 Betreuung im Schadenfall

Der Versicherungsvertreiber muss seinen Kunden im Schadenfall unterstützen, § 1a VVG. Das ist aber nicht nur eine gesetzliche Vorgabe – die Zufriedenheit des Kunden hängt ganz stark davon ab, wie sehr er sich im Schadenfall unterstützt fühlt. Von dieser Zufriedenheit hängen einerseits Neuabschlüsse und andererseits die Geltendmachung von Schadenersatzansprüchen ab.

Sinnvoll wäre es, einen Prozess aufzusetzen, der von der ersten Schadenmeldung über Gespräche mit dem Versicherer bis hin zur Schlusszahlung alles abdeckt. So wären z.B. Fragen wie die folgenden sinnvoll:

- Soll die Schadenmeldung an den Versicherungsvertreiber gehen oder an den Versicherer? Wie ist bei der zweiten Alternative gesichert, dass der Vermittler vom Schaden erfährt?

- Wer soll den Schaden schildern? Der Versicherungsnehmer oder der Vermittler?
- Wie wird die professionelle Hilfe – etwa in Gestalt von Sachverständigen – organisiert? Macht das der Innendienst im Unternehmen des Versicherungsvertreibers oder der Kundenbetreuer?
- Sollen die Fragen möglicherweise unterschiedlich beantwortet werden bei unterschiedlichen Sparten oder Größenordnungen des Schadens? Wie wird sichergestellt, dass die Abgrenzungskriterien überhaupt bekannt und dann – von wem (?) – eingehalten werden?

Die Compliance-Verantwortlichen können hier nicht alleine handeln; der Versicherer muss auf jeden Fall einbezogen werden. Aber im Rahmen der Compliance kann den Anstoß geben werden, über diese und gegebenenfalls andere Aspekte nachzudenken.

Anschließend muss man einen sicheren, dabei wirtschaftlich sinnvollen Prozess aufsetzen, sicherstellen, dass dieser Prozess bekannt ist und beachtet wird – und man muss sich mit Abweichungen und Ausnahmen beschäftigen.

8.4.8 Weitere Betreuung, eventuell Wechsel des Versicherungsvertrags oder des Versicherers

Ein einmal für sinnvoll und gut befundenes Versicherungskonzept kann im Laufe der Zeit seine Attraktivität für den Kunden verlieren, selbst wenn sich dessen Risikosituation nicht ändert (was ja im Rahmen von Prozess 6 »Laufende Betreuung des Kunden« abgefragt wird).

Hier ist ein Prozess schwierig darzustellen: Der Versicherungsvertreiber muss den Markt überprüfen. Er muss ein umfangreiches Wissen haben, um beurteilen zu können, ob der ursprünglich abgeschlossene Vertrag noch im »bestmöglichen Interesse« des Kunden ist. Ein Beispiel mag die im Kapitel 5 »Produktfreigabeverfahren« angesprochene Mitversicherung von Abwasserrohren außerhalb des versicherten Gebäudes sein: Ändert sich der Markt, wird die Mitversicherung dieser Gefahr zum Standard und damit auch billiger. Der Kunde müsste hierauf wohl hingewiesen werden.

Ein Prozess, der hier relativ sicherer Ergebnisse bringt, muss vielfältig sein:

- Eine Überprüfung ist auf eine wirtschaftlich sinnvolle Weise nur möglich, wenn lediglich eine begrenzte Zahl von Risikoträgern befragt wird. Dabei muss diese Zahl ausreichend sein und für die nicht Befragten muss regelmäßig überprüft werden, ob sie nicht doch in diesen Kreis aufgenommen werden sollten. Das ist schon ein großer »Unterprozess«!

- Man kann versuchen, mit den Versicherern Klauseln zu vereinbaren, wonach die jeweils besten Bedingungen dieses Versicherers auch für Altkunden gelten, deren Verträge noch schlechtere Bedingungen aufweisen. Aber Vorsicht: Eine Verschlechterung der Versicherungsbedingungen sollte damit nicht verbunden sein! Die Absprache mit dem Versicherer ist also nicht ganz einfach.
- Wie kann man sicherstellen, dass das »Marktwissen« im Unternehmen des Versicherungsvertreibers ankommt? Schulungen sind gut – und durch die Weiterbildungsverpflichtung ja ohnehin vorgeschrieben. Aber wie stellt man sicher, dass es die richtigen Schulungen sind? Ein Mix aus vom Versicherer durchgeführten Produktschulungen einerseits und vergleichenden Seminaren andererseits wäre hier richtig. Es hängt ganz viel vom Einzelfall ab und es wird klar, dass die Organisation dieses Prozesses nicht einfach sein wird.

Die Compliance-Verantwortlichen werden hier kaum allein arbeiten können: Mitarbeiten müssen diejenigen, die mit den Versicherern kommunizieren und gegebenenfalls Sonderkonditionen vereinbaren, die Personalabteilung, welche die Weiterbildung organisiert, und natürlich die Fachabteilung, die das Grundwissen um die Bedingungswerke vorhält.

8.4.9 Der Gesamtprozess

Teilweise ist schon bei den Einzelschritten angedeutet worden, dass natürlich auch das Zusammenwirken zwischen den Teilprozessen wichtig ist. Ein »Silodenken« sollte verhindert werden.

Besonders gilt das für den Gesamtprozess: Es kommt ja nicht darauf an, dass die Beratung beim Kunden besonders feinfühlig durchgeführt und besonders gut dokumentiert wird, sondern darauf, dass der Kunde das richtige Versicherungsprodukt erhält. Der Kunde muss insgesamt »ehrlich, redlich und professionell in seinem bestmöglichen Interesse« betreut werden.

Den Gesamtzusammenhang zu sehen und die Einzelprozesse so anzupassen, dass sie diesem Gesamtzusammenhang dienen, ist wohl die vornehmste Aufgabe von Compliance.

Insgesamt sollte klar geworden sein, dass Compliance vielfältige Aufgaben und einen großen Einflussbereich hat:

- In kleineren Unternehmen wird Compliance oft identisch sein mit der Einführung von rechtlich gebotenen, dabei wirtschaftlich sinnvollen, ressourcenschonenden und sicheren Prozessen. Gleichzeitig wird so sichergestellt, dass keine wesentlichen Schritte vergessen oder übersehen werden; Compliance hat dann den Charakter von Checklisten.
- In größeren Einheiten, die stärker arbeitsteilig tätig sind, hat Compliance zusätzlich – und immer häufiger – den Charakter einer die Einzelprozesse überprüfenden Einheit. Compliance regt dann einzelne Abteilungen zu Prozessen oder deren Überprüfung an und hat mehr den Blick auf dem Gesamtprozess und dem Zusammenwirken der Einzelabläufe.

Die Compliance-Abteilung ist häufig nicht das ausführende Organ – faktisch bei kleinen Unternehmen ohne Abteilungsstruktur aber eben doch.

Ein Unternehmen verhält sich »compliant«, wenn sich alle Abteilungen und Untereinheiten compliant verhalten – und nicht, wenn es eine Compliance-Abteilung gibt!

8.5 Nicht gewünschte Effekte

Im Rahmen der Compliance sollte auch beachtet werden, ob bestimmte Prozesse Aus- und Nebenwirkungen haben, die nicht gewünscht sind.

Als Beispiel mag das neue Bundesdatenschutzgesetz dienen. Es stellt bestimmte Anforderungen an den Umgang mit Daten der Kunden. Diese müssen beachtet werden, wenn man den Prozess aufsetzt, der die Daten für Risikofragebögen betrifft. Solche Fragebögen sollten aber nicht überfrachtet werden.

Als weiteres Beispiel mögen Vereinbarungen mit Versicherern dienen. Solche Vereinbarungen sind nötig und sinnvoll, um Prozesse sicher und effizient zu gestalten. Können sie aber auch zu Abhängigkeiten führen?

Im Zusammenhang mit dem Thema Compliance muss sichergestellt werden, dass die jeweiligen Prozessüberlegungen unerwünschte Nebeneffekte möglichst ausschließen. Die Prozesse müssen also »zu Ende gedacht« werden, damit man feststellt, ob es irgendwo Effekte gibt, die man gerade nicht wollte. Und dann müssen diese Effekte abgemildert/abgesichert werden.

8.6 Einhaltung von Gesetzen

Das ist natürlich ein weites Feld. Beispielhaft sollen hier einige Bereiche genannt werden, die in einem Versicherungsvertriebsunternehmen durchaus vorstellbar sind. Compliance ist natürlich auch hier gefordert: Compliance und Recht müssen sicherstellen, dass alle Unternehmensteile wissen, welche ihrer Handlungen Gesetze verletzen könnten. »Alle Unternehmensteile« meint eigene Angestellte, selbstständige Handelsvertreter und »Zulieferer« wie z. B. Tippgeber, IT-Dienstleister und kann auch die jeweilige Marktgegenseite umfassen.

Die folgenden Beispiele sollen zeigen, welche Gesetzesverstöße denkbar sind:

! **Beispiele**

- Urkundenfälschung, § 267 StGB.
  Freiheitsstrafe bis 5 Jahre, in schweren Fällen bis 10 Jahre
  Die nachträgliche Verfälschung eines Versicherungsantrages, aber auch eines Risikofragebogens kann eine Urkundenfälschung darstellen. Das Strafrecht macht keinen Unterschied, ob die Urkunde in Schrift- oder Textform erstellt wurde.
  Natürlich dürfen Schreib- oder sonstige Fehler korrigiert werden; dadurch wird die Urkunde ja nicht wirklich verfälscht. Die Veränderung eines Eingangsstempels, um einen früheren als den tatsächlichen Zugang zu belegen, ist aber u. U. Urkundenfälschung. Auch die Veränderung einer E-Mail oder ihres Anhangs kann strafrechtliche Konsequenz haben.
  Die Unternehmensführung, unterstützt von der Compliance- und Rechtsabteilung, muss sicherstellen, dass »alle Unternehmensteile« wissen, dass nachträgliche Veränderungen an Dokumenten verboten sind. Ob Stichproben erforderlich sind, ist eine Frage des Einzelfalls.
- Untreue, § 266 StGB
  Freiheitsstrafe bis 5 Jahre, in schweren Fällen bis 10 Jahre
  Hier geht es um anvertraute Gelder, also das Thema »Handhabung von Kundengeldern«. Werden Prämien nicht an den Versicherer ausgekehrt, sondern selbst vereinnahmt, wird in der Regel der Versicherer geschädigt. Werden Schadengelder nicht ausgekehrt, sondern selbst vereinnahmt, wird in der Regel der Versicherungsnehmer der Geschädigte sein.
  Gerade die Abrechnung von Schäden kann dazu einladen, Teilbeträge abzuzweigen — das gilt ganz besonders dann, wenn eine (zusätzliche) Gebühr für die Bearbeitung des Schadens ausgemacht ist. Die Trennung von fremdem, also anvertrautem Geld einerseits und dem Eigengeld zum Bestreiten des Betriebes andererseits ist hier also besonders wichtig.
- Bestechung, § 299 StGB
  Freiheitsstrafe bis zu 3 Jahren
  Es geht hier nicht um die Bestechung von Amtsträgern, sondern um die Bestechung im geschäftlichen Verkehr. Wie auch bei der Bestechung von oder der

Bestechlichkeit der Amtsträger(n), gibt es die aktive und passive Bestechung: das Anbieten oder das Annehmen eines Vorteils.
Geschützt ist der lautere Wettbewerb: Wenn also ein Versicherer einem Versicherungsmakler oder -berater eine besondere Zahlung verspricht, damit gerade dieser Versicherer bevorzugt werde, dann machen sich Anbieter **und** Annehmender strafbar.
Die Wohlverhaltensregel des § 1a VVG und die korrespondierende Vergütungsregel des § 48a VAG sind also Ausdruck eines schon strafrechtlich bestehenden Gebotes, sich ausschließlich erlaubter Mittel zu bedienen.
Allen Unternehmensteilen (zur Definition siehe vorherigen Punkt) sollte klar sein, dass die Wohlverhaltensregel unter allen Umständen einzuhalten ist.

- Kartellabsprachen, §§ 1, 81 GWB, § 101 AEUV
  Bußgelder bis zu 1 Million Euro
  Geschützt ist der freie Markt. Wettbewerbsbeschränkende Maßnahmen sind verboten. Also Vorsicht bei Absprachen mit Wettbewerbern! Exklusivitätsvereinbarungen zwischen Partnern auf beiden Marktseiten fallen wohl nur dann unter das Verbot, wenn einer der beiden Partner — oder beide zusammen — eine marktbeherrschende Stellung haben. Vorsicht! In Nischen kann das schneller passieren als einem bewusst oder lieb ist!
- Unlauterer Wettbewerb, §§ 1, 7, 16 UWG
  Bußgeld bis 300.000,- Euro
  Telefonakquise ohne Einwilligung, irreführende Werbung sind hier die Stichworte.

Noch einmal: Dies sind Beispiele, wie nicht ethische Verhaltensweisen strafrechtliche Relevanz bekommen können. Weder sind diese Beispiele erschöpfend, noch soll angedeutet werden, dass gerade diese Fälle besonders häufig vorkommen. Im Sinne von Compliance muss man sich darüber im Klaren sein, an welchen Stellen eines Prozesses solche strafrechtlich relevanten Verhaltensweisen vorkommen können und hierauf ein besonderes Augenmerk richten.

Natürlich kann auch Compliance nicht vor der kriminellen Energie Einzelner schützen. Aber gewisse Sicherungen kann man in Prozesse einbauen, die, wenn sie überwunden werden, zu weiteren Nachprüfungen Anlass bieten können.

8.7 Wann spielt Compliance noch eine Rolle – spezielle Situationen

8.7.1 Rechtsrat einholen

Ab wann wird Rechtsrat eingeholt? Wer darf das entscheiden? Selbst wenn es eine interne Rechtsabteilung geben sollte, könnte sich die Frage stellen, ob man (zusätzlich) externen Rechtsrat benötigt.

Gerade für kleine und ganz kleine Unternehmen ist es sinnvoll, sich eine solche »Überlegungsstruktur« aufzubauen. Denn die Entscheidung »aus dem Bauch« kann zwar richtig sein – aber sicher ist das nicht. Und spontane Entscheidungen sind auch nicht immer effizient. Anders ausgedrückt: Ohne die Entscheidungsfindung bei der Frage »Brauche ich Rechtsrat?« zu organisieren, wird die Antwort oft teurer als erwartet.

8.7.2 Betreuung von Kundengeldern

Will oder muss der Versicherungsvertreiber Kundengelder betreuen, so muss ein umfangreicher und komplexer Prozess ablaufen:

- Für wen werden diese Kundengelder verwahrt? Wenn mit der Annahme der Gelder ein »Sprung von einem Lager ins andere« verbunden ist, sollte besondere Vorsicht sichergestellt sein. Besonders bei der Annahme von Prämien kann z.B. vereinbart werden, dass die Zahlungsverpflichtung des Versicherungsnehmers als erfüllt gilt, sobald er das Geld an seinen Makler überwiesen hat. Dann verwahrt der Makler das Geld nicht mehr für den Kunden, sondern für den Versicherer.
- Für welchen Zeitraum müssen/sollen die Gelder verwahrt werden? Wie wird sichergestellt, dass dieser Zeitrahmen nicht überschritten wird? Die Haftungen, die sich aus der Überschreitung von Zeitabläufen ergeben können, sind zumeist enorm: Sie können bis zum Verfall des Versicherungsschutzes reichen und dem Versicherungsvertreiber gewaltige Haftungssummen auferlegen.
- Wie wird die Trennung zwischen Fremd- und Eigengeld sichergestellt? Gibt es unterschiedliche Kontenkreisläufe und kann die Hausbank das überhaupt sicherstellen? Ein regelrechtes Treuhandkonto ist keine sinnvolle Alternative; der Versicherungsvertreiber käme an das Geld ohne Zustimmung des Treugebers nicht heran. Dann kann er nicht handeln und seine Dienstleistung nicht erbringen.

  Die Gespräche mit der Bank zu führen, wird für die Compliance-Abteilung (zusammen mit der Finanzabteilung) eine der schwierigsten Aufgaben sein – der Versicherungsvertreiber will ja auch nicht, dass die Handhabung von Kundengeldern dazu führt, dass sein Gewinn an dem Geschäft auf die Bank übertragen wird.
- Wie werden Ein- und Auszahlungen gestaltet? Sinnvoll wäre es, wenn dies durch ganz unterschiedliche Abteilungen erledigt wird. Wenn das aus personellen Gründen nicht möglich ist, wird man zusätzliche Sicherungen einbauen müssen. Diese können in zeitlich gestaffelten Auszahlungsterminen liegen oder auch darin, dass außer bestimmten Versichererkonten kein Konto öfter als x-mal pro Jahr angesteuert werden darf.

Es ist durchaus fraglich, ob es wirtschaftlich lohnend ist, Kundengelder (weiterhin) anzunehmen. Die Frage der Sicherheitsleistung, § 12 VersVermV (gegenwärtige Fassung), ist dabei noch gar nicht angesprochen. Die einfachste Form, nämlich die Bevollmächtigung durch den Versicherer (§ 12 Abs. 1 S. 2 VersVermV), führt möglicherweise zu Abhängigkeiten. Werden diese zu groß, kann dies zu einem Konflikt mit § 48a VAG führen und einen Verstoß gegen die Wohlverhaltensregel des § 1a VVG auslösen.

8.8 Sanktionen

Da Compliance eine alle Einzelprozesse und den Gesamtprozess übergreifende Funktion hat, sind natürlich auch die Sanktionen für ein Versagen dieser Funktion enorm: Im Grunde gelten alle in Kapitel 1.12 beschriebenen Sanktionsmöglichkeiten.

9 Gesamtverantwortung

Überblick

- **Für wen dieses Kapitel wichtig ist:**
  Für alle Versicherungsvertreiber
- **Wer/welche Abteilung damit zu tun hat:**
  Leitungsebene: Vorstand/Geschäftsführung; eventuell vorhandene Aufsichtsgremien
- **Wo im Kapitel 1 die rechtlichen Aspekte erläutert werden:**
  Vor allem im Kapitel 1.12
- **Was die rechtliche Basis ist:**
  Vordringlich §23 VAG, vergleiche auch MaGo vom 25.1.2017

Für welche Unternehmen ist dieser Bereich von Bedeutung? Welche Abteilung sollte sich mit dem Thema befassen?
»Die Gesellschaft wird durch die Geschäftsführer ... vertreten« (§35 GmbHG) oder »der Vorstand hat ... die Gesellschaft zu leiten« (§76 AktG) – diese Aussagen sind eigentlich trivial, der Vorstand oder Geschäftsführung sind die verantwortlichen Leitungsorgane eines Versicherungsvertriebsunternehmens. Betrachtet man aber die ablauforganisatorischen Prozesse, wird diese Verantwortung deutlich konkreter und von den bislang ausschließlich betroffenen Organen auf »tatsächlich Leitende« ausgedehnt.

§23 Abs. 1 S.2 VAG verlangt »neben der Einhaltung der ... Gesetze, Verordnungen und aufsichtsbehördlichen Anforderungen eine solide und umsichtige Leitung des Unternehmens ...«. Und die am 25.1.2017 per Rundschreiben (2/2017) veröffentlichten »Mindestanforderungen an die Geschäftsorganisation von Versicherungsunternehmen (MaGo)« machen in 298 Absätzen »alle Geschäftsleiter ... für eine ordnungsgemäße und wirksame Geschäftsorganisation verantwortlich« (Ziffer 6 Abs. 21 MaGo).

Einerseits spielt also der unternehmensinterne Titel eine untergeordnete Rolle; es kommt darauf an, wer tatsächlich das Versicherungsvertriebsunternehmen leitet. Andererseits liegt der Fokus weniger auf der Führung der Geschäfte, sondern mehr auf der Ablauforganisation.

Deshalb sind mit diesem Kapitel auch kleine Unternehmen angesprochen: Wer immer die Verantwortung für eine Versicherungsvertriebsorganisation hat – unabhängig von ihrer Größe und ihrem Einfluss – unterliegt diesen Anforderungen. Das gilt auch für den Einzelunternehmer.

Dieses Kapitel macht den Versuch, die Veränderungen im Hinblick auf die Anforderungen an die Leitungsebene eines Versicherungsvertriebsunternehmens auf die typischen Geschäftsbereiche herunterzubrechen, damit die Entscheidungsträger ressourcen- und risikoorientiert Prioritäten setzen können.

! **Zusammenfassung**

Der Fokus auf Ablauf- und Organisationsstrukturen sowie der Wechsel zu einer prinzipienbasierten Aufsicht führen zu einer noch deutlicheren Verantwortung der Leitungsebene, auch in ihrer Gesamtheit. Vor allem Letzteres, also die Anforderung an das Leitungsorgan als Ganzes, ist in diesem Ausmaß neu. Das unzureichende Beachten dieser Verantwortungen ist zudem mit erheblichen Sanktionen belegt.

Führung, Motivation und Vision

Die vornehmste Aufgabe der Geschäftsleitung ist, das Unternehmen und seine Mitarbeiter zu führen, zu motivieren und aufzuzeigen, wohin das Unternehmen sich entwickeln kann.

Die IDD und die sie umsetzenden Gesetze sind ein »Systemwechsel«, wie die BaFin in ihrem Jahresbericht 2016 schreibt. Diesen Systemwechsel gilt es vorzuleben, »to embrace« wie es englisch heißt. Führen heißt in diesem Zusammenhang also, den Wechsel vorzuleben und die sich aus diesem Wechsel eröffnenden Chancen dem Unternehmen und seinen Mitarbeitern zu erklären.

Gesamtorganisation

Vordringliche Organisationsaufgabe ist es, die Einzelteile der Organisation bzw. des Unternehmens zusammenzuführen:

- Vertriebsabteilung,
- Personalabteilung,
- Compliance- und Rechtsabteilung,
- alle weiteren unterstützenden Abteilungen.

»Alle Geschäftsleiter sind für eine ordnungsgemäße und wirksame Geschäftsorganisation verantwortlich« heißt es in Ziffer 6 Abs. 21 der MaGo. Dieser Auslegungsgrundsatz dürfte auch außerhalb der BaFin-Aufsicht Gültigkeit haben, also auch für Versicherungsvertriebsunternehmen gelten, die der Gewerbeaufsicht unterliegen. Es gilt, einen stimmigen Gesamtprozess aufzusetzen, einzuführen und umzusetzen sowie diesen Prozess einer ständigen Überprüfung zu unterziehen.

Vertriebsabteilung
Die richtige Organisation des Vertriebs ist das Hauptanliegen der neuen gesetzlichen Regelungen. Die BaFin spricht in ihrem Jahresbericht 2016 insoweit von einem »Systemwechsel«.

Der Leitung eines Versicherungsvertriebsunternehmens obliegt es, die verschiedenen Anforderungen zusammenzufassen. Es muss eine Organisation geschaffen werden, die

- sicher und richtig (Compliance),
- risikogerecht (Solvency) und
- ressourcenschonend (Gesellschaftsrecht)

einen Versicherungsvertrag garantiert, der den Wünschen und Bedürfnissen des Kunden entspricht (IDD).

Die einzelnen Bestandteile dieser Vertriebsorganisation sind

- die Einhaltung der Wohlverhaltensregel (»ehrlich, redlich und professionell im bestmöglichen Interesse des Kunden«),
- ein dementsprechendes Anreizgefüge aus Courtagen/Provisionen, Boni und sonstigen (leistungsgerechten) Vergütungen (aktiv und/oder passiv[211]),
- ein die Belange des Kunden inhaltlich und zeitlich komplett erfassendes Beratungskonzept.
- Gegebenenfalls ein durchdachtes, ressourcenschonendes Produktfreigabeverfahren (aktiv und/oder passiv) und
- gegebenenfalls eine angemessene Outsourcingstrategie (aktiv und/oder passiv).

Diese Ziele und die Bestandteile der Organisation können als Checkliste verstanden werden. Ihre Einzelheiten sind in den anderen Kapiteln dieses Buches ausführlich beschrieben.

Es sei noch einmal betont, dass eine solche »Checkliste« unabhängig von der Größe des Unternehmens ist. Lediglich der Umfang der Einzelpunkte ist proportional zur Unternehmensgröße zu beurteilen.

Personalabteilung
Die Mitarbeiter sind ohnehin eines der wichtigsten »Bestandteile« eines Versicherungsvertriebsunternehmens – wahrscheinlich sogar **der** wichtigste »Bestandteil«. Qualifikation, Aus- und Weiterbildung sowie die (auch damit

211 Gemeint sind damit einerseits die Zahlungsversprechen (aktiv) und andererseits das Empfangen der Zahlungen (passiv).

zusammenhängende) Ressourcenplanung werden durch die IDD und die sie umsetzenden deutschen Gesetze und Verordnungen aber noch einmal stärker in den Vordergrund gerückt:

- Die Weiterbildungsverpflichtung (§34d Abs. 9 S. 2 GewO und §48 Abs. 2 VAG) macht eine entsprechende Planung und systematische Organisation erforderlich.
- Eine Weiterbildungszeit von 15 Zeitstunden für eine sehr große Anzahl von Mitarbeitern macht eine dementsprechende Ressourcenplanung notwendig.
- Die Anforderungen der Wohlverhaltensregel müssen angenommen und umgesetzt werden. Das erfordert Schulungsbedarf, eventuell ergibt sich aber auch Anpassungsbedarf bei den Vergütungsmodellen (aktiv und/oder passiv).
- Der Weiterbildungsbedarf geht dabei wahrscheinlich über den Umfang der bislang bekannt gewordenen Entwürfe der VersVermV hinaus: Der Anhang 1 zu Artikel 10 der IDD erwartet z. B. Mindestkenntnisse der ethischen Standards im Geschäftsleben und eine erforderliche Mindestfinanzkompetenz – in allen Sparten! Das sind ganz neue und erhebliche Anforderungen, mit denen sich der Personalbereich konfrontiert sieht – und die von der Leitung als Ganzes zu bewältigen sind.

Auch für den Bereich Personal sei noch einmal darauf hingewiesen, dass die Anforderungen an die Leitungsebene zunächst unabhängig von der Größe des Versicherungsvertriebsunternehmens sind. Genauso spielt die Einordnung am Markt keine Rolle: Versicherer oder Versicherungsmakler, -vertreter oder -berater, auch Pooler und Vergleicher müssen gleichermaßen ihr Personal aus- und weiterbilden und entsprechend den neuen Anforderungen vergüten.

Compliance- und Rechtsabteilung(en)

Diese beiden Zentralbereiche erfordern in der Umstellungsphase besondere Aufmerksamkeit der Unternehmensleitung – wieder unabhängig davon, wie groß das Unternehmen ist und ob es eigene Abteilungen für Compliance oder Recht vorhält oder nicht.

Die Unternehmensleitung muss sicherstellen, dass den Anforderungen des neuen Rechts Genüge getan wird.

Entweder geschieht das durch besonders enge Kommunikation mit den eigenen Abteilungen oder durch eine gezielte, sinnvolle Ansprache externer Ratgeber.

Die in den entsprechenden Kapiteln dieses Buches bespielhaft dargestellten Aufgabenfelder dieser Abteilungen können dabei als »Checkliste« dienen.

Vergütung bzw. Einnahmeplanung

Die Vergütung für Vertriebstätigkeiten wird sich dem neuen Recht anpassen müssen; vor allem darf keine Vergütungsregelung mit der Wohlverhaltensregel kollidieren, wonach der Versicherungsvertreiber stets »ehrlich, redlich und professionell im bestmöglichen Interesse des Kunden handelt«.

Die Ausweitung auf jegliche Anreizsysteme ist zu beachten; finanzielle wie nicht finanzielle Anreize aller Art sind zu erfassen.

Vergütung meint auch nicht (mehr) nur externe Vergütungen, also Provisionen, Courtagen, Bürokostenzuschüsse etc. Gemeint sind auch interne Vergütungen wie Boni und sonstige, leistungsabhängige Vergütungen an Angestellte, Handelsvertreter oder sonstige Dritte.

Die notwendigen Überprüfungen können als Konsequenz eine Veränderung der Vergütungen sinnvoll erscheinen lassen. Das hat dann Auswirkungen auf die Vertragsverhältnisse. Intern ist das mehr eine Frage der Personalabteilung, extern können u.a. der Vertrieb und seine Vereinbarungen mit Dritten betroffen sein.

Auf der einnehmenden Seite, also aus der Sicht der Empfänger von Zahlungen, können solche Überlegungen die Einnahmeplanung beeinflussen.

Sonstige Abteilungen

Natürlich kann ein komplexer aufgestelltes Unternehmen weitere Abteilungen haben, die von der veränderten Rechtssituation betroffen sind und mit ihr umzugehen haben. Das ist eine Einzelfallfrage, die vor allem auf der Organisationsstruktur des jeweiligen Unternehmens beruht.

Aufsichtsorgane

Aufsichtsorgane werden sich vor allem mit dem Thema der Führung – »embrace« – sowie der Gesamtorganisation befassen wollen. Ob sie sich darüber hinaus mit den Einzelpunkten aus diesem Kapitel oder sogar aus den Einzelkapiteln befassen müssen, ist wieder eine Einzelfallfrage, die vor allem auf Satzung und Statut der Aufsichtsorgane beruht.

Kleinere Einheiten, die keine getrennte Geschäftsführung und Aufsicht haben, werden die Aufgaben vereinen müssen: Planung, Durchführung und Kontrolle liegen dann in einer Hand.

Die Autoren

Dr. Maximilian Teichler war drei Jahrzehnte in leitender Position für große, international agierende Versicherungsmakler tätig. Dabei war er zunächst als Haftpflichtspezialist für international agierende Industriekonzerne tätig, hat danach rechtliche Themen verantwortet und später dann Geschäftsführungsaufgaben wahrgenommen. Daneben war er u.a. Vorstand im Versicherungsmaklerverband (VDVM) und hat als Mitglied der VVG-Reform-Kommission die Entstehung des seit 2008 in Deutschland geltenden Versicherungsvertragsrechts wesentlich mitgestaltet.

Dr. Teichler setzt die so erworbenen Kenntnisse in der Beratung von Versicherungsunternehmen und Versicherungsvermittlern aller Größenordnungen um. Schwerpunkt der »Kanzlei für Versicherungsmanagement«, deren Gründer Dr. Teichler ist, bildet die Beratung zu Ablauf- und Organisationsprozessen.

Frank Rottenbacher, geb. 1969, ist Vorstand der GOING PUBLIC! Akademie für Finanzberatung AG, die er 1990 zusammen mit seinen heutigen Vorstandskollegen Dr. W. Kuckertz und R. Perschke gründete. Dort ist er für die Bereiche Personal, Marketing und eLearning verantwortlich. Seit 2004 ist er im Bundesvorstand des AfW-Bundesverbands Finanzdienstleistung für die politische Arbeit und für Qualifikationsfragen zuständig. In diesem Zusammenhang wurde er für Expertenanhörungen als Sachverständiger in den Wirtschafts- und den Finanzausschuss des Dt. Bundestags zur Regulierung des Versicherungsvertriebs (IDD, LVRG und §34d), des Finanzanlagenvertriebs (§34f) und der Honorarberatung (§34h) geladen. Seit Jahren ist er in IHK-Prüfungsausschüssen sowie in zahlreichen Gremien des DIHK aktiv. Frank Rottenbacher ist Aufsichtsratsvorsitzender der GPC Tax Unternehmerberatung AG Steuerberatungsgesellschaft und seit 2010 Mitglied im Fachbeirat der BaFin. Als Dozent und Trainer ist er seit der Unternehmensgründung im Jahre 1990 tätig.

Stichwortverzeichnis